津波災害痕跡の考古学的研究

斎野裕彦 著

同成社

序

　本書は、2011年3月11日の東日本大震災の教訓として、これからの津波防災の基盤の一つとなるように、個々の沿岸地域社会において、より確かな津波災害史を構築する方法の提示と実践を目的とする。ここでは、そのケース・スタディとして、東日本大震災の被災地である仙台平野を対象地域とする。

　自然現象である津波は、世界中の沿岸地域を中心に認められている。その発生の要因はいくつかあるが、最も多いのは、東日本大震災の津波のように、海溝周辺を震源とする地震である。本書の対象は、それを波源とする津波による災害痕跡である。ほかの要因には、海底火山の噴火、あるいは地震や火山噴火に伴う地すべりなどがある。これらについては、過去の調査研究を振り返るなかで触れることにしたい。

　本書の進め方は以下の通りである。

　第1章では、最初に、記録に残されていない最古の津波災害痕跡研究の現状と、記録に残された最古の津波災害の記事を確認したうえで、科学的な調査研究の対象として認識されていく過程を述べ、そこから、津波痕跡研究が本格的に行われるようになった1980年代後半から東日本大震災までの研究を振り返る。そして、東日本大震災以降、より確かな津波災害史の構築のためには、考古学、歴史学、地質学、地形学、堆積学等、関連する多分野の成果を総合化した議論の必要性が認識されている現状を確認する。

　第2章では、地層の識別方法を検討したうえで、被災遺構の検出によって明らかとなる津波災害痕跡の調査研究における5項目を具体的に示し、それらを総合化する方法を提起する。

　　　　　　　　　　　　　　1．津波堆積物の識別
　　　　　　　　　　　　　　2．年代・時期の推定
　　津波災害痕跡調査研究法　　3．地形・海岸線の復元
　　　　　　　　　　　　　　4．津波の規模の推定
　　　　　　　　　　　　　　5．津波の波源の推定

　この研究の基本は、現代の津波痕跡から過去の津波痕跡を考えることにある。最も重視されるのは津波堆積物の識別であり、一つの基準を提起する。

　つづく第3章から第5章までは、その方法にもとづいた仙台平野における研究の実践である。津波痕跡と文献史料の有無多少から、文献史料がなく津波痕跡から考える弥生時代、一つだけの文献史料と津波痕跡から考える平安時代、津波痕跡が明確でなく複数の文献史料から考える江戸時代、の各1例、計3例の研究を報告する。

　第3章は、弥生時代中期中葉の津波災害痕跡の研究である。弥生時代の津波痕跡と東日本大震災の津波痕跡を比較したうえで、杳形遺跡などで検出された被災遺構：水田跡と、津波災害を前後す

る集落動態から、社会の変化を考える。

　第4章は、平安時代貞観11年(869)の津波災害痕跡の研究である。平安時代の津波痕跡と東日本大震災の津波痕跡を比較するとともに、一つの文献『日本三代実録』の記事を史料批判したうえで、下増田飯塚古墳群で検出された被災遺構：水田跡と、津波災害を前後する集落動態から、社会の変化を考える。

　第5章は、江戸時代慶長16年(1611)の津波災害の研究である。江戸時代の津波痕跡の可能性を高大瀬遺跡で検討するとともに、複数の文献の記事を史料批判したうえで、明確な津波災害痕跡がないなかで、津波災害を記す史料から、社会の変化を考える。

　第6章は、仙台平野の弥生時代、平安時代、江戸時代の津波災害研究の経緯を整理し、東日本大震災の津波痕跡との比較検討から、過去の津波災害の実態を考える。そして、この研究の成果として、多分野の総合化による津波災害痕跡調査研究の有効性を確認するとともに、今後、自然災害痕跡研究としての貢献を展望する。

　終章では、東日本大震災のような予測できない大きな自然災害に対する防災の一つの基盤として、本書で示した方法を用いて、より正確な地域の災害史を世界規模で構築していくことを提起した。

　なお、本書は2016年9月29日に首都大学東京大学院から授与された博士（考古学）の学位論文「津波災害痕跡調査研究法―考古学と関連分野の連携」である。本書の刊行は、首都大学東京大学院へ提出した「博士論文のインターネット公表（大学機関リポリトジ掲載）に関する申請書」に示した図書出版による公表である。

目　次

序　i

第1章　津波災害の認識と痕跡調査研究の現状 …………………………………… 1

第1節　最古の津波災害痕跡の可能性――エーゲ海沿岸―― ……………………… 2
1．トルコ西海岸とクレタ島北海岸の調査　2
2．クレタ島とコス島の調査　6
3．クレタ島東海岸の調査　6
4．サントリーニ島の火山噴火年代　8
5．研究の現状　8

第2節　世界最古の津波災害記録――エーゲ海沿岸―― ………………………… 9
1．479BC説：パレネ半島　10
2．426BC説：エウボイア島周辺　10
3．最古の津波災害記録　13

第3節　日本列島最古の津波災害記録――高知平野―― ………………………… 13
1．天武13年（684）の津波災害記録　14
2．土佐国の津波災害　15
3．白鳳南海地震　17

第4節　東日本大震災以前の研究 ………………………………………………… 17
1．環太平洋地域　17
2．日本列島　22
3．仙台平野　26

第5節　東日本大震災以後の研究 ………………………………………………… 30
1．震災直後の動向　31
2．現状と課題　31

第2章　地層の理解と調査研究方法 ……………………………………………… 35

第1節　地層の理解の共有――地表・地中に面的に広がる固有の粒子構成体―― ………… 35

　　　　1．層序学と層位的発掘　35
　　　　2．層序の構成と年代推定　41
　　第2節　調査研究方法 …………………………………………………………………… 45
　　　　1．津波堆積物の識別　46
　　　　2．年代・時期の推定　53
　　　　3．地形・海岸線の復元　60
　　　　4．津波の規模の推定　66
　　　　5．津波の波源の推定　72
　　第3節　総合化と研究対象 ……………………………………………………………… 74
　　　　1．総合化による津波災害史の構築　74
　　　　2．研究の対象と目的　75
　　　　3．研究対象の歴史的・地形的環境　77

第3章　弥生時代中期の津波災害 …………………………………………………………… 83
　　　　──津波災害痕跡による研究──

　　第1節　平野中部の津波災害痕跡 ……………………………………………………… 84
　　　　1．沓形遺跡の調査　84
　　　　2．荒井広瀬遺跡の調査　90
　　　　3．荒井南遺跡の調査　94
　　　　4．中在家南遺跡の調査　98
　　　　5．富沢遺跡の調査　106
　　　　6．高田B遺跡の調査　113
　　第2節　平野南部の津波災害痕跡 ……………………………………………………… 116
　　　　1．中筋遺跡の調査　116
　　　　2．周辺遺跡の調査　121
　　第3節　集落動態と津波災害の実態 …………………………………………………… 122
　　　　1．津波の規模と波源の推定　122
　　　　2．仙台平野の津波災害　124
　　　　3．津波災害と社会　131

第4章　平安時代貞観11年(869)の津波災害 …………………………………………… 135
　　　　──津波災害痕跡と一つの史料による研究──

　　第1節　平野北部の津波災害痕跡 ……………………………………………………… 135

1．沼向遺跡の調査　136

　　　2．周辺遺跡の調査　140

　　　3．平野北部の津波の遡上距離　147

　第2節　平野中部の津波災害痕跡 …………………………………………………… 148

　　　1．下増田飯塚古墳群の調査　148

　　　2．周辺遺跡の調査　151

　　　3．平野中部の津波の遡上距離　153

　第3節　『日本三代実録』の記事の検討 ……………………………………………… 156

　　　1．史料A―巻16貞観11年5月26日条　157

　　　2．史料B―巻16貞観11年9月7日条　165

　　　3．史料C―巻16貞観11年10月13日条　168

　　　4．史料D―巻18貞観12年9月15日条　173

　第4節　集落動態と津波災害の実態 …………………………………………………… 180

　　　1．津波の規模と波源の推定　180

　　　2．仙台平野の津波災害　181

　　　3．津波災害と社会　188

第5章　江戸時代慶長16年（1611）の津波災害 ……………………………………… 197
　　　　――複数史料による研究――

　第1節　高大瀬遺跡と周辺遺跡 ………………………………………………………… 197

　　　1．高大瀬遺跡の調査　197

　　　2．周辺遺跡の調査　198

　第2節　沼向遺跡と和田織部館跡の調査 ……………………………………………… 199

　　　1．沼向遺跡の調査　199

　　　2．和田織部館跡の調査　201

　第3節　文献史料の研究の現状 ………………………………………………………… 201

　　　1．『駿府記』・『駿府政事録』　203

　　　2．『貞山公治家記録』　204

　　　3．『ビスカイノ金銀島探検報告』　206

　第4節　発掘調査成果と文献史料の取扱い …………………………………………… 209

　　　1．発掘調査成果　209

　　　2．文献史料　210

　　　3．災害の実態解明　210

第 6 章　総合化による津波災害痕跡の調査研究 ……………………………… 213

　　第 1 節　仙台平野の津波災害痕跡研究の現状 ……………………………… 213

　　　　1．津波災害痕跡研究の現状　213

　　　　2．東日本大震災の津波との関係　217

　　第 2 節　今後の津波災害痕跡研究 …………………………………………… 221

　　　　1．新たな指針と多分野連携による総合化　221

　　　　2．自然災害痕跡研究と考古学　223

終　章　より正確な災害史構築に向けて ………………………………………… 227

引用・参考文献　231

summary　243

あとがき　245

津波災害痕跡の考古学的研究

第1章　津波災害の認識と痕跡調査研究の現状

　19世紀前半、イギリスの地質学者チャールズ・ライエルによって刊行された『地質学原理：Principles of Geology』第Ⅰ巻〜第Ⅲ巻（初版：Lyeli 1830〜1833）は、それまでの地質学の歩みを振り返り、サブタイトルに「地球表面に見られる過去の変化を、現在も働いている原因を参照して説明しようとする一つの試み」（ライエル 1830〜1833：河内訳 2006、大久保 2005）とあるように、「斉一主義」にもとづいて地球科学としての地質学を体系化した点に大きな意義があった。ジェームズ・ハットンに始まり、ジョン・プレイフェア、ライエルらに引き継がれてきた斉一主義は、"The present is the key to the past"「現在は過去を解く鍵である」（アーキバルド・ゲイキー）として広く知られており、地球の形成過程を研究する方法論的視点である。そこには以下の二つの意味がある（木村 2013）。一つは「現在の自然現象を貫く物理化学的法則は、地球の過去においても成立していた」。もう一つは「自然現象の進行する速度は、現在観測される現象と過去に起きた現象においても同じである」。今日的には、後者に関して突然の天変地異の存在も考慮すべきであることが、6,550万年前の恐竜絶滅の要因となったK/Pgイベント：隕石衝突の事例から指摘されており（後藤 2011）、そうした非日常的な現象と、通常の日常的な現象を複合的に理解することが求められている。この点は、本書で対象とする津波を考えると、過去にも起こったことのある非日常的な自然現象ととらえられる。

　また、『地質学原理』には、考古学との関連において、層序学による地層の年代と同時代性の推定、地層中の人骨あるいは人類の残した考古遺物の項目もあるが、本書の主題である津波災害にも言及している。この頃のヨーロッパでは、1755年のリスボン震災の地震・津波被害が広く知られ、62,000人が犠牲になったといわれているが、ライエルが注目したのは、1783年から4年間続いたカラブリア（イタリア南端部）の地震で、津波はその影響の一つとして述べられている。この地震活動が取り上げられた理由は、それ以前の100年間に地球上で起こった地震のなかで最も詳細に観察されて

図1　カラブリアのポリステナ付近に生じた地割れ（Lyeli 1830）

いたからである（図1）。津波に関しては、最初の地震のとき、直後に、波が30パームの高さで平野に泡立ちながら押し寄せ、多くのものを押し流し、いったん引いた後、再びより大きな激しさで押し寄せ、沿岸部に大きな被害を与えたという。この「巨大な波」は津波と考えられ、その堆積物には砂や小石（sand and shingle）が認められていたが、ライエルは、それらが何ら珍しいものではなく、春の大潮や激しい嵐のときにも認められることに注意を促している。また、ライエルらが地震による物理的変化である隆起・沈降の観察をするうえで、津波がその目標を壊してしまう被害のために正確な観察の支障になっていたことが知られる。

　非日常的に起こる津波は、地球の長い歴史からすると進行現象であるが、人類の短い歴史からすると予測できない災害として認識される。

第1節　最古の津波災害痕跡の可能性——エーゲ海沿岸——

　現在、記録に残らない最古の津波災害痕跡は、環太平洋地域では、後述するように、仙台平野で調査された2,000年前の弥生時代の震災が知られる。他の地域では、それより古く、地中海地域のエーゲ海において3,500〜3,600年前のサントリーニ島の火山噴火に伴う津波災害痕跡を対象とした議論がなされている。図2にあるエーゲ海南部のサントリーニ島（テラ島）から噴出された火山灰等の分布は広域に認められているが、課題は、噴火に伴う津波発生とそれによる災害痕跡の有無の確認である。

　津波の発生には、二つの説がある。一つは、プリニウス型の火山活動によって、火山ドームの下のマグマ溜りの支えがなくなって陥没し、できた大きなカルデラ（広さ8×9km）へ流入した海水がその壁と衝突して海水面を振動させて津波を発生させたとする説である。もう一つは、島の南側にある火山錐の南西から大量の火砕流が海水へ流入して津波を発生させたとする説である。しかし、いずれも明確な証拠はない。その後の活動については、ライエルが火山の研究対象としていたので、『地質学原理』に示されているように（図3）、BC144年にパライア・カメニ島、1573年にリトル・カメニ島、1707年と1709年にニュー・カメニ島が、隆起して海面上に現れたことが知られる。BC144年以前にはカルデラ内にこれらの島はない。

　研究の現状は、津波発生のメカニズムが解明されておらず、以下に示すように、大津波が発生し被害をもたらしたとする調査報告と、津波の規模は小さかったとする論文が認められる。

1．トルコ西海岸とクレタ島北海岸の調査

　箕浦ら（Minoura et al. 2000）と今村他（1997）は、カルデラの陥没による津波発生説にもとづいて独自の数値シミュレーションを行い、西トルコとクレタ島のエーゲ海沿岸に5mを越える津波（最大6〜11m）が来襲し、海岸から数百m浸水したと推定した。そして、それを立証するために西トルコ沿岸のディディムとフェシイェでトレンチ調査を行った（図4）。その結果、ディディ

図2　エーゲ海地域

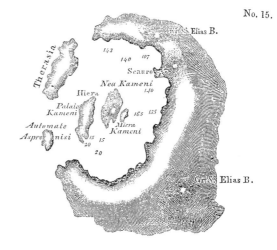

図3　サントリーニ島（テラ島）と
　　　周辺の地形図（Lyeli 1830）

ムでは、海岸線から42mの地点から90mの地点までのトレンチ断面が図示され、非海成の泥の堆積層の間に、潮間帯の有孔虫を含むシルト質泥層、その上に海生の有孔虫を含む細粒砂層（地表下1.5m～0.7m）、それを覆う厚さ10～15cmの火山灰層が確認された（図5）。このうち細粒砂層については、含まれる有孔虫が浮遊性種を主体として底生種が少なく、現海岸の砂層において底生種が主体を占めて浮遊性種を欠落していることと比較して、沖の環境に起源すると結論づけている。フェシイェでは、海岸線から135mの地点から141mの地点までのトレンチ断面が図示され、非海成の砂質シルト層の上に、属の確定しない残海性の腹足綱のたくさんの貝破片を含むシルト質砂層、それを覆う厚さ5～10cmの火山灰層、その上に非海成の泥の堆積層が確認された。このうちシルト質の砂層については、海成である古生物学的な証拠は示されておらず、通常とは異なる堆積によると判断されている。2地点の調査でこうした結果が得られたが、箕浦らは、両地点の砂層が陸方向へ薄くなることを重視して、これらを津波堆積物と結論づけており、エーゲ海沿岸の高潮堆積物とは、それが一般的に浸食の作用物で、陸域に広く堆積物を供給しないとして区別している。

　また、この調査とは別に、クレタ島北岸のゴーベスの考古遺跡の発掘では、後期ミノア文明の陶工の作業場の床が、薄い砂層とさらにその上に10～20cmのパミス層に覆われていたことを確認している。この発掘地点は、後期ミノア文明の港の軍事施設から30～90m陸側に位置しており、標高は2～3mである。

　箕浦らは、これらの調査で検出した砂層と火山灰について、放射性炭素年代測定や、分析・同定を行っている。

　火山灰やパミスに含まれていた火山ガラスの屈折率と、サントリーニ島の火山灰の含まれていた火山ガラスの屈折率を以下に示した。

　　サントリーニ島　　　：1.504～1.509
　　クレタ島ゴーベス　　：1.503～1.510
　　西トルコディディム　：1.504～1.509
　　西トルコフェシイェ　：1.500～1.504

　これまでの研究では、サントリーニ島の火山灰の含まれていた火山ガラスの屈折率は1.506～1.510の範囲にあり、このときの分析では、フィシイェを除いて、ディディムとゴーベスの火山灰がサントリーニ島を起源とすることが推定された。

　放射性炭素年代測定は、層中に含まれる底生有孔虫と腹足綱の貝を試料として行われた。

　　ディディム：細粒砂層に含まれる底生有孔虫：3837±88yrBP（1930-1706calBC）
　　ディディム：シルト質泥層に含まれる底生有孔虫：3886±86yrBP（1991-1759calBC）
　　フェシイェ：シルト質砂層に含まれる腹足綱の貝：4303±79yrBP（2562-2351calBC）

　これまでの研究では、サントリーニ島のアクロチリの考古遺跡のサンプルで測定した結果は、1630-1530calBCで、他に1645±20calBCなどの数値が得られており、それらは1600BCを前後する傾向にある。それに比べると、これら3点の測定結果は、噴火の年代とは大きく異なり、いずれも古い数値となっている。

　箕浦らは、これらの現地調査と分析・同定作業から、これまでの火山ガラスの屈折率、噴火年代

図4　クレタ島とトルコ西岸地域

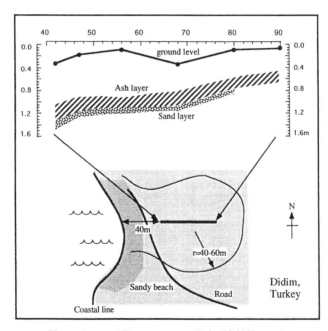

図5　トルコ西岸ディディムの調査（今村他 1997）

の研究成果と今回得られた結果との離齬は一定の解釈を行うことで整合性が確保されることから、ディディム、フェシイェ、ゴーベスで認められた海成砂層は、後期ミノア文明期の火山イベントによって生じた津波の進入によって引き起こされたと結論づけることが可能であるとしている。しかし、各調査地点で認められた砂層の年代は底生有孔虫と腹足綱の貝の年代測定値以降ではあるが、噴火の年代と一致する証拠はなく、課題となっている。

2．クレタ島とコス島の調査

ドミニィハウズ（Dominey-Howes 2004）は、サントリーニ島の噴火に伴う津波を「Late Bronze Age（LBA）tsunami」と名称づけて、クレタ島とコス島の40カ所で再調査を行った。各調査箇所は海と陸の共有領域にあって海からの堆積物を保存するのに良好な地形環境にあった。そのうち2カ所は考古遺跡で、十分な調査ができなかったが、主な調査項目と結果は以下の通りである。

- 海起源の巨礫の存在：1カ所で確認された。
- 海浜におけるパミスの存在：すべての箇所で確認された。
- 陸起源の堆積物：29カ所で確認された。
- 海生の微化石：1カ所で確認された。

海起源の巨礫と海生の微化石が見つかったのは同じ箇所であるが、ここでは以前に調査が行われて、AD66の津波堆積物が確認されている。そのため、クレタ島には、他に津波堆積物は存在しないと判断されている。そして、両島とサントリーニ島との最短距離が、クレタ島：100km、コス島：140kmであることから、LBA津波は、こうした広い範囲に及ぶ津波ではなく、波源域周辺の狭い範囲に及ぶ津波である可能性が考えられた。これは、前述の箕浦らの西トルコでの成果には否定的な見解であり、ディディムとフェシイェの火山灰直下の津波堆積物を理解するには他の解釈が必要で、その一つとして、サントリーニ島の噴火に先行して起こった地震に伴う津波の堆積物の可能性を指摘している。

これらのことから、ドミニィハウズは、LBA津波は陸上の地質学的な証拠は非常に少なく、遡上や堆積を示す痕跡は波源に近い距離に残されているとして、以下の4点を指摘している。

- 東地中海地域全体では、大津波はなかった。
- LBA津波によってきわめて少ない地質学的な物質が堆積した。
- 津波による堆積物は、環境変化によって破壊されていることがある。
- 研究者たちは、間違った地域で陸上の調査に焦点を当ててきた。

3．クレタ島東海岸の調査

ブラインズら（Bruins et al. 2008）の調査によって、サントリーニ島の火山噴火に伴う津波が形成した堆積層が報告されている。

パレカストロ遺跡は、クレタ島の北東端にあるサモニオン岬よりも15km南に位置しており、東海岸に面している。調査は、岬地区の北東側崖面2地点（№1・№2）と東浜地区の崖面4地点（№3〜№6）の計6地点で行われた。これらの地点で確認された津波堆積層は、層厚1〜2m、上面の最も高い標高は東浜地区の№5・№6付近で7mである。その特徴は、以下のように報告されている。

No.3～No.6の堆積層下面の浸食面

　No.2の堆積層中の火山灰砕屑物（層中にブロックで存在している）

　No.4の堆積層中の建築材

　No.1～No.6の堆積層中の海生の貝

　No.1の堆積層中の海生の微化石（サンゴ質の藻、有孔虫）

　No.1～No.3における土器片、土壁、骨、丸みを帯びた浜の石などのうろこ状堆積

　No.1～No.6の堆積には多様性と分級のない混沌とした構成が観察される

　ブラインズらは、これらの特徴は、貝の出土が散在的で貝塚とは異なり、「通常」の考古学的な形成過程の点からは説明できないという。そして、ミノア文明期の最も低い海水準の研究成果から、津波の波の高さは9m以上であったと推定し、高潮による堆積物とも異なるとして、津波による堆積層であると結論づけている。

　火山灰の分析では、パレカストロ遺跡の岬地区No.2と遺跡内で検出された火山灰試料と、サントリーニ島の火山灰試料について、火山ガラスを対象として主成分分析（EPMA）と微量元素分析（LA-ICP-MS）を行って比較した結果、非常によく一致している。

　放射性炭素年代測定は、岬地区No.1・No.2の堆積層中から出土した牛の骨2点と貝4点、計6点を試料として行われた。

　PK-PR-1　（ウシの骨）：3310±35yrBP

　PK-PR-2　（ウシの骨）：3390±35yrBP

　BC-1-10　　　（貝）：3790±60yrBP（⇒3390±60yrBP）

　PK-prom-1-3　（貝）：4165±40yrBP（⇒3765±40yrBP）

　PK-prom-1-3　（貝）：4245±40yrBP（⇒3845±40yrBP）

　PK-prom-2-11（貝）：3625±40yrBP（⇒3225±40yrBP）

　PK-prom-2-11（貝）：3540±40yrBP（⇒3140±40yrBP）

　PK-prom-2-12（貝）：3370±40yrBP（⇒2970±40yrBP）

　PK-prom-2-12（貝）：3485±40yrBP（⇒3085±40yrBP）

　ブラインズらは、これらのなかで、ウシの骨2点の年代は平均すると3350±25yrBPで、以前、別に測定されたサントリーニ島の噴火年代の平均値3350±10yrBPと非常によく一致すると評価している。また、貝の年代については、400年の海洋リザーバー効果を考慮しており（⇒で示した年代）、噴火の時期との関係は、BC-1-10はほぼ同じ頃、PK-prom-1-3は古く、PK-prom-2-11とPK-prom-2-12は新しいことになる。このうち、新しい年代の貝は、岬は海に囲まれていることから、高潮や後の津波によって堆積したという考えが示されている。この点については、津波堆積物を識別できるのか、堆積層の形成過程を再検討する必要がある。

　パレカストロ遺跡で想定されているサントリーニ島の噴火と津波災害を時系列で整理すると、①年代測定値で3350±25yrBP頃、火山灰などの3～4回の噴出期において、遺跡に火山灰が堆積した。②その後、津波が来襲し、集落を完全に浸水させた。③津波の堆積層には後期ミノア文明ⅠA期（表1）の土器が含まれており、津波の時期を示している。④この災害は、人口の多くが集中する沿岸

表1 クレタ島と周辺地域の編年（Bruins *et al.* 2009）

テラ （サントリーニ）	クレタ	エジプト （王朝）	Years BCE （エジプト編年）
後期キクラデス文明ⅢB	後期ミノア文明Ⅲ	ⅩⅨ	～1295-1186
	後期ミノア文明Ⅱ	ⅩⅧ	～1550/1539-1295
	後期ミノア文明ⅠB		
噴火（Eruption）	後期ミノア文明ⅠA		
後期キクラデス文明ⅠA			
中期キクラデス文明	中期ミノア文明Ⅲ	ヒクソスⅩⅤ/ ⅩⅢ-ⅩⅣ	～1801/1759-1550/1539
	中期ミノア文明Ⅱ	ⅩⅡ	～1979/1937-1801/1759

部に大きな被害をもたらしたが、ミノア文明を終焉させてはおらず、続く後期ミノア文明ⅠB期には優れた石工技術に特徴づけられる建物の好況があったことになる。しかし、この過程では、火山灰と津波堆積物の堆積の順序は、火山灰の降灰が古く、前述のトルコのディディム、フェシイェ、クレタ島のゴーベスでは、火山灰の降灰が新しく、両者は整合しない。

4．サントリーニ島の火山噴火年代

　ブラインズら（Bruins *et al.* 2009）は、前述のパレカストロ遺跡の放射性炭素年代測定値を実年代に較正して、エジプト編年との対応関係を検討している。対象としたのは、堆積層出土のウシの骨2点の平均した年代値3350±25yrBPで、較正年代は1692-1603calBCである。また、サントリーニ島の噴火年代の平均値3350±10yrBPの較正年代は、1685-1614calBCである。エジプト編年との対応関係は、堆積層から後期ミノア文明ⅠA期の土器が出土しており、それが表1の編年では、並立するエジプト第15・16・17王朝（1663BC-1550/1539BC）の後半から、エジプト第18王朝（1550/1539BC-1295BC）の初期に相当し、年代は1600BC～1480BCが与えられている。

　ブラインズらは、これらの実年代値について、堆積層の年代を土器にもとづいて考えると、サントリーニ島の噴火の実年代より100～150年新しくなる。そのため、較正曲線の確立を求めているが、土器の年代は、堆積層の形成年代がその時期以降であることを示しているだけである。堆積層中には、年代の異なる遺物が含まれており、その一つが土器であり、それより古いウシの骨や、それより新しい貝もある。この堆積層が津波堆積物だとすると、その形成年代は、最も新しい貝PK-prom-2-12の年代3370±40yrBP（⇒2970±40yrBP）以降であり、噴火の時期とは異なることになる。

5．研究の現状

　これまでの主な研究を紹介してきたが、研究の現状は以下のようにまとめられる。

3,550〜3,650年前にサントリーニ島で火山噴火があり、それを地中海沿岸で検出されている火山灰が証明している。噴火に伴って津波が発生したとする推定に関しては、明確な津波災害痕跡は認められておらず、津波発生のメカニズムには噴火によるカルデラの陥没と火砕流の海への流入を要因とする二つの説があり、津波の規模は、東地中海全域の広い範囲に及んだとする説と、波源域周辺の狭い範囲に及んだとする説がある。また、火山灰と津波堆積物の層序関係にも二つの説がある。こうした事態が生じる要因は、津波堆積物の認識に共通する基準がないことと、サントリーニ島の火山噴火に伴う津波の発生とその堆積物の存在が明らかにされていないことがある。研究はこれからという観があり、基本的な津波堆積物の識別基準を共有することから始めるべきであろう。そこでは、噴火の年代をより正確に知るうえで、火山灰の降下年代をエジプト編年に位置づけることが求められ、較正曲線との対比によって精度を向上させることも必要とされる。なお、サントリーニ島の火山は、何度も噴火しているので、紀元前二千年紀に複数の噴火がなかったのか、検討すべきであろう。

第2節　世界最古の津波災害記録──エーゲ海沿岸──

　記録に残る最古の津波災害は地中海地域で確認される。パパドポラスら（Papadopoulus et al. 2014）によると、この地域では規模の大きな津波（12段階に分けられた津波の強度のうち6段階以上）が紀元前426年から2002年までに44回あったことが示されている。後述するように、日本列島の最古の津波災害記録の年代は684年なので、それより古い津波災害は、以下のように8回認められている。

　　　426BC 夏　　　マリアコス湾　　　強度8
　　　373BC 冬　　　コリントス西湾　　ギリシア強度9
　　　AD148　　　　ロードス島　　　　ロードス強度7
　　　AD365 7/21　　クレタ島　　　　　アレキサンドリア強度10
　　　AD447 1/26　　ママラ海　　　　　強度8
　　　AD544　　　　ブルガリア黒海　　強度8-9
　　　AD551 7/9　　 レバノン　　　　　強度8
　　　AD556　　　　コス島　　　　　　コス強度8

これらは、いずれも東地中海とその周辺で発生しており、AD365にアレキサンドリアに来襲した津波が最も大きかったことが知られる。そして、最古は426BCにギリシア中部で発生した地震に伴う津波災害であるが、異論もある。ゲオルギオスとセオドリック（Georgios and Theodoros 2014）は、479BCにギリシア北部で発生した津波災害を最古の記録と指摘しているのである。ここでは、両者を、479BC説、426BC説として紹介し、検討を加えることにしよう。

1．479BC 説：パレネ半島

（1）ヘロドトス『歴史』における記述

この説は、ギリシア人のヘロドトス（485BC 頃〜420BC 頃）によって書かれた『歴史』における以下の記述にもとづいている。当時は、480BC 夏に起こったサラミスの海戦後。ギリシア軍に敗北したペルシア軍は、クセルクセス王の帰国はあったものの、マルドニオス将軍のもとで再戦を期してギリシア北部で冬営していた。その指揮官の一人アルタバゾスは、年が明けると、ペルシア軍に従わないパレネ半島にあるポテイダイア（図2）を攻撃した。そのときにペルシア軍を襲った高潮の記述がなされている。

> アルタバゾスが攻囲を始めてから三カ月が経過したとき、激しい干潮が起り、それが長期にわたって続いた。ペルシア軍は浅瀬が出現したのを見ると、浅瀬を伝ってパレネ半島に入ろうとして進んだ。彼らが浅瀬の五分の二を過ぎパレネ半島内に達するにはなお五分の三を剰しているとき、土地のものたちの話ではよく起ることだというが、このときはかつて例のないほどの猛烈な高潮が襲ってきた。泳ぎの心得のないものは溺れ死に、心得のあるものはポテイダイア人が船で乗り出して殺してしまった。ポテイダイア人のいうところでは、この高潮やペルシア人の遭難の原因となったのは、高潮のために死んだペルシア人たちが、町の郊外にあるポセイドンの杜や神像に不敬な行為を犯したためであるという。これが原因であったとする彼らの言い分はもっともなように私には思われる。アルタバゾスは生き残った部隊を率いて、テッサリアのマルドニオスの許へ引き上げた。（ヘロドトス：松平訳 1972）

（2）津波に対する認識

最古の事例とされるのは、上述のペルシア軍を襲った「かつて例のないほどの猛烈な高潮」による被害である。しかし、『歴史』では地震は神ポセイドンが起こすと信じられていたが、この高潮は地震に伴っていないこと、そして、他の地域の被害が不明なことから、津波と理解するには根拠が弱いと考えられる。そして、より留意すべきなのは、ヘロドトスの『歴史』には、さまざまな事象がギリシアの神々との関わりとして描かれる場面が多く見られ、この記述も、海の神であるポセイドンへの不敬な行為が高潮の原因と理解されているように、事実とするのに一考を要する点である。

2．426BC 説：エウボイア島周辺

（1）トゥキュディデス『戦史』における記述

この説は、アテナイの市民であるトゥキュディデスによって書かれた『戦史』の以下の記述にもとづいている。当時は、ペロポネソス戦争の6年目。スパルタを中心とするペロポネソス同盟軍が、アテナイのあるアッティカへ侵攻するために、コリントスに集結していたその年の5月、各地で地

震が起こる。そのため、同盟軍を構成する諸国の軍がそれぞれ自国へ戻ることになり、侵攻作戦は行われなかった。この地震に伴う津波の記述が、ギリシア中部のエーゲ海側の3カ所についてなされている。

> 翌夏、ペロポネーソスと同盟諸国の軍勢はアッティカ侵攻を意図して、ラケダイモーン王、アルキダーモスの子アーギスの指揮下にコリントス陸峡地帯に集結したが、各地に地震が起ったために故国にとって返したので、侵攻作戦はおこなわれなかった。これと同じころ、地震が襲った際にエウボイアのオロビアイにおいて、当時の海岸線から海水が後退したかと見えるや、次に怒濤となってポリスの位置する地域に襲いかかり、その一部を水びたしにしたままひいていった。そのためかつては陸地であった所が今は海となっている。また水よりも先に高地に逃げることができなかった人々も、ことごとく海に呑まれて死んだ。これと同様の浸水被害は、オプースのロクリス領の沖合にある通称アタランテー島周辺にも生じ、アテーナイ人の看視所の一部を押し流し、海岸に引きあげてあった軍艦二艘のうち一艘を粉砕した。またペパレートス島においても海岸線の後退が生じたが、浸水による被害はなかった。しかし地震が城壁の一部を崩し、会議所をはじめ数カ所の建造物が破壊された。わたしがこのような現象の原因と判ずるのは、きわめて強い地震が生じた地域では、震動のために海水が一方に押しやられ、突然さらに烈しい力でもとの位置に引き戻されるので、海水の洪水が起るのである。つまり地震がなくては、このような事象が生ずることがありえないように思われる。(トゥキュディデス：久保訳 1966)

(2) 津波に対する認識

津波に関する記述は、図6に示すように、「エウボイアのオロビアイ」(エヴィア島北部西岸)、オロビアイの海峡を挟んだ対岸の「オプースのロクリス領の沖合にある通称アタランティ島周辺」(アタランティ湾に浮かぶ小島)、「ペパレートス島」(スポラデス諸島のスコペロス島)に認められる。

- オロビアイ：地震が襲った際に、引き波があり、その直後の押し波で多くの人びとが水死した。また、陸地だったところに浸水域が生じた。
- アタランティ島周辺：オロビアイと同様の浸水災害が生じ、看視所の一部を押し流し、海岸に引きあげてあった軍船一艘を破壊した。
- ペパレートス島：引き波があったが、浸水による被害はなかった。しかし地震が城壁の一部や建造物を破壊した。

これらの津波の記述に関してトゥキディデスは、「私がこのような現象の原因と判ずるのは、きわめて強い地震が生じた地域では、震動のために海水が一方に押しやられ、突然さらに烈しい力でもとの位置に引き戻されるので、海水の洪水が起るのである。つまり、地震がなくては、このような事象が生ずることがありえないように思われる」と述べている。

このように、地震は広域に及んでおり、津波も同じような範囲に及んだと推定されるが、津波の記録は比較的近い距離にある3カ所についてだけ記述されている。オロビアイとペパレートス島の

図6　エウボイア島と周辺地域

距離は約70kmである。

　この記録からは、3カ所で、地震の際に引き波の後に押し波（海水の洪水）がきたこと、そのうち2カ所で、押し波による津波被害（浸水災害）があったことがわかる。特に、被害があった2カ所は海峡を挟んで対面する位置にあり、記述が具体的な点は、『戦史』において、客観的で正確な記述を目指すというトゥキディデスの叙述の方法からすると異例である。しかも、津波の原因を地震とする自らの考えを示していることもあり、オロビアイあるいはアタランテー島周辺（両者の距離は10数kmと近い）にいて、震災を経験し、情報収集をしていたことを考えさせる。その理由として、桜井（2013）は、ペロポネソス戦争が始まった頃、トゥキュディデスは、トラキア、マケドニア等の北部地域において外交任務についていたらしく、後にタソス島にもおり、紀元前424年には、この方面の将軍になることから、当時、担当地区の震災被害をアテナイへ報告した内容にもとづいているのではないか、と推測している。

　いずれにしても、最古の津波災害が記録として残され、地震と津波の連動性を指摘している点は、高く評価できる。

（3）ストラボン『地誌』における記述との関連性

　ストラボン（64BC～AD23以降）は、過去にギリシアに起きた地震の数々をデメトリオスの記述にもとづき「テルモピュライの大地震の被害」として紹介している（ストラボン：飯尾都人訳 1994）。以下は、そのうち、地震と津波に関する項目である。

・全壊した諸市：オレオス市の海辺の城壁と約700の家屋が同時に倒壊し、エキノス、パララ、

トラキスのヘラクレイアは何れも大部分が倒壊したが、なかでもパララの市域は土台から転覆した。ラミア、ラリサ両市もこれらの近いありさまになったし、スカルペイア市も基礎ぐるみ投げあげられ1,700人をくだらない人間が地底に沈んだ。トロニオン市の死者もこの数の半分を上まわるほどだった。

- 津波：津波は三方へ馳せ登り、ひとつはタルペ、トロニオン両市へ、つぎはテルモピュライ方面へと向い、ほかの一波は平野をポキス地方のダプヌスまで進んだ。
- 陥没：エウボイア島そばのアタランテ島でも中央部に破断が生じてその間を船で通り抜けるようになり、平野部ではあちこちで20スタディオン（3.6km）奥までをも海水が覆い、船庫から三段櫂船が一隻波に押し上げられ城壁を越えて流れたという。

ここに示された地名は、図6のように、マリアコス湾のテルモピュライを含むエウボイア島北西部周辺地域にまとまりをもって存在している。パパイアノら（Papaioannou 2004）は、これらの地名にはアタランテ島を除いて共通性がないことから、それとは別に、発掘調査によって推定されるBC3世紀に起こった地震・津波の被害を述べている可能性を指摘している。しかし、アタランテ島で軍船一艘が津波で被害を受けた共通性は重視すべきであり、年代が紀元前であることからすると、前述の426BCの震災を伝えていると考えられる。

3．最古の津波災害記録

これまでの479BC説と426BC説の検討から、最古の津波災害記録としては、後者の説に妥当性があり、エウボイア島北西部周辺で起きた地震に伴う津波被害を考えることができた。この震災による被害は、トゥキュディデスとストラボンの記述を合わせることでより具体性を帯びる。地震の規模は大きく、津波は北エウボイア湾の両岸だけでなく北スポラデス諸島にも及び、平野部では3.6km遡上したことが知られる。こうした津波被害の実態は、これからの発掘調査で確認されることになろう。

第3節　日本列島最古の津波災害記録——高知平野——

地中海地域では、紀元前5世紀から現代まで連綿と津波災害記録が残されているが、津波被害が多い環太平洋地域をみると、日本列島において7世紀から現代まで認められる。そのうち、最古例を含む六国史における津波災害記録は、以下の5件が知られている。

　　天武13年（684）10月14日　土佐国　時間帯は人定（21-23時）
　　天長7年（830）1月3日　出羽国（秋田城）　時間帯は辰刻（7-9時）
　　嘉祥3年（850）10月16日　出羽国（国府城輪柵）（日中）
　　貞観11年（869）5月26日　陸奥国（国府多賀城）（日中）
　　仁和3年（887）7月30日　摂津国他（五畿七道で地震）　時間帯は申時（15-17時）

これらは、いずれも地震に伴って発生している。ここでは、最古の津波災害記録を確認しておこう。

1．天武13年（684）の津波災害記録

『日本書紀』の天武天皇13年（684）に、白鳳南海地震があり、それに伴って津波が起こったこと、伊予（愛媛県）と土左国（高知県）に被害があったことが記録に残されている（小島他 1998）。その記事は、和化漢文で述作されたβ群（森 1999）で、以下のように、震災が起こった10月14日（史料A）と、国司から朝廷に報告された11月3日（史料B）に認められる。

（1）史料A：巻29天武13年（684）10月14日
①壬辰
②逮于人定 大地震
③挙国男女叫唱 不知東西
④則山崩河涌
⑤諸国郡官舎及百姓舎屋寺塔神社 破損之類 不可勝数
⑥由是人民及六畜多死傷之
⑦時伊予湯泉没而不出
⑧土左国田苑五十餘万頃 没為海
⑨古老曰 若是地動未曾有也
⑩是夕有鳴声 如鼓聞于東方
⑪有人曰 伊豆嶋西北二面 自然増益三百餘丈 更為一嶋
⑫則如鼓音者神造是嶋響也

列島の広い範囲に及んだ震災被害を伝える記事である。伊予国では温泉が出なくなり、土佐国では津波被害があり、伊豆では火山活動があった。②地震は、人定（午後9時～11時頃）に起こり、③人びとが地震に驚き叫んだと伝えている。④地滑りが起り、堰き止められた河川が洪水を起こしている。⑤諸国の官舎、民家、寺社の建物被害は数え切れないほどである。⑥人びとや家畜の多くが死傷した。⑧土左国では、津波の遡上によって田畑50万余代が水没していることが知られる。

（2）史料B：巻29天武13年（684）11月3日
①庚戌
②土左国司言 大潮高騰 海水瓢蕩 由是運調船多放失焉

土佐国司からの津波被害の報告である。運調船の管理をしていた港から、夜間に起った津波による被害が報告された。運調船の多くが失われた被害状況は、翌朝以降に確認された。

（3）記事の特徴
いずれの史料も、夜間に起きた地震・津波の被害が、限られた情報から伝えられている。記事の

特徴としては、以下の3点にまとめられよう。
- 地震発生時には、人びとの行動の記述はなく、叫び声が聞こえたことが記されている。
- 平野では、津波遡上時の光景の記述はない。被害の記述内容は、翌朝以降、目視等によって確認された事柄である。
- 海浜の港では、津波の様子の記述はあるが、周辺の光景の記述はない。被害の記述内容は、翌朝以降、目視等によって確認された事柄である。

2．土佐国の津波災害

　土佐国の範囲には、太平洋側に開く弧状を呈する長い海岸線があり、数多くの河川が土佐湾に注ぎ太平洋に面して平野を形成している。海岸は急崖をなすところも多く、物部川下流域を除くと平野の多くは比較的小さい傾向がある。これらの平野には、海岸線に沿って一列の砂丘が発達している特徴があり、物部川下流域では明瞭に認められ、図7のように、その大きさは、幅500m、高さ10数mである（図8）。砂丘には、弥生時代の遺跡が分布していることから、その形成は弥生時代以前に遡り、この地域の津波災害を考えるうえで重要視される地形といえる。

　さて、こうした地形環境をふまえて684年の津波災害に関して参考になるのは、年代は降るが、宝永4年（1707）と安政元年（1854）に、地震とそれに伴って発生した津波による災害である。物部川下流域にある里改田遺跡の報告書では、津波を含めて水害史料の検討がなされており（武吉 2000）、それによると、土佐藩から幕府へ報告された被害状況は、宝永4年は流家11,167軒、潰家5,608軒、死人1,844人、死牛馬548足、損田45,170石余、米流失22,120石余、安政元年は流家11,167軒、潰家2,939軒、半潰8,888軒、焼失2,460軒、流失3,182軒、死者372人であり、宝永4年の震災のほうが被害は大きかったらしい。そして、津波は、「西岸に比べ砂丘の発達が比較的低い物部川河口の東岸では、遡上波は岸本（砂丘東端の地区）まで直接侵入した後、低地へとはい進んでいる。物部川西岸では、物部川本流河道の他、近世段階では現代よりも明瞭な凹地列をなしていた景観が史料に記される旧河道跡や、砂丘後背を東西に流れる後川沿いのデルタ地帯が、膨大な海水の進入路となる」とあり、宝永4年の記録にもとづいて推定された津波の浸水域を示している（図7の破線内の範囲）。その広さはおよそ東西8km、南北4kmの半円状で、面積は約2,500ヘクタールである。

　これを天武13年（684）の津波被害と比較すると、史料A（10月14日）の記事には「田苑五十餘万頃没為海」とあり、臨海沖積平野の津波被害状況を伝えている。五十餘万頃の面積は、1町（1.2ha）＝500代で、1,000町（1,200ha）＝500,000代なので、具体的には2km×6kmあるいは3km×4kmといった範囲よりやや大きい。これは、津波の遡上した浸水域を示すのではなく、地震による地盤の沈下あるいは遡上した海水の残存によって、震災後に出現した水域である。また、五十餘万頃が実際の数値を示しているのかはわからないが、沿岸にある規模の大きな砂丘の存在からすると、水域は、砂丘の陸側に東西に長く形成されたと考えられる。その場合、土佐国の平野の中でその面積と範囲を想定できるのは物部川下流域である可能性が高い[3]。ここには、海岸線から8km離

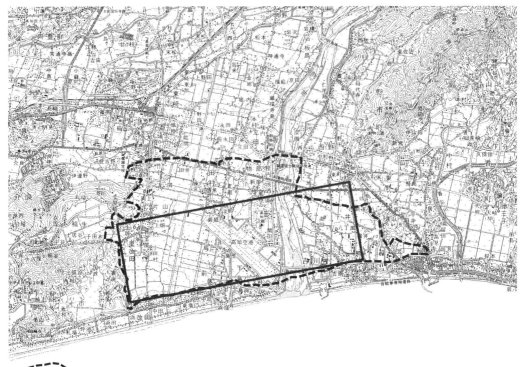

　　---- 宝永4年(1707)の津波による推定浸水域（武吉2000）

　　──── 天武13年(684)の津波による推定浸水域（2×6km：約50万代）

図7　高知県物部川下流域の津波浸水域推定図

図8　高知県物部川河口付近の砂丘
　　（2015年斎野撮影）　砂丘上の津
　　波避難タワーから南方を撮影。
　　左手に海が見える。

れた平野の最奥部に土佐国府や土佐国分寺等があり、最も早く被害状況を把握できたのであろう。図7には、想定される水域を2km×6kmとして長方形の実線で示した。宝永4年の浸水域と直接比較はできないが、面積はそのおよそ半分である。

　また、史料B（11月3日）の記事は土佐国司からの報告で、直接、津波被害があったことが知ら

れる。その記述は具体的で、一つが「田苑五十餘万頃没為海」で、もう一つが「運調船多放失焉」で、おそらく、報告には両者が含まれており、そのほかに、建物被害や人畜被害もあったのだろう。

3．白鳳南海地震

　高知県を含む四国沖の海底には、フィリピン海プレートが沈み込む「南海トラフ」と呼ばれる細長い凹地が駿河湾から延びており、マグニチュード 8 クラスの地震を発生させてきた。寒川旭（2011）によると、南海トラフ沿いの地域で行われてきた発掘調査データには、和歌山市川辺遺跡で見つかった 7 世紀後半～ 8 世紀初頭の砂脈、奈良県酒船石遺跡の 7 世紀末葉の地滑り跡、兵庫県南あわじ市汁谷遺跡で見つかった 7 世紀後半の砂脈があり、それらは『日本書紀』天武13年(684)10月14日に起った地震の痕跡を示す可能性が高いと指摘されている(4)。この地震は、「白鳳南海地震」と呼ばれているが、地震痕跡の年代には時期幅があることや、砂脈や地滑りを生じさせる地震が他に存在する可能性について、なお検討を要する。なかでも、土佐国では津波被害があったことから、高知県沿岸域では、地震・津波の災害痕跡の検出に期待したい。

第 4 節　東日本大震災以前の研究

　津波の発生メカニズムは、大きく地震性津波と非地震性津波に分けられ、前者が約76％を占め、後者には、山体崩壊、海底地すべり、海底火山噴火、隕石衝突等がある（後藤 2014）。地球上で発生するこれらの津波の多くは、環太平洋地域で認められており、地震性津波には、周辺海域を震源とする地震に伴う近地津波と、太平洋の対岸海域を震源とする地震に伴う遠地津波があり、数多くの災害をもたらしてきた。
　ここでは、こうした津波災害の研究について、東日本大震災以前と以後に分けて主な研究成果を概観し、現状をふまえて本研究の課題を明確にしたい。

1．環太平洋地域

　国外では、現在の津波痕跡にもとづいて過去の津波痕跡の研究が行われているが、災害痕跡が明らかにされた事例は少ない。

（1）遠地津波痕跡の研究
　北米大陸太平洋側のワシントン州沿岸において、1980年代初頭に始まったカスケーディア沈み込み帯を震源とする巨大地震とそれに伴う津波の痕跡研究は、ボーリング調査によって、地層中に過去の津波堆積物が残存していることを明らかにしたことに始まる。アトウォーター（Atwater 1987）は、その成果をもとに、ウィラパ湾に注ぐ河川流域の低地において過去 6 時期の津波堆積物が間層

を挟んで存在していることを指摘した。この調査では、ボーリングは、河川に直交して直線的に約300mに22地点が設定されており、地点間の平均距離は約14mである。それによると、これらの津波堆積物は、過去7000年間に、6回以上の地震とそれに伴う津波があり、地震の規模は、マグニチュード8以上、地震沈降帯の長さ100km以上と推定している。

地震の規模の参考に示したのは、

 1964年アラスカ地震：Mw（モーメントマグニチュード）9.2、L（地震沈降帯の長さ）950km

 1946年南海道地震：Mw（モーメントマグニチュード）8.1、L（地震沈降帯の長さ）300km

 1960年チリ地震：Mw（モーメントマグニチュード）9.5、L（地震沈降帯の長さ）800km

であり、これらはいずれも太平洋の対岸に及ぶ広い範囲に津波被害をもたらしている。

その後、1990年代初頭に、アトウォーターは、南ブリティッシュコロンビアから北カリフォルニアにかけて、知られざる巨大な地震に伴う津波痕跡を識別しており、年代は、トウヒ属の年輪年代測定から、1695年から1720年の間と推定された。この津波は、堆積物が湿地や森の地表を覆うことで自然環境を変えたり、あるいは、考古遺跡で焚火跡を覆っていることが確認されている。後者に関しては、サケ、アザラシ、クジラなどの漁労活動のキャンプサイトの可能性が考えられている。また、先住民（アメリカインディアン）の言い伝えとして、大昔の冬の夜に地震が起きて津波が襲ったらしいということが明らかにされている。地震に関しては、液状化が認められており、その規模はマグニチュード9の可能性が指摘された。

この研究は、その後、地質学と歴史学の連携によって、太平洋を挟んで7,500～8,000km離れた北米大陸西岸の津波痕跡と、日本列島太平洋岸の近世文書の津波記録から、近地・遠地津波を復元していくことになる。その契機は、佐竹健治ら（Satake *et al.* 1996）や都司嘉宣（1998）の研究である。カスケーディアの地震の年代は、1990年代後半に、立ち枯れた大木の年輪の調査から1699年8月以降、1700年5月以前と推定されており、その期間において、西暦1700年の1月27日から28日にかけて、以下の6カ所（図9）に残されていた津波災害記録が検討された。これらは、半日の間に本州太平洋沿岸の広い範囲に認められた津波記録で、記録地間の日時のズレが、カスケーディアを震源とする遠地津波の到達を示す可能性が考えられたのである。

 鍬ケ崎（盛岡藩『雑書』）津波到達日時：1月28日（木）午前0時頃

 津軽石（盛合家『日記書留帳』）津波到達日時：1月28日（木）午前0時～6時

 大槌（盛岡藩『雑書』）津波到達日時：1月28日（木）午前0時頃

 那珂湊（大内家『御用留』）津波到達日時：1月28日（木）午前6時～10時頃

 三保（『三保村用事覚』）津波到達日時：1月28日（木）午前6時～10時頃

 田辺（『田辺町大帳』）津波到達日時：1月28日（木）午前6時～10時頃

このうち、最も早く津波が記録されているのは三陸沿岸で、アメリカ北西部から津波が伝わるのに約10時間を要することから、地震発生は、現地時間で1月26日午後9時頃と推定され、先住民の言い伝えとも一致する結果が得られている。こうして、地質学と歴史学の連携によって太平洋の東西両岸で津波被害の実態が明らかにされたのである（Atwater *et al.* 2005）。

図9　カスケード遠地津波が記録された地点と推定日時・浸水高（都司他 1998にもとづく）

（2）津波堆積物の識別

　津波災害痕跡研究は、2004年のインド洋津波による災害を契機として活発化し、なかでも最も重要な課題とされたのが、自然現象として生成される津波堆積物の識別方法の確立である。しかし、研究事例が増加するのに伴って認識されたのは、海浜起源のイベント堆積物には、津波堆積物と高潮堆積物があり、両者の区別がむずかしいことであり、それを解決する方法としてさまざまな要因が検討され、それらを総合的に考えることが提唱された。

1）ノッツ（Nott 2006）の研究

　ジョナサン・ノッツは、人類にとって危険となりうる現代の極度の自然現象を8種類（旱魃、洪水、熱帯低気圧、津波、地震、地すべり、火山、小惑星）取り上げ、地中に残されたそれらの長期（数百年～千年）にわたる記録を理解し、復元する方法を提示している。ここでは、本書と関わる海浜起源のイベント堆積物をもたらす熱帯低気圧と津波について、両者を痕跡から識別することが可能なのか、ノッツの研究成果をみておこう。

ノッツは、高潮が海岸砂丘を超えるときにはしばしば砂丘が浸食され、浸食された砂が陸側へ薄くなりながら拡散し、シート状に堆積することを示し（サンド・シート）、同様の堆積は、津波が遡上して海岸砂丘を浸水させるときにも起こることを指摘したうえで、熱帯低気圧の調査事例として、1999年に西オーストラリアの沿岸部に上陸したトロピカル・サイクロン（以下「TC」）「バンス」を紹介している。このTCバンスが上陸したのはクイーンズ南部のコーウェイ海岸で、そこには何列にも及ぶ標高6〜7mの浜堤列地形が形成されていた。TCバンスは、気圧910hpaで上陸し、最も被害が大きかった沿岸部では海岸から三つ目までの浜堤列を浸食し、それらの砂を、沖と、陸側へ200〜250mへ運搬した。陸側では、幅400〜500mにわたって砂の堆積があり、その厚さは、三つ目の浜堤列の背後で1.5m、最も陸側の外縁では0.75mで、そこで突然途絶えていたと報告されている。

　ノッツは、こうした1000年あるいは数百年単位で起こる過去の熱帯低気圧による災害は、環太平洋地域において北米大陸東岸、オーストラリア大陸北岸で確認されていると述べており、その痕跡は、サンド・シートの存在のように、津波と類似するところがあり、識別がむずかしいことを認めている。

　津波によって堆積するサンド・シートは、ノッツによって、厚さ数cmから1mほどで、陸側への分布は、10m〜2km広がることがあり、地形環境によっては連続あるいは不連続となると特徴づけられており、それを調査・観察するため、以下の16項目示された。

　a）シート状堆積
　b）堆積単位
　c）押し波と引き波
　d）基底の不整合あるいは浸食
　e）再堆積した砕屑物
　f）基底の負荷構造
　g）粒径
　h）珪藻
　i）有孔虫
　j）重鉱物濃度の増加
　k）花粉組成
　l）貝化石
　m）維管束植物化石
　n）層上部の貝、木、礫の堆積
　o）年代測定
　p）考古遺跡

　ノッツによると、その後の研究では、地点的な調査によって津波堆積物と高潮堆積物との相違が個々の項目において知られた事例も各地域にあるが、海岸域における両者の痕跡を区別する明確な証拠は認められないとしている。そして、津波堆積物の識別は、すべての項目が研究によって満た

図10　主な高潮と観測地

されたときに達成されるという理解を示している。

　これは、2000年代の課題として認識され、過去と現代の津波堆積物と高潮堆積物を対象として環太平洋地域と地中海地域で研究が進められた。主な研究としては、

- ドミニィハウズら（Dominey-Howes *et al.* 2006）によるオーストラリア南東海岸の現代の津波堆積物の調査
- タトゥルら（Tuttle *et al.* 2004）による北東アメリカにおける過去の津波堆積物と高潮堆積物の比較
- モートンら（Morton *et al.* 2007）による太平洋と大西洋の現代の津波堆積物と高潮堆積物の比較
- ウィリアムズ（Williams 2009）による南西ルイジアナの現代の高潮堆積物の調査

などがある（図10）。そして、マモら（Mamo *et al.* 2009）は、それらの成果をふまえながら、それまでの世界各地の研究成果から、津波堆積物の特徴を9項目で指摘している。しかし、一方で高潮堆積物との比較研究では、地点的な調査事例によって識別が可能とされた各項目の特徴が、他の地点では認められないこともある。

2）エンゲルとブルックナー（Engel and Bruckner 2011）の研究

　マックス・エンゲルとヘルムート・ブルックナーは、インド洋津波の後、より多角的な視点から検討を加えた研究を行っている。彼らは、津波堆積物だけでなく高潮堆積物を含めた特徴を、以下に示すようにa～oの15項目に分けて仮説として提示するとともに、それぞれ肯定的な論文と懐疑的な論文を紹介している。

　a）浸食された基底面：津波堆積物の基底と下層の接触は不整合か浸食かもしれない。

　b）荷重痕：津波堆積物の下部あるいは基底には荷重構造がみられる。

　c）上方細粒化：津波堆積物には上方細粒化がみられる。

d）陸側への細粒化：海から陸方向へ津波堆積物の粒径には細粒化がみられる。

e）陸側への分布：津波堆積物は潮汐湖の陸側を含む地形に存在し、それは高潮堆積物にはみられない。

f）斜交層理：貝の覆瓦構造、低角の楔形ラミナ、斜交層理によって陸方向と海方向の流れが示される。

g）粒径分布：津波堆積物はしばしば双峰性であるが、高潮堆積物は単峰性である。

h）偽礫：津波堆積物は下部あるいは基底に偽礫を含む。

i）重鉱物：通常、高潮の波の基底の下で見つかる沖合からの重鉱物は、大きな高潮よりも津波に帰するようである。

j）微化石（底生有孔虫他）：浅海性環境における遠洋種あるいは底生種かもしれない微化石の殻や細胞は、かなりの比率で破壊されているかもしれない。

k）微化石（二枚貝）：次に示す集合的な化石生成の特徴は津波による貝の堆積の有効な指標である。平面、側面で大きく広がる生息域外の関節のある二枚貝種（潟湖や沖合）の異地性混合、それは角張った割れと疲労骨折を伴う大量の殻の破片である。

l）珪藻：津波と高潮の堆積物は、双方とも、沖あるいは湾起源を示す珪藻を混合して含む。しかし、津波堆積物は殻の破片と底生海生珪藻を含む。

m）特徴的な層：津波の波の流れにおける分かれた波は、区別的な単位を含む特徴的な層を堆積させるかもしれない。

n）地質化学：津波堆積物における Na、S、Cl_2、Ca、Mg の濃度の増加は、上層、下層の堆積物と関係する。

o）淘汰作用：一般的に津波堆積物は高潮堆積物より淘汰が少ない傾向がある。

これらは、それぞれに懐疑的な研究成果があり、陸上に残された津波堆積物と高潮堆積物の区別は非常にむずかしい課題であるという認識がなされている。特に過去の津波の研究は、堆積学的、地形学的な詳細な証拠を含むより学際的な野外調査研究を最も確かに必要とする。国外でこうした認識がなされている背景には、2004年のインド洋津波以降、議論が活発に行われてきたことが要因として考えられる。

2．日本列島

（1）科学としての津波災害痕跡研究の始まり

歴史記録における津波に関する記事とは異なり、津波痕跡と被害状況の報告が行われるようになったのは、山奈宗真による1896年6月15日に発生した明治三陸津波の調査からである。山奈の調査活動は、北原糸子（2014）の研究に詳しいが、その概略を述べておこう（仙台市 2015）。山奈は、岩手県知事から1896年7月27日付けで「海嘯被害地援産方法取調」の任命を受け、図11のように、沿岸部の各集落を震災直後の7月30日から9月10日まで、およそ2カ月かけて被害地37町村、190集落を回り、被害実態を調査し、復興策を含めて絵図に記録している。そこには、集落の位置、津

第1章 津波災害の認識と痕跡調査研究の現状　23

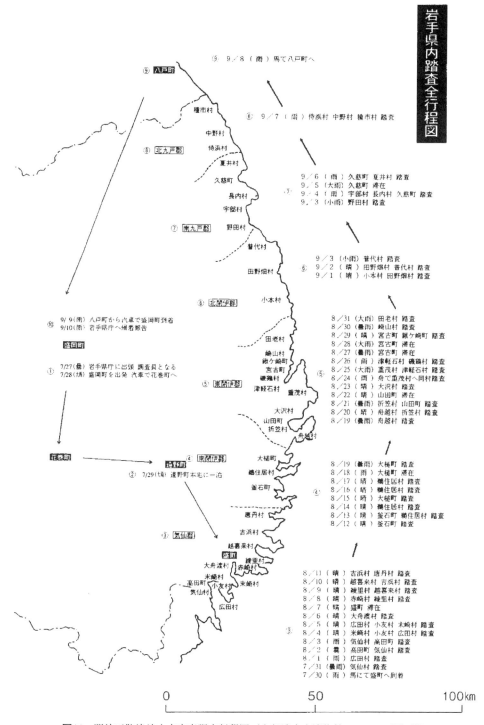

図11　明治三陸津波山奈宗真調査行程図（大船渡市立博物館 1997に一部加筆）

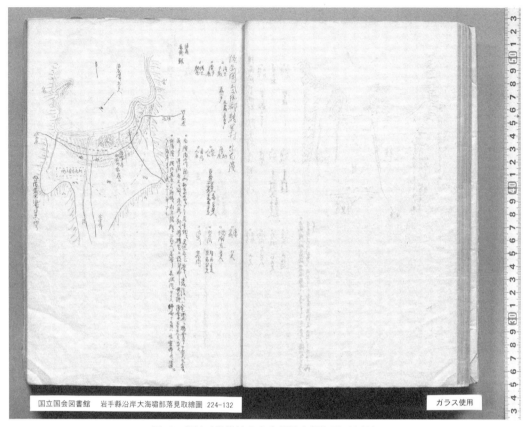

図12 明治三陸津波山奈宗真調査報告図（白濱）

波の高さ、津波の波の方向、浸水域、津波堆積物の分布、被害状況、集落移転の提案等が記されている。図12は、そのうちの1枚である。岩手県気仙郡綾里村白濱（現大船渡市）の絵図資料である。ここには、「砂石川原」と津波堆積物の記述もなされ、津波の遡上はそれより遠くに及び、集落境の峠を越えており、遡上高は38.2mを記録している。峠には、それを忘れないために、津波碑が建てられ、電柱にも標示してある（図13）。

また、この津波に関しては、伊木常誠が宮城県から岩手県にかけての沿岸部の調査をしている。伊木は、津波に関する海外の報告をもとに、明治三陸津波は、太平洋を挟んで対岸には遠地津波として伝わったことを確認しており、津波の規模の大きさや、現地調査をふまえて、津波の要因を海底火山の噴火に求める見解を示している（伊木 1897）。

その後、日本列島および環太平洋地域では、1933年の昭和三陸津波、1946年のアリューシャン津波、1960年のチリ津波、1964年のアラスカ津波などを経て、被害の実態が報告されるとともに、津波の発生、伝播、遡上等のメカニズムの解明が進められていく。研究の最初の画期となったのは、1960年のチリ津波に際して組織的な地質学調査が行われたことである（今野他 1961）。対象は三陸の北部、中部、南部に分けられ、調査は、砂浜海岸、河口域、湾岸等、地形的なまとまりごとに行われ、調査項目は、波高、浸水域、浸食作用、堆積物の起源、堆積物に含まれる生物遺体等、多岐にわたり、さまざまな分野の連携がはかられており、津波痕跡研究の基礎が築かれた。

図13　白濱の峠の津波遡上高標示（峠の向こうが白濱：2014年斎野撮影）

（2）津波堆積物の識別

　日本列島で過去の津波堆積物の報告が最初になされたのは、1983年の日本海中部地震津波を契機に、1980年代後半に青森県の日本海沿岸にある十三湖周辺の砂丘間湖沼の底質堆積物を対象として行われた箕浦他（1987）の堆積学の研究においてである。砂丘の最大標高は10m未満で、砂丘の間にある前潟と明神沼の「自然の状態を良く留めた湖沼系の底質堆積物」を対象として、それぞれ1地点のボーリングで柱状試料を採取し、堆積作用や粒径組成等の変化によって津波堆積物を識別し、同時に年代測定を行って、その「イベント」を時間軸に位置づけるという基本的な方法が示された。イベントは、堆積層の変わり目あるいは砂層の夾在部を、堆積作用の急激な変化とみなして名称づけられており、ここでは津波によって海から中粒砂をもたらした複数時期の堆積作用と理解されている。現海岸線からボーリング地点までの距離は、前潟が約250m、明神沼が約500mである。高潮による可能性については、地元漁民に対して行った聴取調査で、台風通過時に、ときとして高潮による海水が砂丘間湖沼に流入することはあるが、その量はきわめて少なく、砂の流入は認められないということから、砂丘間湖沼での砂層の堆積は、地震の発生とこれに続く津波の到来によってのみ発生する現象であると考えている。

　その後の国内における津波堆積物の研究は、藤原（2007）によると、20年以上にわたり、地球科学と防災技術の両面で大きく進歩したと評価されている。しかし、津波堆積物の識別は課題として認識されており、西村・宮地（1996）は、1994年の台風24号の高潮堆積物と1993年の北海道南西沖地震に伴う津波による堆積物（虎杖浜・霧多布）の比較を行い、七山ら（Nanayama et al. 2000）は、渡島半島の日本海沿岸にある大成町において、1959年の台風による高潮堆積物と、1993年の北海道南西沖地震に伴う津波による堆積物の比較を行い、両者を識別することが可能であるとしている。2004年には、七山・重野（2004）が「遡上津波堆積物概論」として、津波堆積物の一般的な堆積学的特徴を以下のように指摘している。

- 構成粒子の起源：津波来襲時の最低汀線高度より高い位置に存在した津波の遡上経路上に存在したものであり、主に、浅海底砂、海浜砂および砂丘砂からなる。堆積物中には海生生物遺骸が含まれ、津波によって攪拌を受けた海域の深度や環境を示す証拠となる場合がある。
- 粒度組成の特徴：粒径はシルトサイズから数mオーダーの巨礫まで、その層厚も数mm〜数

mまで、その産状も多様であることが知られている。その粒度組成の解析は、時代や地域を問わず多くの報告があり、淘汰度の高い海浜砂とよく似た組成を示す場合と海浜砂よりも不淘汰な組成を示す場合が知られている。

- 分布形態の特徴：沿岸湿原のような比較的平坦な空間であれば、数10～百m程度、さらには数km程度の広さをもってシート状に分布する。堆積体は、陸方向に向けて楔状の分布形態を示し、その層厚と粒径が陸側に向かって減じ、最後はレンズ状に殲滅する事例が多く報告されている。
- 堆積構造：津波堆積物の上下の平常時堆積物、すなわち泥炭層、湖底泥層および砂丘砂層に比べ高エネルギー状態においてのみ輸送可能な砂礫からなり、このため、野外でも識別が比較的容易である。
- 保存条件：沿岸域において過去の津波堆積物が保存される場所は、人工改変を被っていない湖沼底や沿岸湿原にほぼ限定される。

七山・重野（2004）は、これら5項目をふまえて、津波堆積物と高潮堆積物は区別できるとしているが、国内では規模の大きな高潮堆積物の研究が進んでいなかったことから、具体的な識別基準は示されなかった。

こうした地球科学分野におけるそれまでの研究は、主に地質学や堆積学、およびそれに関わる自然科学の分野で進められてきており、一部、遺跡の発掘調査との連携も認められる。小松原他（2006）は、千葉県から高知県にかけての太平洋側における2005年までの調査事例14地点（遺跡3カ所含む）を対象とし、津波堆積物の観察方法とその特徴、歴史地震との対比を総括している。それによると、観察は、露頭や遺跡調査区で行うこともあるが、多くは、ボーリングやジオスライサーなどにより地点的に採取された試料で行っている。小孔径のコアでは堆積構造の解読がむずかしく、年代測定試料を得られないこともあり、定方位試料の得られるジオスライサーを用いた採取およびその剥ぎ取り試料が有効であると報告されている。また、遺跡の発掘調査において、火山灰を用いた研究を数多く進めてきた早田（2009）は、自然科学分野と考古学の連携が有効であることを指摘している。

3．仙台平野

（1）研究の始まり

仙台平野の津波痕跡研究は、阿部他（1990）が、『日本三代実録』の記事と関わる貞観11年（869）の津波堆積物：砂層の分布を、延喜15年（915）に降下した十和田a火山灰を鍵層として、箕浦他（1987）の堆積学の分析手法にもとづいて探求し、津波の浸水域及び痕跡高の推定を試みたことに始まる。[5] それは、坪掘り3地点（SD-1～3）と検土杖による122地点の調査であったが、考古学的な知見をふまえ、基本層序のなかの津波堆積物の識別を慎重に行っている（図14）。その結果、貞観11年の津波堆積物は、現海岸から1.6kmのSD-1地点と2.5kmのSD-2地点で確認され、津波は3.0kmにある藤田新田付近まで遡上したと推定している。また、現海岸から3.7kmのSD-3地点では貞観11年の津波堆積物は確認されなかったが、放射性炭素年代測定から2000年前の津波堆積物：砂層

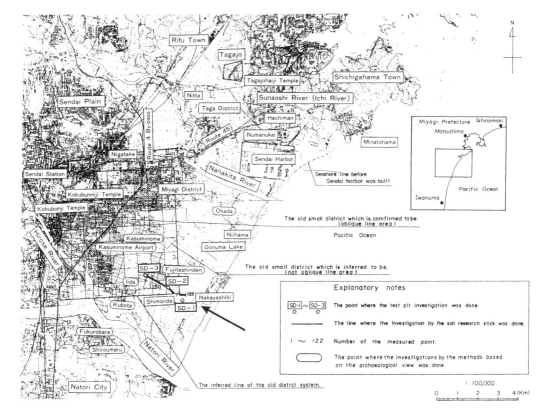

図14　仙台平野津波痕跡坪掘り調査地点図（阿部他 1990に矢印加筆）

を確認している（図15）。その後の研究は、古地震学・地質学・堆積学・津波工学などにより、平野のより広い範囲で行われ、柱状試料の採取にジオスライサーが導入されていくが、数多くの遺跡が分布する仙台平野では、基本層序における人工改変の識別と津波堆積物の層準比定に課題が残されていた。

そうしたなか、2000年(平成12)に刊行された仙台市沼向遺跡第1～3次調査の報告書では、発掘調査と地形学などの関連科学との連携による成果をふまえて、遺跡における後背湿地の基本層6層：砂層が、貞観11年の津波堆積物の可能性が高いと考えられた（仙台市教育委員会 2000a）。仙台平野中北部では、30年以上前から後背湿地、旧河道などに立地する低湿地遺跡の発掘調査が進められ、人工改変を被った基本層（弥生時代以降の水田の耕作土）などと自然堆積層との区別を行いながら、基本層序の形成過程が理解されてきている。

（2）沓形遺跡における弥生時代中期の津波痕跡発見

2007年(平成19)、沓形遺跡のほぼ全域で検出された津波痕跡には、津波堆積物と被災遺構（廃絶された水田跡）が認められた（図16）。被災遺構は、考古学的な方法で確認できる点、津波痕跡研究にとっては画期的な発見といっていい。それまでの対象が、主に津波堆積物だったことからすると、自然災害と人類活動の関係を明らかにできる考古学の関与は、大きな貢献をすると期待された。

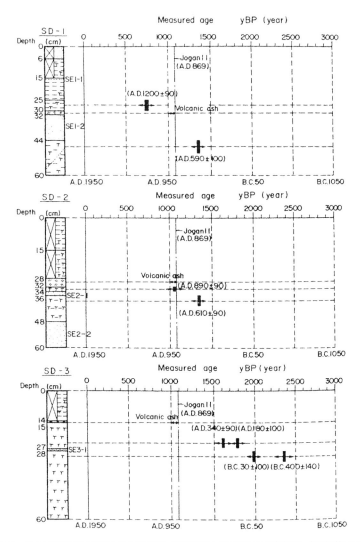

図15　仙台平野津波痕跡坪掘り調査地点柱状図と堆積層の推定年代（阿部他 1990）

　また、この発見は、同時に、貞観11年の津波痕跡研究を見直す契機ともなった。それは、自然科学分野では、前述の阿部他（1990）のSD-3地点の理解に異なる見解があったからで（Minoura and Nakaya 1991）、平野中部では、2000年代になると、貞観11年の津波堆積物：砂層が現海岸線から4～5 kmまで分布すると報告され（菅原他 2001、澤井他 2006）、同様のことが、この頃、発生が差し迫りつつあった宮城県沖地震を対象として2005年から文部科学省が行った「宮城県沖地震における重点的調査観測」（5カ年計画）等でも指摘され、それらの一連の新たな成果にもとづいて、貞観11年の津波は平野の広い範囲に及び、浸水による被害も大きかったと考えられていたからである。しかし、後述するように（第2章第2節4）、その見直しは積極的には行われず、現在に至っている。

図16 杏形遺跡第1次調査6a1層水田跡確認状況（白っぽい層が津波堆積物：仙台市教育委員会 2010b）

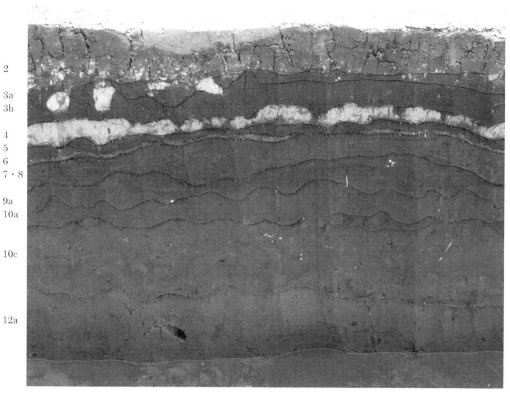

4層：十和田a火山灰(915)、6層：層厚1cmの津波堆積物（砂層）、5層、7・8層：自然堆積層
図17 沼向遺跡第19次調査西壁断面（仙台市教育委員会 2010a）

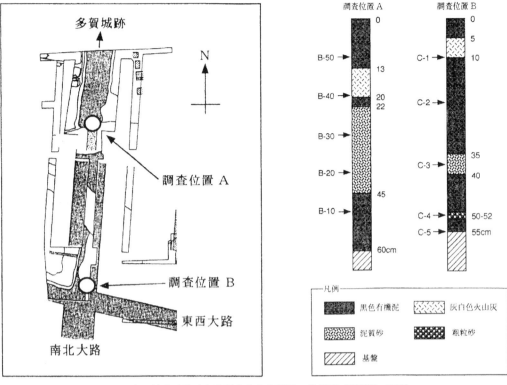

図18　市川橋遺跡津波痕跡調査地点位置図・柱状図（菅原他 2001）

（3）貞観11年(869)の津波痕跡と推定浸水域

　遺跡における発掘調査では、平野北部の七北田川下流域において、貞観11年の津波堆積物は、現海岸より2.5km にある沼向遺跡で検出されている（図17）が、それより西方における報告例はなく、浸水域を地形により推定した根拠も示されていない。また、市川橋遺跡で対象となった泥質砂層（図18）は、珪藻分析で津波堆積物でないと判断されたが、それでもなお、「津波がこの古代の河川を遡上し、内陸で水を氾濫させたことは十分にありうる事と考えられる。三代実録の記事中、9世紀後半の水害に相当するものは貞観津波のみであり、また、発見された水害の痕跡である泥質砂層の堆積年代は貞観11年(869)津波の発生年代と矛盾しない。これまでのところ、この泥質砂層はA.D.869年の貞観11年(869)津波による堆積作用によって形成されたと解釈するのが合理的と思われる」[6]（菅原他 2001）と、津波との関連性を可能性だけに求めており、課題とされていた。

第5節　東日本大震災以後の研究

　2011年3月11日に東日本大震災が起こり、岩手県、宮城県、福島県を主として、東日本の全域に甚大な被害がもたらされた。防災体制の想定を超えた地震・津波の発生は、過去の震災痕跡研究の新たな展開の必要性を認識させた。ここでは、主に津波災害に関連する分野の震災直後の動向と、

そこから導き出される研究の現状と課題を明らかにし、本書の針路を示すことにする。

1．震災直後の動向

　東日本大震災は、列島の広い範囲に大きな災害をもたらしたことから、国の防災体制の見直しが各方面で行われることになった。そのなかで、内閣府の中央防災会議は、「東北地方太平洋沖地震を教訓とした地震・津波対策に関する専門調査会」をいち早く震災直後の4月に組織し、12回の審議を経てその年の9月には報告を行い（中央防災会議 2011）、今回の地震・津波の特徴と被害の検証を行い、防災基本計画を含めた今後の防災対策の見直しを提言している。そこには、地震学などの自然科学分野と考古学、歴史学などの連携による研究の総合化の必要性が提起されており、震災以前の研究が、個別分野的に行われていたことへの反省を促し、新たな指針を示していた。

　そのため、津波堆積物の識別が課題として認識され、それを期待された堆積学による研究では、「津波堆積物の認定基準はいまだ確立しているとは言い難く、発生履歴や規模の推定法に至っては、まだ実用段階ではない」（後藤他 2012）としたうえで、津波痕跡研究が信頼性の高い成果を得るには、津波堆積物の識別と年代推定を実証的に行っていく必要があり、「認定間違いや解釈の飛躍はこれまで以上に許されない状況にある」としながらも、「震災後、津波堆積物研究には社会的にも大きな関心が寄せられるようになった。これは、2011年津波が堆積物研究から明らかにされていた貞観津波の再来とみなされ、貞観津波以来の「1000年に1度の津波」が起きたとメディア等で表現されたことが理由と考えられる」という認識を示している（後藤・箕浦 2012）。当時は、インターネットをはじめ、新聞やテレビ、雑誌等で、貞観津波のことが取り上げられ、過去の大津波による災害記録を通して防災への関心を高めることにつながっていった。その主な企画としては、2012年2月に、『科学』が「日本列島をおそった歴史上の巨大津波」、『別冊日経サイエンス』が「震災と原発」とする特集を組んでいる。過去の津波災害の主な対象は、『日本三代実録』の記事にある平安時代貞観11年（869）の震災であったが、それらは、主に震災以前の研究成果にもとづいていたのである。

2．現状と課題

　震災後の動向として、防災対策の見直しとともに重視されたのは、今回の津波堆積物の現地調査が被災地の沿岸各地で継続して行われたことと、過去の津波災害に関するさまざまな分野の研究が進展してきたことである。

　現地調査は、震災直後から津波堆積物を主な対象として、地質学、堆積学、地形学などの自然科学分野によって行われた。これは、過去の津波災害を考えるうえで、各地域で比較検討する根拠を得ることになった。

　過去の津波災害は、考古学・歴史学によって、文献史料、津波堆積物、被災遺構等と、現代の津波痕跡との関連性が論じられた。

　これらの調査研究は、新たな多分野連携による総合化への方向性を示すが、なかなか進んでいな

い状況があった。なかでも、震災から1年数カ月経った2012年(平成24)5月20日、自然科学分野の日本地球惑星科学連合と宮城県考古学会の研究会が千葉県と宮城県で別々に開かれているように、その後も、既存の学会等が主催して津波災害に関するシンポジウム、研究会が、列島各地や南米チリ等などでも開催されてきた。そのため、研究の総合化を目指す動きは少なかったが、震災から4年経った2015年(平成27)3月、仙台市で開催された第3回国連防災世界会議において、多分野連携による過去の津波災害に関するシンポジウムが開かれた。以下、それらを紹介しておこう。

(1) 日本地球惑星科学連合

この研究会では、2012年大会(千葉県幕張)から「津波堆積物」をテーマとしたセッションを開くようになった。最初の年には、インターネットで事前公開された予稿集に35件の発表要旨が掲載されており、そのなかで、志岐常正(2012)は「津波は発生源や伝搬・襲来場の、形(とくに海底や、海岸、陸の地形)、大きさ、運動メカニズムなどによって多様である。仙台平野海岸と三陸海岸地域、湾や岬などの違いはよく知られているが、三陸の沖積低地でも決してみな同じではない。結果として形成される津波堆積物は、さらに複雑多相である。津波堆積物の認定とその活用は、今なお基礎的研究発展の途上にあり、必ずしも容易ではない。それらをまず地区ごとに検証する必要がある」と述べている。事実、発表の約半分が東日本大震災の津波堆積物の地点的な調査研究だったことは、それをよく物語っている。また、津波の発生に大きく関わる地震予知の科学に関して、泊次郎(2012)は、これまで役に立った地震予知はほとんどなく、パラダイムをもたない「未熟な科学」ではあるが、「まずは、自分の依拠する仮説が反証可能かどうか検討して欲しい。そして、反証された仮説にいつまでもしがみつくことなく、新たな仮説を作り出すことに力を入れて欲しい。それが、成熟した科学へと発展させる道である」という。津波災害痕跡研究においても、同じではないかと思う。

この研究会では、その後も「津波堆積物」テーマとして毎年設定されて議論が進められている。日本列島各地の沿岸部を主として、東日本大震災の津波堆積物、過去の津波堆積物の最新の調査成果が報告されている。

(2) 宮城県考古学会

被災地において宮城県考古学会が「宮城県における歴史地震・津波災害―考古学的検討を今後より深めるための第一歩」をテーマとした研究会を、東北歴史博物館(多賀城市)で開いた。その内容は、以下の通りで、文献史学、考古学、地形学の研究の現状が確認された。

  蝦名裕一「慶長奥州地震津波の歴史学的分析」
  相原淳一「縄文時代における古津波堆積層」
  菅原弘樹「宮戸島の震災履歴」
  斎野裕彦「仙台平野の弥生時代・平安時代の津波痕跡」
  柳澤和明「発掘調査より知られる貞観11年(869)陸奥国巨大地震・津波の被害とその復興」
  松本秀明「2011年東北地方太平洋沖地震に伴う津波堆積物と古津波」

宮城県考古学会は、その後も、地震や津波による過去の災害痕跡の検討を行うとともに、被災した文化財のレスキュー活動をテーマとした研究会も開催している。2016年（平成28）5月には、一般市民向けに、宮城県域で検出された過去の自然災害の概説書『大地からの伝言　宮城の災害考古学』を刊行している。

（3）第3回国連防災世界会議

　第3回国連防災世界会議の関連事業として、シンポジウム「環太平洋地域の津波災害痕跡・経験と知恵の継承」が開催された（仙台市 2015）。その趣旨は、津波のメカニズムとその社会的なダメージを、地上や地中に残された痕跡と文献史料をもとにして多分野連携（考古学、歴史学、地質学、堆積学、地形学等）によって解き明かすこと、そして、津波災害に強い社会を作るために、地域に伝わる事柄や東日本大震災のような経験を次世代に継続して語り継ぐことにあり、以下の発表がなされた。

　　後藤和久「近地津波と遠地津波のメカニズム」
　　松本秀明「仙台平野の弥生時代・平安時代の津波痕跡」
　　斎野裕彦「仙台平野の弥生時代・平安時代の津波災害」
　　久貝弥嗣「宮古・八重山諸島の津波痕跡と災害」
　　後藤和久「環太平洋沿岸の津波痕跡と災害」
　　北原糸子「明治三陸津波からの復興を模索した人物－山奈宗真」
　　深澤百合子「アイヌの津波伝承」

　このシンポジウムで、環太平洋地域では、津波は国境を超えて伝わることが再認識され、仙台平野では、過去に大きな津波災害が平安時代と弥生時代にあったことが確認され、津波堆積物の識別が課題とされた。そして、東日本大震災以前に個別分野的に行っていた研究の限界が知られた現状では、より精度の高い枠組みとして、考古学、歴史学などを含めた新たな地球科学の多分野連携の必要性が提唱された。

註
（1）「palm」は、手のひらを基準にした長さの単位で、幅によって8〜10cm、手首から指先までの長さによって18〜25cmとする二つがある。30パームは、前者では2.4〜3.0m、後者では5.4〜7.5mとなる。
（2）　パパドポラスと今村による新たな津波強度の提案（Papadopoulus and Imamura 2001）にもとづいている。その12段階の区分は、Ⅰ：Not felt, Ⅱ：Scarcely felt, Ⅲ：Weak, Ⅳ：Largely observed, Ⅴ：Strong, Ⅵ：Slightly damaging, Ⅶ：Damaging, Ⅷ：heavily damaging, Ⅸ：Destructive, Ⅹ：Very destructive, Ⅺ：Devastating, Ⅻ：Completely devastating, となっている。強度Ⅵは、①人びとが怯えて高台へ避難すること、②係留していた多くの小さな船が被害を受けること、③木造家屋に津波被害があり、煉瓦家屋に被害がないこと、に特徴づけられている。強度Ⅴが、限定的で軽微な被害であるのに対して、広く軽微な被害が及ぶ段階と位置づけられている。
（3）　この点については、古くに今村明恒（1949）が「高知市東方平地」と推定している。
（4）　静岡県袋井市の坂尻遺跡等では、同じ頃の噴砂が数多く見つかっており、白鳳東海地震の痕跡と推定されている（松井 2001）。

（5） 文献史料にもとづいた研究は、吉田（1906）を始めとして古くから行われてきているなかで、飯沼（1995）は、津波防災対策試案を提起している。
（6） 調査位置 A は、図111「SX1779イベント堆積物」、調査位置 B は図111「SX2451イベント堆積物」に対応する。

第2章　地層の理解と調査研究方法

　これまで述べてきたように、過去の津波災害の実態に関する研究は、環太平洋地域や地中海地域等で行われてきたが、ここでは、多分野連携によって津波災害痕跡を明らかにし、それにもとづく地域の災害史構築を行う方法を提示したい。その順序は、最初に、津波堆積物を認識するために考古学と自然科学分野の地層に関する理解を共有し、次に、それにもとづいた調査研究方法を提示し、最後に、第3章から第5章で実践する研究テーマを示すことにする。

第1節　地層の理解の共有──地表・地中に面的に広がる固有の粒子構成体──

　津波災害痕跡研究において考古学の連携の対象となる自然科学分野は、地質学・層序学・堆積学・地形学等であり、それらとの地層の理解の共有から始めていくことにする。ここで提示するのは、各分野が現代の層序に残るすべての地層を対象とし、自然科学分野が現状では研究対象としていない人類の関与する地層を共有することである。

1．層序学と層位的発掘

（1）近代地質学と進化論
　長い地質学の歴史において、地球の成り立ちや地形の形成を考えるうえで、17世紀に発達した層序学による貢献は大きく、ニコラウス・ステノは1669年に「自然の過程によって固体の中に包み込まれた固体に関する法則」を発表し、地層の重なりに時間軸をもたせた。この成果は、近代地質学誕生の第一歩として広く知られており、以下に示す「ステノの三大法則」と呼ばれ、「地層は本来水平に堆積し、側方に連続するとともに、新しい地層は古い地層の上に累重するという時間順序を示した」（岡田 2002）。
- 初原地層水平堆積の法則（Law of original horizontality）
- 地層の側方連続の法則（Law of lateral continuity）
- 地層累重の法則（Law of superposition）

　これらは、現在でも基本的な原理として認識されているが、留意点として、「初原地層水平堆積の法則」は、安息角（30度）より緩い斜面の堆積に適用できること、「地層の側方連続の法則」は、空間的な広がりとして無限定に適用できないこと、「地層累重の法則」は、ある狭い地域や一つの

露頭で観察できる水平層等、断層等で途切れていない連続した層序だけで成り立つことが指摘されている（フリッツ・ムーア 1988 [原田訳 1999]）。19世紀に入ると、地質学は、層序学を基礎として、地質平面図と地層の累重関係を示す地質断面図が作成されるようになり、そこから、ウィリアム・スミスは、異なる地層はそれぞれ固有の化石群集を含むことを発見して生物遷移の概念を生み出し、1815年、各地の地層が岩相の違いはあっても含まれる化石によって同時代と識別できるとする「化石による地層同定の法則」を確立する。

　この研究によって、地質学は、各地域の地質柱状図の製作を進展させて標準地質図の製作を行うようになり、『地質学原理』の初版（1830-33年刊行）には、標準地質図が掲載されている。この本は地質学の教科書的存在として、その後改訂が加えられながら、1875年の第12版まで刊行が続けられた。一方で、生物遷移の考え方は、示準化石による化石帯の識別とその相対的な時間変化を示すことで進化論の進展に貢献し、1859年に、チャールズ・ダーウィンが『種の起源』を刊行し、進化論的な考え方が支持されるようになっていく。そして、この年には、フランスのアベビーユにおける握斧（ハンドアックス）と絶滅動物の共伴が、地質学、古生物学、考古学、解剖学の研究者の検証によって確認されて、新石器時代に先行して人類の存在が認められたのである（渡辺 1977）。その意義は大きく、考古学では、1865年にジョン・ラボックが『先史時代』を表し、旧石器時代から新石器時代、青銅器時代、鉄器時代へと、より古い時代からの人類進化の歴史が広められていく。アベビーユの検証メンバーの一人だったライエルは、1868年刊行の『地質学原理』第10版以降、新たな章：「人類の起源と地理的分布」を設け、旧石器時代と新石器時代を用い、旧石器時代は絶滅種とともに堆積した時代であるとしている（第12版：Lyeli 1875）。つまり、1860年代には、進化論的な考え方にもとづいて近代科学の新たな潮流が生まれていたのであり（岡崎 2013）、そこでは地質学と考古学の間で調査方法や時代区分などが共有されていた。

（２）日本の地質学と発掘調査

　日本で明治維新が起ったのは1868年（明治元）で、その後、明治政府に招聘されて1870年代（明治初期）に来日した外国人教師たち、ハインリッヒ・ナウマン（地質学）、ジョン・ミルン（地質学・鉱山学）、エドワード・モース（動物学）らは、まさにそうした時間軸をもった進化論科学の伝達者としての役割を果たしたといえる（表2）。そのなかに考古学を専門とする研究者はいなかったが、1877年（明治10）に日本で最初の発掘調査をモースが大森貝塚で行い、翌1878年（明治11）にはミルンが北海道において函館の貝塚や根室弁天島貝塚の発掘調査をすることで、過去の人類活動を知る研究方法として伝えられている。そして、モースは、大森貝塚の調査成果報告を兼ねて、1979年（明治12）に浅草で行った講演会で、『種の起源』にもとづく進化論的な人類史研究の方向を紹介し、時代区分を、第一粗石世界、第二磨石世界、第三銅世界、第四鉄世界と、ラボックの考えにもとづく時代観を示し、大森貝塚を第二磨石世界と推定している。報告書の英文版「Shell mounds of Omori（大森貝塚）」は、この年7月に刊行されるが、和文版は同12月に『大森介墟古物編』として刊行された（近藤・佐原編訳 1883）。この報告では、遺跡の位置や地質に検討が加えられているが、モースが貝類を専門としていたためか、地図や地質図、4mに及ぶ貝層の地質柱状図もないが、

表2　考古学と関連分野の年表

西暦	日本列島の考古学	西暦	海外の考古学	西暦	関連分野他
		1649	エイヴベリー遺跡(英)の発見		
				1667	ステノ三大法則「自然の過程～」
1692	水戸光圀下野国上車塚・下車塚調査				
		1723	ストーンヘンジ(英)の調査		
		1738	ヘルクラネウム(伊)の発掘始まる		
		1748	ポンペイ(伊)の発掘始まる		
				1795	ハットン『地球の理論』
		1797	ホクスン村で握斧と絶滅種発見	1802	プレイフェア「地球に関する…」
				1805	プレイフェアシッカーポイントの不整合報告
				1815	スミス層序解析から生物遷移の概念
1822	福岡県三雲で甕棺発見	1816	三時代法がデンマーク国博で採用		
				1830	ライエル『地質学原理』(初版～33)
				1831	ダーウィンがビーグル号南半球航海～36
		1836	トムセン『北欧古代学入門』		
		1854	オーベルマイレン(スイス)で湖畔住居発見		
		1856	ネアンデル渓谷で人骨発見		
		1859	握斧(人類)と絶滅種の共伴認知	1859	ダーウィン『種の起源』
		1865	ラボック『先史時代』～1913第7版		
		1868	クロマニオン岩陰(仏)で人骨発見	1868	ライエル『地質学原理』(第10版)
		1871	シュリーマンがトロイア発掘	1875	ナウマン(独)来日東大地質～1885
				1976	ミルン(英)来日東大工学～1895鉱山
1877	モース大森貝塚発掘			1877	モース(米)来日東大法文学部～1882
1878	ミルン函館の貝塚、根室弁天島貝塚発掘			1878	モース浅草で公演、大学で進化論講義
1879	モース熊谷で横穴発掘・大森貝塚報告	1789	アルタミラ洞窟壁画発見		
1879	佐々木飯島陸平貝塚発掘				
1886	坪井足利古墳発掘				
1887	吉見百穴調査				
1888	福岡県日ノ岡古墳発掘（壁画発見）				
				1891	マンロー(英)来日医師アイヌ研究～1942
		1892	デュボアがジャワ原人発見		
1893	山崎下総貝塚発掘報告（雑誌85）				
1894	佐藤若林浮島村貝塚発掘報告（雑誌105）				
1896	佐藤亀ヶ岡発掘報告（雑誌118）			1896	明治三陸津波　山奈三陸津波調査報告
1897	ゴーランド前方後円墳の実測図発表			1897	伊木三陸津波調査報告
		1901	旧石器洞窟壁画が認知		
		1902	ウーレがエマリービルで貝塚分層発掘	1904	『大日本地震史料』
1905	マンロー三ツ沢貝塚、加瀬貝塚等調査			1907	吉田『貞観十一年陸奥府城の震動洪溢』
1919	松本分層発掘3報告（雑誌34-5.9.10）	1921	北京原人発見		
1922	浜田『通論考古学』	1922	ツタンカーメン王墓発見		
		1924	ダートがアフリカヌス発見（南ア）		
1925	長谷部大洞貝塚発掘	1924	モヘンジョ・ダロ、ハラッパーの発見		
		1926	パレオ・インディアンの遺跡発掘（メキシコ）	1929	八木「堆積学」という用語導入
1930	山内「所謂亀ヶ岡式土器の分布…」			1931	今井『地層学』
1930	払田柵を調査、木簡出土			1932	武者「地震に伴ふ発光現象の研究…」
1937	山内「縄文土器の大別と細別」	1940	ラスコー洞窟壁画(仏)発見	1933	昭和三陸津波
1947	登呂遺跡の発掘　～50	1948	テイラー『考古学研究』		
1949	岩宿遺跡の発掘	1949	リビーらが放射性炭素年代測定法	1949	松本「層序地質学の概念」
		1950	トルンド人泥炭地で発見（デンマーク）	1953	湊『地層学』
		1955	ピルト・ダウン人の捏造発覚		
		1959	リーキーがボイセイ発見（タンザニア）	1957	武者『地震なまず』
1960	多賀城跡の発掘が始まる	1960	オルドヴァイでハビリス発見（タンザニア）	1960	チリ地震津波
		1961	クラーク『世界先史学』	1961	東北大学『チリ地震津波による調査報告』
		1962	ビンフォードがニューアーケオロジー提唱		
1972	高松塚古墳で壁画発見				
1973	林「層序区分－その現状と問題点」				
		1974	アファレンシス発見（タンザニア）		
		1974	中国で兵馬俑発見		
		1978	ラエトリでアファレンシス足跡発見（タンザニア）	1978	宮城県沖地震
1981	垂柳遺跡で弥生中期水田跡発見			1987	アトウォーター津波痕跡調査報告
1984	荒神谷遺跡の調査で青銅器多量に発見			1987	箕浦他津波痕跡調査報告
1985	麻生『層位論』			1990	阿部他仙台平野の津波痕跡調査報告
1988	富沢遺跡で旧石器時代の野営跡発見				
		1991	アルプスでアイスマン発見（伊）	1992	武藤『理論堆積学』
1994	三内丸山遺跡の発掘	1994	ショーベ洞窟壁画発見（仏）		
		1994	ラミダス発見（エチオピア）	1995	阪神・淡路大震災
				1999	『層序学と堆積学の基礎』（原田訳）
2000	旧石器発掘捏造発覚			2002	岡田『堆積学』
		2001	チャデンシス発見（チャド）	2004	インド洋津波
2006	与兵衛沼窯跡の発掘	2003	フローレスエンシス発見（インドネシア）	2005	アトウォーター他カスケーディア津波災害報告
2007	杏形遺跡で津波で被災した弥生水田発見			2011	東日本大震災

※フェイガン2005（小泉訳 2010）を一部参考にして作成

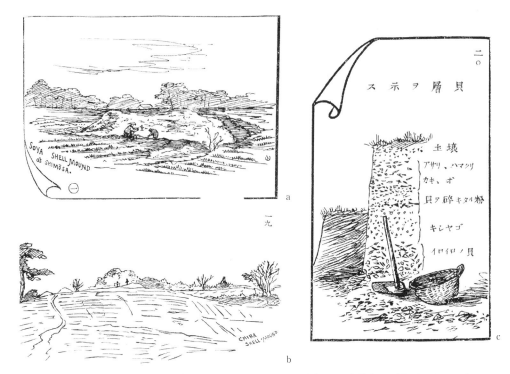

図19 曾谷貝塚のスケッチ（a）・千葉貝塚のスケッチ（b）と層序模式図（c）（山崎 1893）

　発掘調査から報告書作成に携わった東京大学を中心とする日本人には、発掘調査と報告書作成の方法が伝えられた。そのうちの一人、学生だった佐々木忠次郎らによって、最初の日本人による発掘調査は、1883年(明治16)、茨城県陸平貝塚で行われた。そこから考古学の道へ進んだ学生はおらず、モースの方法は受け継がれなかったが、日本人の発掘調査は1880年代、栃木県足利古墳や埼玉県吉見百穴等の発掘調査が行われる。そして1893年(明治26)には、東京大学に人類学講座が開設されるのとともに、東京地質学会も設立される。麻生優（1985）が紹介するように、この頃から、遺跡の報告に層序の模式図が用いられるようになる。千葉県千葉貝塚（山崎 1893）では「貝層を示す」とある層序模式図と遺跡のスケッチ（図19）、茨城県貝ケ窪貝塚（佐藤伝・若林 1894）では、遺跡周辺の地質平面図と地質断面図、「貝ケ窪貝塚切断図」とある層序模式図（図20）が掲載され、イギリスのロビン・フード洞窟の層序模式図の紹介もなされていた（ダンヴァース：佐藤抄訳 1894）。そして、青森県亀ヶ岡遺跡（佐藤 1896）では、「亀ヶ岡遺跡切断図」とある層序模式図（図21）が掲載されている。層序模式図は、地質柱状図と類似しており、その要因には、山崎（杉山 2013a,b）・佐藤（杉山 2003）が東京大学地質学科の同級生で、東京地質学会の設立にも携わり、1895年(明治28)卒業の地質学者であったこと、その後1898年(明治31)に刊行された佐藤の『地質学』（博文館）、山崎の『地文学教科書』（金港堂書籍）にライエルの『地質学原理』の挿図が掲載されていることがある。というのも、図1のように、『地質学原理』には、ライエルが観察した土地のスケッチと、層序模式図が数多く示されていたからである。この時期には、まだ、層序の観察は地質学の領域にあった。

第 2 章 地層の理解と調査研究方法　39

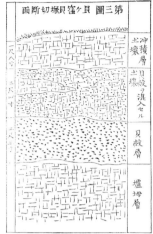

図20　貝ケ窪貝塚層序模式図
　　　（佐藤・若林 1894）

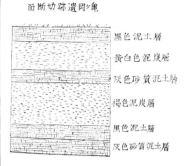

図21　亀ヶ岡遺跡層序模式図
　　　（佐藤 1896）

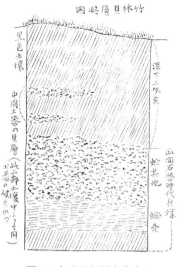

図22　加瀬貝塚層序模式図
　　　（八木 1907）

　その後、1900年代の神奈川県加瀬貝塚（八木 1907）の報告にも層序模式図（図22）が掲載されているが、これは、医師で考古学の素養もあったゴードン・マンローとの共同調査によるもので、日本の考古学が層序学にもとづいた発掘調査を行うまでにはやや時間を要した。

（3）層位的発掘調査

　層序にもとづいた分層発掘が日本で最初になされたのは、地質学者の松本彦七郎が1919年（大正8）に行った宮城県の宝ケ峯遺跡、里浜貝塚においてであった（松本 1919a,b,c）。これらの報告に地層断面模式図は掲載されていないが、このうち、二つの遺跡を調査した松本は、里浜貝塚の報告に最上層のⅠ層から最下層のⅩⅧ層まで分層し、27分類した土器の器形、16分類した体部の文様、8分類した土器の厚さ、6分類した底面の文様の出土数量を報告している。そして、相互の関連性と層位との関係から、下層のⅩ層〜ⅩⅧ層、上層のⅠ層からⅨ層の大別2時期に分け、宝ケ峯遺跡の第一層から第六層の層位的な調査成果と比較検討して、それらを凹曲線文縄文期として、古い順に（一）から（三）の3時期変遷に整理した。

　　（一）宝ケ峯下層期（式）：宝ケ峯第四〜六層
　　（二）宮戸島下層期（式）：宮戸島第十乃至第十八介層・宝ケ峯第三層
　　（三）宮戸島上層期（式）：宮戸島第一乃至第八介層

　この方法は、「地層累重の法則」による生物遷移の考え方と「化石による地層同定の法則」にもとづいており、考古学における層位的な土器の変化の通時性から仙台湾の約20km離れた二つの遺跡の共時性を明らかにした画期的な成果といえる。

　その後の層位的な調査に関しては、1922年（大正11）に浜田青陵が刊行した『通論考古学』で、ヨーロッパや近東の調査事例を図で紹介しながら、「遺物包含状態の層序的調査」は、考古学の基本的な調査方法として位置づけられ、「薩摩揖宿郡指宿遺跡」の地層断面模式図が示されている（図

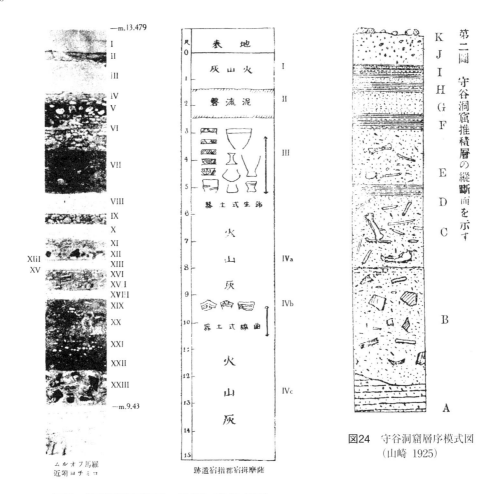

図23 指宿遺跡層序写真・模式図（浜田 1922）

図24 守谷洞窟層序模式図（山崎 1925）

23）。この図では、層名とその特徴を、上から順に、Ⅰ層：火山灰、Ⅱ層：泥流磐、Ⅲ層：弥生土器の包含層、Ⅳa層：火山灰、Ⅳb層：縄文土器の包含層、Ⅳc層：火山灰としている。前述の図19～22とはやや異なり、遺物包含層の層準と、各層の地表面からの深さと厚さがわかる点は、今日でも通用する考古学の層序模式図と評価される。また、1925年(大正14)に山崎直方は、海岸に面する守谷洞窟の層序（図24）を堆積学の視点から観察し、下から順に、A層：第三紀凝灰岩層（堆積層の基盤）、B層：最下層の砂、弥生土器を含む、C層：砂層、獣骨含む、D層：薄い木炭末の層、層理が見られるE層：砂層、獣骨含む、F層：木炭末の層、G層：砂層、H層：木炭末の層、I層：砂層、J層：木炭末の層、K層：岩片を交えた砂層、と報告し、洞窟は、BC層の時期に人類の活動があり、D層の時期に陸地が降下、E層の時期に隆起、F層より上位の層の時期にまた陸地が降下しており、少なくも4回の隆起と2回の降下を繰り返していると推定している。山崎は、層序を時間軸として自然環境の変遷を復元し、その中に人類の活動を位置づけており、地質学と考古学の連携が有効な方法であることを示している。

この頃、層位的な発掘調査は考古学の一つの方法として認識されていくが、その進展は、1924年

（大正13）以降、山内清男が東北で積極的に貝塚の層位的な発掘を行い、縄文土器の広域編年を確立させたことが大きい（山内 1930）。山内は、松本の方法を基本として、縄文土器を時間と空間の指標として用い、日本列島の縄文文化の共時性と通時性を明らかにしようとしたのである。山内が東京大学人類学教室の学生だった頃を知る大場磐雄は、「人類の進化といった問題を追及することに注目し、ダーウィンの『種の起源』をよく読んでいたことがある」と記している（大場 1971）。山内は、示準化石による地質柱状図を相対化させた生物遷移の枠組みを念頭に、縄文土器の編年研究を進めていったのである。

　かつて地質学が層序学の時間軸をもって近代化をはかったように、考古学は山内によって土器編年の時間軸と空間軸をもつことで、それ以降、他の時代も編年網の整備が進められていく。こうした編年網の整備は、1970年代からの自然災害痕跡研究において、関連する自然科学分野と基本層序を共通項とする連携がなされる基盤となった。なかでも、火山灰の噴火による広域的な降灰被害では、さまざまな分野の相互検証によって精度の向上がはかられている。

　しかし、本書で対象とする津波災害では、堆積物の識別に火山灰のような広域編年を用いることがむずかしい事情がある。また、地層の理解に関しても課題があり、貝塚で累重している地層は、堆積の新旧関係を示しているが、各層中に含まれる考古遺物には、層ごとに時期が異なるとは限らない。というのも、厳密には、層の形成にそれ以前の考古遺物を含む可能性があるからである。静的な地層断面から、動的な堆積過程を復元することで、地層が、物質の運搬、移動によって形成され、堆積作用が起る時点とそれ以前の物質を含むことが明らかになる。津波災害痕跡研究にとっては、さまざまな要因によって形成された層序の理解が最も基本となるのである。

2．層序の構成と年代推定

　津波堆積物の識別に関わる自然科学分野は、地質学、堆積学、地形学等、多岐にわたるが、津波災害の理解には、考古学を含めて研究成果にもとづいた層序を整理しておく必要がある。これは、自然科学分野の地層の「同時性」が、考古学の地層の「同時性」とやや異なる理解がなされていること、そして、人類の活動に関わる地層を対象としていないことである。ここでは、砕屑物の粒径区分を確認し、その後、考古学的な視点から、層序の構成、地層と遺物の年代、地点間の地層の対応関係を考える。

（1）堆積学と粒径区分

　水流が方向性をもつ堆積構造を残すことは『地質学原理』（初版）において地質学が明らかにしていたが、堆積学の父といわれるヘンリー・ソービーは、19世紀中頃、堆積微地形（bed form）と流れ（current）の関係に注目し、水理実験によって、実際にどのような現象が起こるのかを検証し、斜交層理が一定の方向性を示し、流速の変化が流れの方向を示すリップル（ripple 砂漣）の規模に反映することや、砕屑粒子の大きさ・形状と流速の関係、砂礫の安息角、粒子を動かす初動速度等を論じた（岡田 2002）。ソービーの研究は現代にも通じる成果であり、それは、20世紀になっ

て、堆積岩の偏光顕微鏡による岩石学的研究や、砕屑粒子と粒子間相互の関係の研究等に受け継がれ、1922年、チェスター・ウェントウォースが、アウグスト・ウッデンの提示した方法を応用して砕屑粒子の粒度区分を提唱した（表3）。これは「ウッデン－ウェントウォース粒径区分」とも呼ばれ、堆積構造を客観的に示す有効性から、現在でも、地質学、堆積学、地形学等で広く用いられている。その区分は、表3のように、2ミクロン（2/1,000mm）の粘土から、2,048mm以上の巨礫まで、大きく、粘土、シルト、砂、礫に分けられ、砂と礫はさらに細分される。

表3　ウェントウォースの粒子区分

粒度境界(mm)	粒度区分			ファイ(φ)単位
2048	礫(砂利)	巨礫	極大型	-11
1024			大型	-10
512			中型	-9
256			小型	-8
128		大礫	大型	-7
64			小型	-6
32		中礫	極粗粒	-5
16			粗粒	-4
8			中粒	-3
4			細粒	-2
2			極細粒	-1
1	砂		極粗粒	0
1/2 (500ミクロン)			粗粒	1
1/4 (250ミクロン)			中粒	2
1/8 (125ミクロン)			細粒	3
1/16 (63ミクロン)			極細粒	4
1/32 (31ミクロン)	泥	シルト		5
1/64 (16ミクロン)				6
1/128 (8ミクロン)				7
1/256 (4ミクロン)		粘土		8
1/512 (2ミクロン)				9

（2）層序を構成する三つの主作用

　層序学から発達した堆積学では、フリッツとムーア（1988：原田訳 1998）が堆積構造を二つの属性から分類している。一つは時間で、一次的（堆積時）、準同時的（堆積直後）、二次的（石化後）、もう一つは主作用で、物理・化学的、有機的に分けられている。準同時的は、堆積直後の変形であり、物理・化学的作用は褶曲、荷重形態等、有機的作用は生物攪乱である。考古学が主な対象とするのは、時間における一次的と準同時的である。

　しかし、遺跡の調査では、主作用に、人類が関与する人為的な作用が認められており、一次的は盛り土、埋め土、準同時的は耕作土形成、二次的は石器の製作・使用における剝離、敲打等が相当する（表4）。この人為的作用は、自然科学分野がほとんど対象としてこなかったため、これまでの津波堆積物の研究を振り返るときには注意を要する。つまり、陸上に形成される層序は、「自然堆積層相互の関係」だけではなく、自然科学分野も、判

表4　堆積構造の分類

	物理・化学的	有機的	人為的
一次堆積	外形と厚さ・内部との関係ベッドフォーム・その他	藻球・立体網・整列した化石	盛土・埋め土
準同時堆積（形成）	褶曲（塑性変形）・荷重形態・地割れ	生物攪乱・植物攪乱	耕作土形成
二次堆積（浸食・穿孔・破壊・固結）	浸食・堆積・溶解・充填・膠結	穿孔（動物・生物）	剝離・敲打

※フリッツ・ムーア1988（原田訳 1998）の「図3.1」をもとに、「人為的」の項目を加筆

図25　富沢遺跡第15次調査13b層水田跡断面（仙台市教育委員会　1987）

断を誤らないためには、遺跡に認められる人為的作用を対象とした理解をしておく必要がある。その人為的作用には、2種類がある。一つは人為堆積層である。窪んだ遺構を人為的に土で埋める行為、あるいは平坦なところに人為的に土を盛る行為等によって形成される。具体的には、墓壙に遺体を埋葬する、土塁を構築する、層相は基質にブロック（塊状）を含む。特殊な例として、版築による築地塀の構築がある。もう一つは人工改変層である。堆積層に人為的な攪拌・耕起を行う行為によって形成される。具体的には、水田耕作土、畑耕作土があり、10～20ヘクタールにわたって広がることがある。層相は基質の下部に母材層のブロックを含む。また、人工改変層を更新することもある。この人工改変層は、本来堆積していた層が、人類の行為によって新たな層が形成される点で、自然科学分野では想定していない。実際には、宮城県仙台市富沢遺跡第15次調査13b層水田跡（図25：弥生時代中期前葉以前）のように、水田土壌層13b層は、13c層を母材としてその攪拌・耕起によって形成されている（仙台市教育委員会　1987）。畦畔の右側は耕作していないところ、畦畔の左側は水田域である。さらに厳密にいえば、畦畔部分は土を盛る人為堆積である。つまり、層序は、「自然堆積層・人為堆積層・人工改変層の相互の関係」であり、その識別なくして理解はできないのである。

（3）層序と地層の年代──地点ごとの層序──

「地層累重の法則」は、対象となる地層の堆積した順序を示している。各地層には、肉眼でわかる自然遺物、人工遺物のほか、微化石（植物性・動物性）等が含まれる。各地層の年代は、それら

のなかから試料を採取して、放射性炭素年代測定によって推定する方法、人工遺物の考古学的な編年にもとづいて推定する方法、両者の整合性から推定する方法がある。しかし、自然科学分野の「化石による地層同定の法則」の対象となる二次的（石化後）な地層には、数百万年から数億年の年代幅を想定することがあるのに対して、本書で対象とするような1年、数年、数十年、あるいは数百年の年代幅の地層では、層中に含まれる考古遺物、化石の示す年代幅がそれを超えることもある。そのため、層中出土遺物による年代推定には、慎重な扱いが必要となる。

林謙作（1973）は、考古学の層序区分において「地層累重の法則」を最大の前提としながら、地層のなかの遺物の再堆積の有無の判別について、古生物学の分野での地層の基質と化石との関係

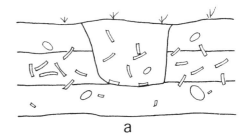
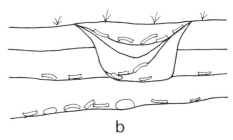

図26　層中の分布（a）と面上の分布（b）
（林 1973）

が、そのまま遺物包含層（地層）と遺物との関係にあてはまるとして、再堆積あるいは二次的移動の有無の判定するうえで、以下の2種類の出土状態に注目している（図26）。

- 「層中の分布」：遺物が、1枚の層のなかに分散した状態で、しかも大多数の遺物が縦もしくは斜めの位置をたもって出土するばあい
- 「面上の分布」：遺物が、ある面の上に散布したような状態で、面上にねたような位置をたもって出土するばあい

これは、「層中の分布」は遺物の再堆積あるいは二次的移動を示し、「面上の分布」は遺物が原位置を保っている、あるいは面上での移動で、再堆積には相当しない、という理解である。そして林は、層序を、「複数の累積する層のうみだす関係」として、層には、自然の堆積作用による層と、人為的な要因による層があることを認めている。「層中の分布」は、考古（人工）遺物に限らず、自然遺物においても同様であり、現地性・異地性の両者を含み、年代幅をもつことがある。その形成年代は、含まれる人工遺物・自然遺物のうち、最も新しい年代以降である。

なお、遺物ではないが、火山灰学の発達で年代が明確な火山灰が明らかにされてきた（新井 1993、町田・新井 2003）。年代の判明している鍵層となる火山灰が、層序に一つの層として成層をなしている場合と、層序の一つの層中にブロックで存在している場合があり、後者は、自然堆積層・人為堆積層・人工改変層のいずれにおいても認められ、層形成の年代は、火山灰の降灰以降である。

（4）地点間の地層の対応関係

考古学では、遺構・遺物と層序にもとづく特徴的な層を鍵層とすることがある。

「側方連続の法則」は対象とする地層が連続性をもって分布することを示すが、無限ではなく、地点的に形成されることや、地層の形成以後、河川などの浸食作用によって消滅することがある。また、人工改変による準同時的（堆積直後）変形等、新たな層を形成することもあって不連続となり、特に臨海沖積平野ではそれほど離れていない調査区の間でも対応がむずかしいことがある。

津波堆積物を対象とする場合、地層の連続性は、平面、断面で確認する発掘調査、断面で確認するトレンチ調査では、写真や図で連続性を記録化ができる。しかし、坪掘り、ジオスライサー、ボーリングによる地点間の層序の対応関係にもとづく場合は、以下のように、いくつかの注意が必要である。

- 年代推定：地層の年代を、上層・下層に含まれる試料の測定年代から推定する。
- 地点間距離：アトウォーターの最初の調査では、15m 間隔でボーリングを行っている。
- 鍵層との層序関係：成層をなしているか、層中にブロックで含まれるのかを区別する。
- 他時期の類似層の存在：同じ土地条件によって、同じような層序が形成される。

年代のわかる複数の地層を含む層序関係があっても、地点間の地層の対応はむずかしいのが現状である。そうしたデータがない場合は、対応関係を推定できない。

第2節　調査研究方法

日本列島では、過去の津波災害の研究は、以下の4種類を基礎として行われてきた。
- 歴史学の文献史料：日本書紀や日本三代実録等の六国史、中世・近世の文書の津波記事
- 津波碑史料：明治三陸津波の津波碑、宮古島乾隆36年の津波碑等
- 津波災害報告：明治三陸津波の被害報告、チリ地震津波の調査報告等
- 考古学の被災遺構：津波堆積物に覆われて廃絶した弥生時代・平安時代の水田跡や溝跡

これらには年代や性格の違いがあり、近代以降は津波碑史料、津波災害報告が増加して実態はより把握しやすくなるが、近世以前は、遡るのに従って文献史料が少しずつ減少していき、複数の史料から検討することがむずかしくなり、六国史を最古とし、それ以前は被災遺構だけとなる。被災遺構は、先史時代の津波災害を示す唯一の痕跡であるとともに、六国史以降の文献にはない津波災害を痕跡として明らかにするとともに、文献にある津波災害の実態を検証することにも大きな役割を果たしている。

過去の津波災害を研究していくうえでは、文献史料として残されなかった津波とともに、より古い津波を対象にするために、被災遺構を重視し、検出数を増やしていく必要がある。そのため、津波災害の実態は、発掘調査された被災遺構によって明らかになることから、考古学の貢献が期待される。

津波痕跡は、地上や地中に残された津波堆積物と被災遺構によって構成される。被災遺構は、津波災害痕跡であり、遺構の廃絶要因が津波堆積物であることを示す層序関係によって認識される。本書では、その津波災害痕跡の調査研究方法として、基本的な事項を5項目提示する。

1. 津波堆積物の識別

　津波堆積物は、高潮堆積物とともに、供給源が海浜の堆積物を主としていることから、両者の識別はむずかしく、課題とされてきた。それを考える一つの視点としては、個々の海岸には、海浜の堆積物に固有の特徴があり、地形の形成過程にも違いがあることから、海岸線を挟んだ近海と陸域の範囲を「単位沿岸域」とする方法がある。そこで、本書の対象である仙台平野を単位沿岸域とし、臨海沖積平野の沿岸部に発達している浜堤列地形を想定して、前述のエンゲルとブルックナー（Engel and Bruckner 2011）が仮説として提示した項目をいくつかにまとめて検討を加え、識別の有効な基準を提示する（図27）。

```
自然堆積層・人為堆積層・人工改変層
        ↓  粒径分布・淘汰作用・微化石（底生有孔虫・珪藻）等
河川起源・海浜起源
        ↓  堆積作用（堆積物の到達距離）
高潮堆積物・津波堆積物
        ↓  地震痕跡（地割れ跡）との連動性
遠地津波・近地津波
```

図27 津波堆積物の識別（斎野 2016）

（1）識別基準の検討
1）基質：粒径分布と淘汰作用

　浜堤列地形の海浜堆積物は主に砂であり、河川が土砂（河川堆積物）として海へ運搬し、それが沿岸流や波によって海岸にもたらされて砂浜を形成している。波は、風が水の表面を動いたときの摩擦で生じ、波長の距離の半分の水深まで水を動かす作用があるため、浅瀬に近づくと、水は垂直方向に動いて海底の砂を巻き上げて波も高くなり、砂を含んだ波が砂浜に打ち上げられる（ウェランド 2011［林訳］）。この地形形成には、海岸の形、海底の傾斜、砂の供給量、波の方向、潮汐作用などの条件が整う必要があり、異なる条件下では海岸が浸食されることもある。また、砂浜の砂には、粒径が揃った粒子で構成されている特徴がある。それに対して、川の砂には、さまざまな粒径の粒子で構成されている特徴がある。この要因は、砂浜では空気中で砂粒同士が衝突して摩耗が始まり、角が取れて丸みを帯びるようになるのに対して、川では砂粒同士の衝突が水で和らげられるためである。

　津波と高潮の堆積物の粒度分析では、粒径分布をみると、津波堆積物ではしばしば双峰性、高潮堆積物では単峰性を示すとする仮説が提示されている（Switzer and Jones 2008）が、多くの場合、

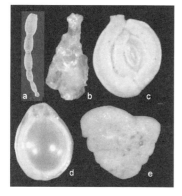
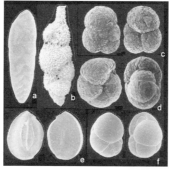
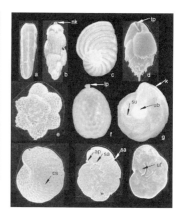

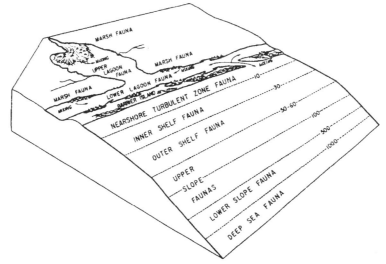

図28　有孔虫（秋元・内田 2007）と生息域（北里・土屋 1999、水深の単位は尋［fathom=1.8m］）

両者とも単峰性で、そのピークは平均粒径（mean）と重なり、海浜起源の堆積物であることを示している。また、淘汰度（standard deviation）は、異なる海岸であれば津波堆積物より高潮堆積物の方が高い場合もあるが、同じ海岸であれば、両者は同じ淘汰度を示しており（Switzer and Jones 2008）、傾向として、淘汰度は高いことが指摘されている（Morton et al. 2007）。

津波と高潮は、遡上経路にある海浜起源の堆積物を陸側へ運搬する点では基質は同じである。その堆積物は、淘汰度の高く、粒径が揃った特徴を示しており、津波堆積物と高潮堆積物を区別する基準とはならない。

2）堆積物に含まれる微化石：底生有孔虫

有孔虫は、さまざまな材質でできた多様な形態の殻をもつ原生生物で、浮遊性種と底生種があり、内湾から深海まで、極域から熱帯まで、すべての海洋環境に生存している（図28）。多くの有孔虫は環境に大きく左右される形態変移を示すので、そうした種は環境の指標となる（北里・土屋 1999）。津波堆積物の識別で注目されるのは底生種で、秋元・長谷川（1989）によって日本周辺海域の遺骸群集の深度帯区分の基本的な枠組みが示されている。それによると、東北日本沖太平洋

沖では、

  内部浅海帯：0 m ～ 20 - 30m

  中部浅海帯：20 - 30m ～ 70 - 76m

  外部浅海帯：70 - 76m ～ 170 - 180m

  上部漸深海帯：170 - 180m ～ 550m

  中部漸深海帯上部：550m ～ 850 - 950m

  中部漸深海帯下部：850 - 950m ～ 1700 - 1900m

  下部漸深海帯：1700 - 1900m ～ 3500m

  深海帯：3500m ～

に分けられており、生体の死後、殻は生息した場より深海に向けて流されることが多い。その結果、個々の種の分布は生体よりも遺骸のほうが深い方に広がっている。そのため、化石群集から古水深を推定する場合、比較する現生種の生息深度の上限に着目するのが普通であるとしている。

　津波堆積物の識別に底生有孔虫を指標とするのは、津波が、高潮に比べてより深い海底まで水を動かすことから、高潮では及ばない深い深度帯の遺骸を堆積物に含むと考えられたからである。そのため、オーストラリアの事例から、津波堆積物には、浅海性の生物環境における遠洋あるいは底生種が存在し、その殻がかなりの比率で破壊されているという仮説が示された（Dominey-Howes *et al.* 2006）が、すでにポルトガルの事例において、両者を比較して有孔虫の分析をしてみると、有孔虫の組成や破壊された殻の比率は同じであることが指摘されている（Kortekaas and Dawson 2007）。また、この頃、日本では、有孔虫の殻が津波によって移動するとした過去の五つの論文について流体力学的な検証を行い、「有孔虫殻の生息水深および運搬距離が大きい場合には、理論上導かれた津波の移動限界水深と振幅との間に矛盾が生じ、注意が必要である」とする結論が得られている（内田他 2007）。つまり、いずれの論文も有孔虫の殻が津波によって生息域から運ばれたとすると、現実離れした津波の大きさを考えざるをえず、成立しないのである。これは、有孔虫が死骸となって殻が津波堆積物に含まれるまでに、他に殻を移動させる力が働いている可能性を考えさせる。その点では、津波によって有孔虫が死骸となって堆積物に含まれることが検証される必要があるだろう。瀬尾・大串（2014）は、東日本大震災の津波堆積物（岩手県久慈市で採取）に含まれていた底生有孔虫の放射性炭素年代測定を行っている。底生有孔虫は20-30m以浅に生息する内部浅海帯の指標種で、結果は、1950年以降の核実験の影響を受けており放射性炭素濃度が高く、正確な年代は測定できなかった。

　これらのことから、底生有孔虫を津波堆積物の識別に用いるには、津波とほぼ同時に遺骸となったことや津波の規模と移動の関係などを矛盾なく説明する必要があり、現状ではむずかしいと判断される。

3）堆積物に含まれる微化石：珪藻

　珪藻は、水生の単細胞の藻類で、淡水から海水のさまざまな環境に生息している（図29）。大きさは数十～数百ミクロンで、珪酸体からなる殻をもつ。殻は種によって構造と形態が異なり、同定は比較的容易である。その生態は比較的よく知られており、生息域（淡水・汽水・海水、あるいは

第 2 章 地層の理解と調査研究方法　49

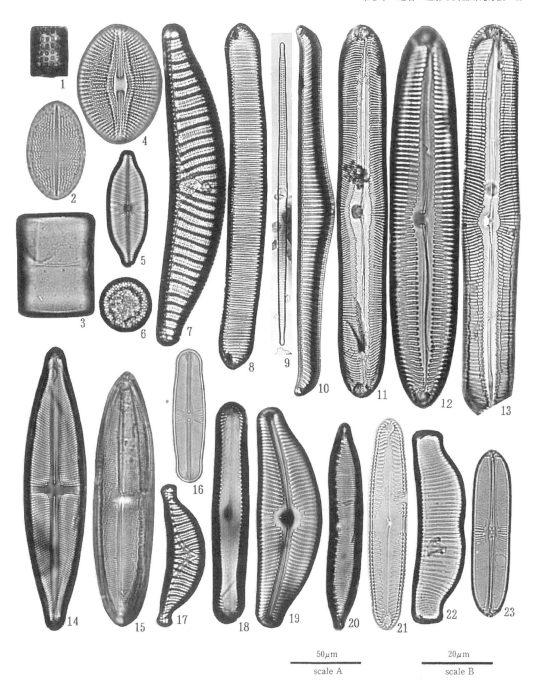

1. Melosira granulata (1)
2. Cocconeis placentula (9)
3. Melosira varians (11)
4. Diploneis ovalis (3)
5. Navicula elginensis (1)
6. Melosira distans (1)
7. Epithemia turgida (9)
8. Eunotia formica (9)
9. Synedra ulna (11)
10. Rhopalodia gibba (9)
11. Pinnularia viridis (1)
12. Pinnularia viridis (1)
13. Pinnularia maior (1)
14. Stauroneis phoenicenteron (1)
15. Neidium iridis (3)
16. Navicula pupula (3)
17. Epithemia sorex (14)
18. Pinnularia acrosphaeria (1)
19. Cymbella tumida (11)
20. Hantzschia amphioxys (1)
21. Pinnularia gibba (3)
22. Eunotia praerupta (3)
23. Navicula americana (9)

(No.9 は scale A、他は scale B)

図29 中在家南遺跡の珪藻（古環境研究所 1996）

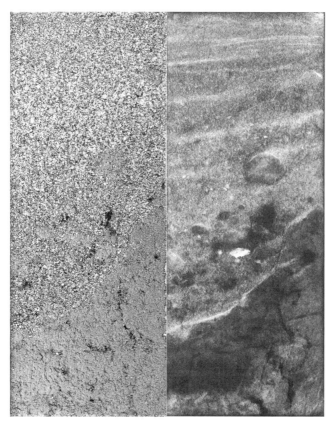

図30 高大瀬遺跡現代水田に堆積した津波堆積物（右は軟X線写真）右方向が海。写真は2層水田の畦畔の西側部分。津波堆積物下部の畦畔上に偽礫がみられる。（岩沼市教育委員会）

陸域、沿岸、内湾、外洋）、生活型（浮遊、底生）、付着基物（岩石、砂、泥、水生植物）の多様性から、環境復元の指標となっている（小杉 1993）。

　津波堆積物の識別に珪藻を指標とするのは、津波が、高潮に比べてより深い海底まで水を動かすことから、高潮では及ばない深い深度に生息する底生型の海生珪藻を堆積物に含むと考えられたからである。この点は底生有孔虫と相通じるところであり、同じような議論がなされており、海生あるいは底生の珪藻を津波堆積物の識別に用いるのは、むずかしいと判断される。

4）堆積物に含まれる微化石：二枚貝

　貝類化石は、熱帯から寒帯まで広く分布する一般的な化石である。その種類には、巻貝や二枚貝等、角貝等がある。貝類の生態は比較的よく知られており、種によって生息できる水温範囲が決まっており、環境復元の指標となっている（松島 1993）。

　津波堆積物の識別に二枚貝を用いるのは、オマーンの事例で、津波堆積物と高潮堆積物の二枚貝の組成に違いがみられ、津波堆積物には角のある割れた二枚貝の破片が高い組成比を示したことによる（Donato *et al.* 2008）。しかし、こうした二枚貝の高い組成は高潮堆積物でも認められており、両者を識別する基準とはならない。

5）浸食面・偽礫・火炎構造

　津波堆積物の下部と基底面：津波堆積物は、下層と不整合面あるいは浸食面を形成し、その下部に偽礫を生じる（図30）。これらは、高潮堆積物でも、同じように形成されていることが知られている。鋭い下面の起伏は高エネルギーの波がもたらす堆積物の共通した特徴である。それをよく示すのが偽礫であり、津波堆積物の下部で下層の塊状ブロックとして認められることが多く、一般的な傾向として知られているが、どこにでも認められるわけではないこと、そして高潮堆積物にも認められることから、注意を要する。また、津波堆積物下面の起伏が火炎構造を形成することがある。しかし、この構造は準同時的な変形によって生じることもある。

6）細粒化（垂直）・斜行層理

通常の級化構造（上方細粒化）は津波堆積物に典型的に見られる。しかし、逆の級化構造（下方細粒化）や、まったく構造をもたない大規模な砂の単一層も見られる。これらは、高潮堆積物でも、同じように形成されることが知られている。また、津波堆積物には、貝の覆瓦構造、くさび形のラミナ（葉理）、斜交層理がみられるが、斜行層理は、津波の陸方向あるいは海方向への流れの方向に排他的に帰するものではない。また、斜行層理は高潮堆積物にもみれらる。

7）特徴的な層

ラミナ構造の中で津波や高潮の堆積物と関係が深いのは平行層理や斜交層理である。津波堆積物では、陸方向への流れを示す斜交層理とその上に海方向の流れを示す斜交層理が上下の層序関係をもって認められることがあり、上層には陸側の生物や物質を含むことから下層を押し波、上層を引き波と理解することがある。この上下の層序関係は高潮堆積物では認められておらず、稀にその間に泥層が存在することがある。しかし、高潮堆積物でも陸側へ傾斜する斜交層理と水平層理の上下の層序関係が認められている。

8）細粒化（平面）

津波堆積物では、海から陸へ向かって粒子サイズの細粒化が認められる。同様のことは、高潮堆積物でも認められる。また、細粒化とも関わり、津波堆積物も高潮堆積物も海から陸へ向かって層厚を減じていく。

9）堆積物の陸側への分布

東南アジアにおける研究では、津波堆積物は、海岸から干潟より陸側まで分布するが、高潮堆積物には、それを期待できないとする指摘がなされている。そこでは、津波と高潮の浸水域について、ともに海岸線から数十kmに及んだ事例が、2004年インド洋津波の被害を受けたバンダ・アチェと、2008年サイクロン「ナーギス」の被害を受けた南ビルマのイラワジ川三角州平野で確認されているが、津波堆積物の分布は、2004年インド洋津波のインド南東部、2006年ジャワ津波のジャワ島南海岸では、海岸水域からの遡上距離350mのおよそ半分ほどから次第に減少するのに対して、高潮堆積物の分布は、通常、100m以下とされている。

こうした津波堆積物と高潮堆積物の分布の傾向は他の地域でも広く認められるが、2011年東日本大震災のような低頻度の大きな地震に伴う大津波では、遡上距離が海岸線から4kmほどで、その堆積物はほぼ同じ範囲に及んでおり、また、2013年にフィリピンレイテ島中部の海岸を通ったタイフーン「ハイエン」では、遡上距離が数kmで、その堆積物の分布は海岸線から100m以上に及んでいる。

そのため、津波堆積物と高潮堆積物の識別には、高潮によって形成される堆積物の分布範囲の上限をある程度把握しておく必要がある。モートンら（Morton *et al.* 2007）は、1961年のハリケーン「カーラ」（メキシコ湾）では最大930m、平均195mであったこと、2003年のハリケーン「イザベル」（西大西洋）では最大260m、平均200mであったことを事例として紹介し、一般的に高潮堆積物の分布は海岸線から300m以下としている。分布が数百mあるいはそれ以上に及ぶ高潮は多くないが、しばしばみられることから、以下に三つの事例として整理しておきたい。

a）事例1

　1999年3月オーストラリア西海岸を通過したサイクロン「バンス」(Nott 2006)。中心気圧910hPaの「バンス」が通過したツブリジ・ポイント付近では、標高6～7mの浜堤列地形が、海岸から2列目まで浸食されてなくなり、一部では400～500mの幅で3列目まで浸食されて、それらの砂は、海岸線から、沖と、陸側200～250mへ運ばれた。陸側の堆積物は、3列目の背後で厚さ1.5m、分布の端部で厚さ0.75mを測り、端部に面する塩湿地で途切れていた。

b）事例2

　2005年9月アメリカテキサス州とルイジアナ州の州境付近の海岸を通過したハリケーン「リタ」(Williams 2009)。カテゴリー3の「リタ」が通過したコンスタンス海岸では、海岸線から、陸側の標高1.8～2.0mの低平な地形に森林と湿地が形成されており、そこに「リタ」によって砂と泥が400～500m運ばれた。海岸線付近では砂が厚さ50cmで、層厚を減じながら200m付近まで砂が分布し、250m付近から泥質の砂層となり、420m付近では泥質砂層の上に厚さ2cmの砂質泥層が覆い、500m付近では薄い泥層となっている。

c）事例3

　2013年11月フィリピンレイテ島を通過したタイフーン「ハイエン」(Abe et al. 2015)調査は、中心気圧895hPaの「ハイエン」が通過したタクロバン市街から南方15kmのタナウアンと南方25kmのトロサの海岸から平野の広がる地域で行われた。タナウアンでは、海岸線から3.1kmまでの浸水域（標高0～5m）と、海岸線から150mまで厚さ0.5cm以上の砂の堆積、150～180mまで厚さ0.1～0.5cmの砂の堆積を確認した。トロサでは、海岸線から1.4kmまでの浸水域（標高0～3m）と、海岸線から130mまで厚さ0.5cm以上の砂の堆積、130～150mまで厚さ0.1～0.5cmの砂の堆積を確認した（図31）。高潮堆積物の海岸線に直交する浸水域(130m～180m)に対する砂（＞0.5cm）の分布域の比率は7～8％で、東日本大震災の津波堆積物の浸水域(0.6～4.0km)に対する砂（＞0.5cm）の分布域の比率は57～76％で、大きく異なっていることが指摘されている。

10）その他——重鉱物・地質化学——

　重鉱物は通常、高潮の波の下で見つかる沖からのものは、高潮よりも津波に帰する。

　地質化学については、津波堆積物におけるナトリウム、硫酸塩、塩素、カルシウム、マグネシウムの濃度が上層、下層の堆積物と比較して増加している場合、塩水の進入を示すことになる。しかし、それは、津波堆積物か高潮堆積物なのかを区別しない。

（2）津波堆積物の識別基準と被災遺構

　これまでの検討から、多くの項目は海浜堆積物であることを示しているが、⑨堆積物の陸側への分布からは、規模の大きな津波を識別する基準を考えることが可能である。

　今回、対象となった事象では平坦な地形面が沿岸に広がっており、津波と高潮の堆積物の平面的に連続する分布範囲を比較すると、津波堆積物は海岸線から1.0kmを超えることはしばしば認められるのに対して、高潮堆積物はほとんどが海岸線から0.5km以下で、稀に0.5kmを超えるが、1.0kmを超えないことが知られる。そのため、同じような地形的条件下では、海浜起源の堆積物

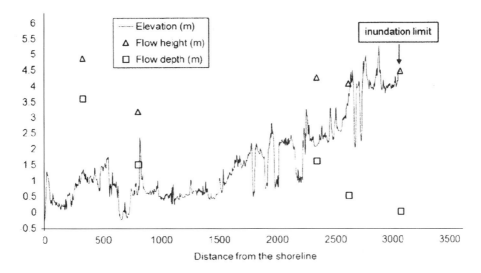

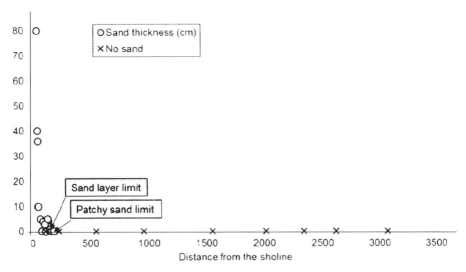

図31　ハイエン台風の高潮堆積物（Abe et al. 2015）

が海岸線から1km以上の分布を示す場合、津波による堆積物と考えることができる。また、それが海岸線から0.5km～1.0kmの分布を示す場合、津波の可能性が高く、0.5km以下の分布を示す場合は、津波か高潮かは不明である。[1]

　この基準によって津波堆積物が識別され、その堆積が要因となって廃絶した遺構が、津波災害痕跡としての被災遺構である。

2．年代・時期の推定

　遺構が被災した年代・時期は、それに伴う遺物の編年および遺跡の遺構群の変遷へ位置づける。基本層の放射性炭素年代測定を行う場合、自然堆積層、人為堆積層、人工改変層を区別し、適切に

試料を採取し、測定値と考古学的な年代との関係を確認する。遺跡外の点的調査に伴う放射性炭素年代測定では、地点間の層準比定に注意する。

（1）被災遺構の年代・時期

考古学が対象とする遺構の年代・時期は、遺構の廃絶に伴う遺物によって推定するのが基本である。竪穴住居であれば、堆積土や床面からの出土遺物があった場合、前述の林（1973）の基準によって、堆積土出土は「層中の分布」で、床面出土は「面上の分布」であり、時期は床面出土遺物によって決定される。その遺物が土器であれば、土器編年に対応させることができる。津波災害痕跡研究では、これまでに検出された被災遺構に水田跡がある。水田跡は、通常、遺物の出土は少ないが、畦畔、耕作土、水路において「層中の分布」と「面上の分布」があり、それを覆う津波堆積物には「層中の分布」がある。時期は、畦畔、耕作土、水路の上面出土遺物によって決定される。「層中の分布」に関しては、二つの留意事項がある。一つは、水田跡の耕作土中からはやや時期幅をもって遺物が出土することがあるが、これは、水田は耕作土の更新がなされているために層中には開田時やその後の遺物が含まれていること、もう一つは、洪水や津波によって水田が覆われる時に畦畔や水田面が浸食されてそこに含まれていた遺物が堆積物に含まれることである。

津波災害痕跡研究からすると、過去の津波堆積物が地層中に残存している可能性が高いのは、沿岸部の低湿地あるいは湖沼であり、そこに遺構が存在するとすれば、水田稲作開始期以降は、低湿地に立地する水田跡が主な対象となる。そして、水田跡は、人工改変層としての耕作土の広がりが数十〜百ヘクタールに及ぶことがあり、津波堆積物の時期・分布と水田域の関係、被災状況や復旧・復興を考えるうえでも重要な遺構なのである。

（2）津波被害を受けた水田跡調査の留意点

考古学が対象とする遺構がどのように津波によって被災して遺構になるのか。水田に関しては、基本的な構造は弥生時代以降変わっていないので、水田跡の調査方法をふまえて、2011年東日本大震災で被災した水田の調査成果から留意事項を指摘しておきたい。

仙台平野では、過去35年にわたって沖積平野の水田跡調査が行われてきており、その調査手順のモデルケースを、図32に模式図として示した（斎野 2005a）。基本層序は、仮に上から順にA層、B層、C_1層、C_2層の四つの層があり、C_1層を水田耕作土（人工改変層）、他の層を自然堆積層としている。A層から始まる調査はC_2層まで複数の作業工程に分けられるが[2]、基本となるのは水田耕作土の認識と遺構確認状況の把握であり、なかでも注意を要するのは、畦畔と擬似畦畔の識別とその理解である。

模式図では、畦畔ではない畦畔状の高まり——擬似畦畔——がB層上面とC_2層上面に認められる。この場合、B層上面の高まりを擬似畦畔A、C_2層上面の高まりを擬似畦畔Bとし、それぞれ仙台市教育委員会（1987）によって次のように示されている。

- 擬似畦畔A：C_1層水田の畦畔直上に認められる自然堆積層B層上面の畦畔状の高まりをいう。これはB層がC_1層上面の起伏の影響を受けて堆積した結果形成されたものである。

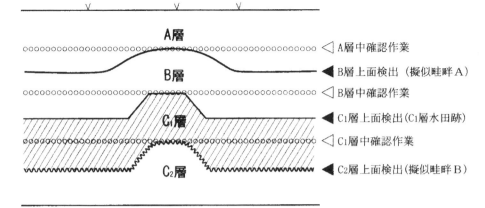

図32 水田跡の層序模式図と作業工程（斎野 2005a）

- 擬似畦畔B：C_1層水田の畦畔直下に認められる自然堆積層C_2層上面の畦畔状の高まりをいう。これはC_1層水田の耕作の影響をさほど受けない畦畔直下においてC_2層上面が畦畔状に残存したものである。この擬似畦畔Bについては、C_1層上面において畦畔が検出されなくともC_2層上面での擬似畦畔Bの検出によりC_1層水田の存在が想定される。尚、擬似畦畔A・擬似畦畔Bは全ての畦畔に関して認められるものではない。

　こうした水田跡の調査について、「現在は過去を解く鍵である」とする考えにもとづいて、ここでは以下に、津波被害を受けた「過去の水田」と「現代の水田」に同じようにみられる浸食による変形を示しておきたい。

　「過去の水田」は、宮城県仙台市沓形遺跡 6 a1層水田跡（弥生時代中期中葉中段階）である（仙台市教育委員会 2012）。後述するように、2007年の第 1 次調査から2014年の第 5 次調査まで調査が行われ、20ヘクタールの水田域が津波堆積物に覆われて復旧することなく廃絶していることが明らかにされている。遺跡は、現海岸線から3.9km～4.5km、当時の海岸線から1.9km～2.5kmの位置にある（図33）。図34に示すように、基本層 5 b層の砂層が津波堆積物、6 a1層のシルト質粘土が水田耕作土である。5 b層は、層厚5cmほどの海浜起源の中粒砂層である。この砂層を平面的に掘り下げて畦畔と水田面の上面を検出すると、部分的に 5 b層が凹部に残されている状況が観察され、①畦畔際の不整形の凹部（図35）、②水田面の脈状の凹部（図36、図37）の形態に分けられた。凹部の下部に噴砂等の砂脈は確認されない。このうち、①の図35では、畦畔が凹部の形成によって一部がなくなっている。通常、水田面には、人間や動物の足跡が残されていることはあるが、これらの凹部は、そのいずれとも異なっており、津波によって形成された痕跡の可能性が考えられた（仙台市教育委員会 2012）。

　「現代の水田」は、岩沼市高大瀬遺跡の現代の 2 層水田である（岩沼市教育委員会 2013）。2011年の東日本大震災の津波堆積物（ 1 層）に覆われて復旧することなく廃絶している。遺跡は、現海岸線から 1 kmの位置にある（図38）。図39に示すように、最上層の 1 層の砂層が津波堆積物、2 層のシルト質粘土が現水田耕作土である。砂層は、層厚30cmほどの海浜起源の中粒砂層である。この砂層を掘り下げて畦畔と水田面の上面を検出すると、部分的に砂層が凹部に残されている状況

図33 沓形遺跡遠景（高速道路の手前が沓形遺跡第1次調査区：仙台市教育委員会 2010b）

沓形遺跡第3次調査A区西壁北端部基本層断面（東から）

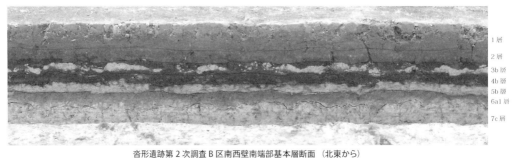

沓形遺跡第2次調査B区南西壁南端部基本層断面（北東から）

図34 沓形遺跡第2次・3次調査基本層序（仙台市教育委員会 2012）

第 2 章　地層の理解と調査研究方法　57

図35　水田跡畦畔際の不整形の凹部（沓形遺跡第 3 次調査：仙台市教育委員会 2012）

図37　水田跡水田面の脈状の凹部断面（沓形遺跡第 3 次調査：仙台市教育委員会 2012）

図36　水田跡水田面の脈状の凹部確認状況（沓形遺跡第 3 次調査：仙台市教育委員会 2012）

が観察され、①畦畔際の不整形の凹部（図40）、②水田面の脈状の凹部（図41）、③畦畔上の筋状の痕跡（凹部、図42）、④海岸線に直交方向の平行する直線的な凹部（図43）の形態に分けられた。凹部の下部に噴砂は確認されない。このうち、④は、津波が運搬した樹木等の物質が地表面を削って残した痕跡であるが、①〜③は、水田面と畦畔の凹凸と関係して津波による地表面の浸食によって形成されている。

　このように、沓形遺跡 6 a1 層水田跡に残された痕跡①・②は、東日本大震災の津波が水田に残した痕跡①・②と同じ特徴を示すことから、浸食による変形と考えられる。今後、沿岸部の水田跡調査では留意していく必要があろう。

（3）基本層としての津波堆積物の年代・時期

　津波堆積物の年代・時期は、沓形遺跡のように被災遺構との関係で明らかになる調査事例は少なく、多くは基本層序の一つとして存在している。津波堆積物それぞれの分布は遺跡の範囲に関わりなく自然界に広がっており、連続性や同時性の把握には、より正確な年代・時期の推定が課題となっている。現状では、さまざまな年代測定法があるなかで、放射性炭素年代測定の技術が向上したことから、津波堆積物に含まれる炭化物による推定、あるいは津波堆積物の上層と下層に含まれる炭

図38　高大瀬遺跡遠景（2015年斎野撮影）

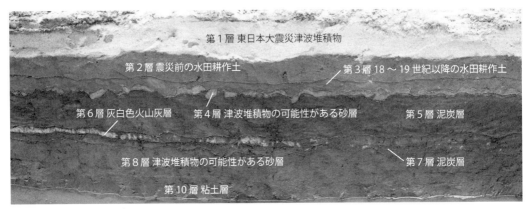

図39　高大瀬遺跡基本層序（第7トレンチ：岩沼市教育委員会 2013、川又 2015）

化物による推定がなされているが、遺跡においては考古学の編年に位置づけて精度を高めることができることから、研究の基点としての機能が期待される。

　津波堆積物の年代・時期を、上下の層序関係から推定する場合には、一般的に上層の年代と下層の年代を求めて年代の順序が整合しているのかを確認し、それをもとに行う必要がある。上層・下層が考古学の人為堆積層（遺物包含層）の場合には、下層の「層中の分布」において最も新しい遺

物と、上層の「層中の分布」の最も新しい遺物の年代・時期が、同じか上層が新しいときには整合するが、下層が新しいときにはその時期以降としか推定できない。「層中の分布」は、その地層が形成されるときより古い遺物を含む可能性があるため、慎重な対応が求められる。「地層累重の法則」は、地層の重なる順序に対して成り立つのであって、「層中の分布」の間に新旧関係が成り立つとは限らない。

また、上層か下層に鍵層となる年代がわかる火山灰が存在している場合、いくつかの状況が想定される。特に注意を要するのは、人為堆積層である遺物包含層、人工改変層である水田あるいは畑の耕作土の場合である。以下は想定される層序関係と津波堆積物の時期である（図44）。

① 上層に成層をなす火山灰、下層に遺物包含層
　遺物包含層の最も新しい遺物の時期以降、火山灰の降下以前
② 上層に塊状（ブロック状）に火山灰を含む時期不明の耕作土、下層に遺物包含層
　遺物包含層の最も新しい遺物の時期以降、現代以前
③ 上層に遺物包含層、下層に成層をなす火山灰
　火山灰の降下以降、遺物包含層の最も新しい遺物の時期以前
④ 上層に遺物包含層、下層に塊状（ブロック状）に火山灰を含む時期不明の耕作土

図40　高大瀬遺跡　畦畔際の不整形の凹部確認状況（川又 2015に矢印加筆）左手が海方向。不整形の凹部（矢印）は畦畔の陸側に形成されていた。（岩沼市教育委員会）

図41　高大瀬遺跡　水田面の脈状の凹部確認状況（岩沼市教育委員会）

図42　高大瀬遺跡　畦畔上の筋状の痕跡確認状況（岩沼市教育委員会）

図43　高大瀬遺跡　平行する直線的な凹部確認状況（川又 2015）手前が海側。直線的な凹部の方向性は海岸線に直交している。

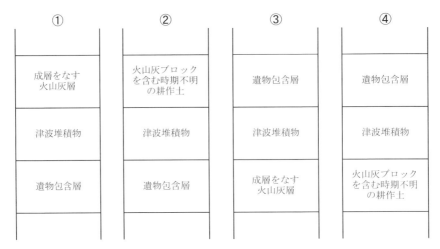

図44 層序関係における津波堆積物の時期の推定

火山灰の降下以降、遺物包含層の最も新しい遺物の時期以前

津波堆積物の年代・時期は、これらの層序関係をもとに、年代測定結果を総合化して推定される。

(4) 津波痕跡と津波災害記事との対応

日本列島では、津波堆積物の年代が推定された場合、それが7世紀後半以降であれば、文献に記事のある津波災害と対応させる傾向がある。これは、災害を実証する方法をもたない自然科学分野、特に地質学や堆積学が用いてきた方法であるが、さまざまな史料に残された津波災害記事が一定の基準ですべて記載されたわけではなく、失われた史料があることも考えると、年代の推定はきわめて慎重になるべきである。

また、文献、石碑、調査報告等の史料にある津波は、「歴史津波」と称し、それらより古く文字をもたない時代の津波を「先史津波」と称することもある。しかし、文字のある時代の津波災害がすべて文献史料に残されているわけではなく、世界中のさまざまな地域の津波災害を対象とすることからすると、適切な名称ではない。ここでは、史料から知られる津波は「記録津波」と称し、痕跡によって知られる津波を「痕跡津波」と称することを提案しておこう。両者が対応する場合には「記録・痕跡津波」とする。これは、地震についても同様で、「記録地震」、「痕跡地震」、「記録・痕跡地震」と称することになる。

3. 地形・海岸線の復元

津波遡上距離の推定のため、遺構が被災した時期の海岸線の位置を推定する。仙台平野のように浜堤列地形が海側へ発達する臨海沖積平野では、各時代の海岸線の位置を把握し、遺跡分布との整合性を確認する。

（1）過去の海岸線の復元

　過去の津波痕跡から遡上距離を推定し、災害の実態を考えるには、対象となる単位沿岸域の地形形成過程を時間軸に沿って復元する必要がある。これは、主に地形学の研究にもとづくが、砂浜を形成する沿岸域では、海岸線の位置が、海岸の形、海底の傾斜、砂の供給量、波の方向、潮汐作用などの条件によって、海側へ前進することや陸側へ後退すること、あるいは位置を保っていることが認められ、遡上距離推定の基準となる海岸線の位置が変化しているからである。

　ここでは、東北の太平洋沿岸部において、前進する海岸線が明らかにされた二つの単位沿岸域について、地形学の研究成果を紹介しておきたい。平野の微地形は、河川が形成した自然堤防、後背湿地、旧河道、沿岸漂砂の堆積等が形成した浜堤列と堤間湿地等で構成されている。これらの微地形は、約6,000年前の縄文海進高頂期以降に形成されており、なかでも特徴的なのが浜堤列地形である。この地形は、海水準変動に伴って形成され、海岸線に平行してかつての海浜地形を複数の帯状の微高地として残しており、海岸線の位置を記録していることから、その把握は過去の津波と高潮の遡上距離推定に不可欠である。

〔仙台平野〕宮城県南部の臨海沖積平野である。図45のように、海岸線の長さは南北約50km、陸側への幅は東西約10kmである。西縁は構造線で画されている。海岸線は緩やかな弧状を呈し、北から順に、七北田川、名取川、阿武隈川が東流し、太平洋に注いでいる。浜堤列は大きく3列認められ、最も内陸の第Ⅰ浜堤列は現海岸線から4〜5kmの位置にあり、形成年代は5,000年〜4,000年前、中央の第Ⅱ浜堤列は現海岸線から約2kmの位置にあり、形成年代は2,000年〜1,700年前、最も海側の第Ⅲ浜堤列は、現在の砂浜に沿った位置にあり、形成年代は1,000年前〜700年前以降である。

〔夏井川下流沖積平野〕福島県南東部のいわき地域の臨海沖積平野である。図46のように、海岸線の長さは南北約11km、陸側への幅は東西約12kmである。西縁は樹枝状に分かれている。海岸線はわずかに弧状を呈し、夏井川と滑津川が東流し、太平洋に注いでいる。浜堤列は大きく3列認められ、最も内陸の第Ⅰ浜堤列は現海岸線から約2kmの位置にあり、形成年代は4,000年前以前、中央の第Ⅱ浜堤列は現海岸線から約1kmの位置にあり、形成年代は約3,000年前、最も海側の第Ⅲ浜堤列は、現在の砂浜に沿った位置にあり、形成年代は1,700年前〜1,600年前である。

　二つの沿岸域では、年代によって海岸線の位置が異なることが知られる。ここには、数多くの遺跡が分布しており、地形形成と遺跡の展開には整合性が認められるが、年代的に当時の海岸線に近い遺跡等では、海浜起源の堆積物が検出された場合、津波堆積物と高潮堆積物との区別がむずかしいため、慎重な検討を要する。

（2）地形環境の復元と遺跡の分布

　各沿岸域において津波による災害が及んだ範囲を推定するには、海岸線の変化に伴う平野の微地形形成過程と、遺跡の発掘調査成果や文献史料との整合性を確認しながら、地形環境の復元を行う必要がある。これは、人類と自然との関係を考えるための基本的な方法であるが、洪水や津波、高潮といった面的な水災害の被災状況を理解するのに重要な役割を果たしており、通常、地形学等の自然科学分野と考古学、歴史学の連携によって進められる。

図45 仙台平野の微地形分布と津波痕跡調査遺跡（斎野 2015a：原図松本秀明）

　ここでは、仙台平野北部の七北田川下流域における地形環境の復元例を紹介しておきたい。七北田川下流域は、東西8km、南北8kmほどの低地で、北側と西側は丘陵になっている。北側の丘陵は多賀城丘陵と称されており、標高は50mほどで、奈良・平安時代には陸奥国府多賀城が置かれていた。松本・野中（2006）によると、この低地には沿岸部に3列の浜堤列があり、低地の中では地盤が相対的に高い微高地を構成している。浜堤列に閉塞された内陸部には東西・南北6kmの広大な後背湿地が広がり、流入する七北田川沿いには自然堤防が発達する。自然堤防は、七北田川河道に沿って発達する一連のもののほかに、七北田川河道から溢流し後背湿地に向かって延び、やがて消滅するいくつかの自然堤防状の地形が認められる。これらの微地形の形成過程は、数多くの

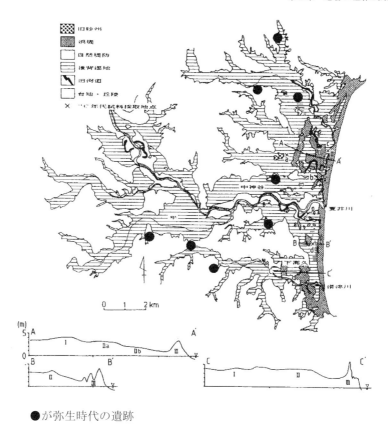

●が弥生時代の遺跡

図46 夏井川下流沖積平野の微地形分布と弥生遺跡分布（斎野 2015b：原図藤本潔 1988）

ボーリング調査データを分析することで、浜堤列の形成時期、潟湖の存在と広がり、自然堤防の形成時期等が明らかにされている。それによると、自然堤防は、直下の後背湿地堆積物の放射性炭素年代測定値が、1520yrBPと、2390yrBPおよび2400yrBPで、その形成は2時期あることが知られるとともに、潟湖に関しては4000yrBP～3200yrBPの水域：東西7km、南北5kmが図示されている。現在と大きく異なるのは、潟湖の存在であり、過去の七北田川下流域の自然環境を特徴づけている。そして、縄文時代後期以降、現在までにどのような変遷をたどってきたのか、それを想定した研究が、発掘調査の成果や文献史料をもとになされている。図47（仙台市教育委員会 2010a）から知られるのは、縄文時代後期の存在していた潟湖は、晩期に最初の自然堤防の形成があって、それ以降、少しずつ面積が小さくなっていく。古墳時代中期頃には2回目の自然堤防の形成があって、面積が小さくなっていくが、奈良時代から平安時代初頭にも存在しており、潮口によって外洋とつながっていた。中世以降は、さらに面積が小さくなり、近世初頭の運河の開削や七北田川の付け替え工事などによって流域の地形は大きく変化し、新田開発が行われるようになると、潟湖は痕跡を残すだけとなる。

　この研究は、継続して行われているが、各時期における地形と集落の分布をもとに、人類活動が自然環境へ働きかける方向性、あるいは自然環境が人類活動に及ぼす影響を把握し、それを集落動態として提示することを目的としている。そこには、津波等による自然災害を反映した動態が映し

沼向①期（縄文後期中葉～晩期）

5000～4500年前に形成された第Ⅰ浜堤列は、その後、海側へ成長する。陸側は、第Ⅰ浜堤列によって隔封されて潟湖が形成されて、この時期にも存続している。遺跡の分布は、七ヶ浜半島と、そこから潟湖北方に続く丘陵に認められる。低地の遺跡は、極めて少ない。
潟湖には、周囲の丘陵、段丘から、いくつかの河川が流入している。潟湖は、浜堤列北端で外洋とつながっており、その水は、河川の流入部付近では淡水ではあるが、外洋に近づくにしたがって、汽水～鹹水になると推定される。浜堤列に立地し、外洋に近い沼向遺跡では、①B2期：晩期中葉に土器製塩が行われている。

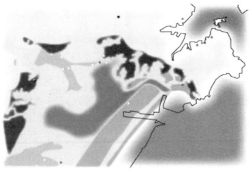

沼向②期（弥生時代）

第Ⅱ浜堤列が形成される。潟湖は存続しており、その面積は、①期よりやや縮小するが、それほど変わらず、低地に広く展開している。低地の遺跡分布の傾向は変わらないが、七ヶ浜半島では、中期中葉になると、製塩土器の出土と貝塚の数が減少し、その後はなくなる。
潟湖東岸の沼向遺跡では、②B1期：中期前葉に土器製塩が行われ、遺物包含層も形成されるが、その後、遺物の出土数は減少する。潟湖北岸では、山王遺跡で、弥生時代と推定される水田跡が検出されているが、水田の構造や、時期は明確でない。

沼向③期（古墳時代前期）

潟湖は存続しているが、その面積は、②期より縮小する。潟湖の北岸には、山土遺跡の調査で、広大な水田域の形成が認められる。潟湖の水位の低下によって可耕地が拡大したと考えられ、この時期を前後して、海水準が低下していることを示している。
沼向遺跡は、潟湖の水位が低下する変化はみられるものの、周辺に可耕地が広がる地形的条件にはなかった。しかし、この時期には、大規模な集落が営まれており、出土遺物から知られるように、漁撈活動を主とした生業活動が営まれ、古墳群が形成されている。

沼向④期（古墳時代中期）

④期の早い段階に発生した大規模な洪水で、低地に自然堤防が新たに形成されるとともに、浜堤列東岸の一部（沼向遺跡北東部）が袋状に浸食され、後背湿地が形成されるようになる。潟湖は、中央部に自然堤防が張り出しており、その面積は、③期よりもやや広くなっている。
沼向遺跡では、④期の後半には、後背湿地で水田稲作が行われるようになるが、③期のような居住域や墓域は認められない。西方の丘陵にある大蓮寺窯跡では、④B期に須恵器窯が操業されている。この時期の須恵器は、沼向遺跡でも出土している。

沼向⑤～⑧期（古墳時代後期）

潟湖の面積は、流入する河川の堆積作用でやや縮小しているが、湖面の水位は上昇傾向にある。遺跡の分布は、④・⑤期には、拠点的集落を中心としていたが、⑥A期になると分散化が始まり、⑥B期には、横穴式石室をもつ古墳の築造、横穴墓の造営が認められ、須恵器窯の操業も推定されている。
沼向遺跡では、⑥期になると、再び集落が形成されるようになり、浜堤列で居住域・生産域（畑域）、後背湿地で生産域（水田域）が営まれる。生業に関しては、果樹の生育を含めて農耕活動が積極的に行われているとともに、山王遺跡で知られたように、潟湖や外洋における漁撈活動も行われている。

沼向⑨～⑩A期（奈良時代）

潟湖の面積は、それほど変わらないが、湖面の水位は上昇傾向にある。遺跡の分布では、この時期、北方の丘陵に多賀城が造営される。政庁は真北方向を基準として作られる。多賀城跡南方の山王遺跡や市川橋遺跡で数多くの遺構が検出されている。
沼向遺跡では、集落は継続して営まれる。住居や掘立柱建物跡の方向、畦畔の区画施設の方向が、真北方向を基準とするようになる。

図47-1 仙台平野北部地形環境変遷想定図（1）（仙台市教育委員会 2010a）

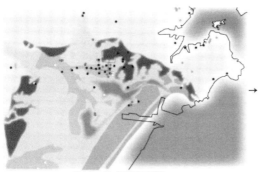

沼向⑩B期（平安時代初頭）

潟面の水位は、上昇傾向が継続する。主に自然堤防に遺跡の分布がみられ、中野高柳遺跡では、生産域（水田域・畑域）の形成が認められる。また、遅くともこの時期には、山王遺跡や市川橋遺跡が立地する多賀城跡の南方の低地に、方格地割の施工が確認される。
沼向遺跡では、地下水位の上昇によって、集落の維持がむずかしくなっており、この時期をもって、集落は一旦なくなる。

沼向⑪A期（平安時代後半）

やや波行的ではあるが、潟面の水位は上昇傾向にある。潟湖北岸の低地では、湿地化の進行による土地利用の変化が認められている。
沼向遺跡では、集落は営まれていない。

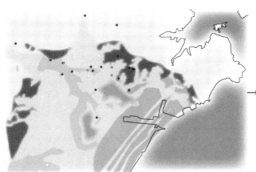

沼向⑪B～⑪C期（中世～近世初頭）

潟湖は縮小していく。遺跡の分布は、低地の自然堤防で増加する。その一つが中野高柳遺跡であり、大規模な集落が形成されている。
沼向遺跡では、集落は営まれていない。

沼向⑫～⑭期（近世：前葉～後葉）

⑫期に、大代運河、舟入堀、舟引堀の開削とともに、七北田川の主流路の付け替え工事がなされた。それによって潟湖はさらに縮小し、低地の水面が低下したことから、可耕地が拡大し、新田開発が進められる。
沼向遺跡では、⑫期になると、水田域と畑域を伴って集落が形成されるようになり、その後、⑬期から⑭期にかけて居住域の拡大が確認されている。

本図は、松本秀明ほか2005「仙台平野北部、七北田川下流域に発達する自然堤防地形の形成年代と潟湖埋積過程」『2005年日本地理学会春季学術大会講演要旨集』No.67及び、松本秀明ほか2006「七北田川下流沖積低地における完新世後期の潟湖埋積と自然堤防の形成」『宮城県文化財調査報告書第204集 中野高柳遺跡Ⅳ』をもとに、松本氏の助言を受けて作成した仙台平野北部の地形環境の変遷想定図に、調査が行なわれた遺跡の分布を重ね合わせて示したものである。仙台平野北部は、極めて平坦な地形面を有しており、僅かな海水準の微変動が地形の変化に比較的大きな影響を及ぼすこともあり、本図における潟湖・湿地の範囲は、各時期における水面の平均ではなく、各時期の水面が上昇している時期の、最も広い範囲を想定して復元している。なお、仙台平野北部低地を対象としているため、グレーで表している丘陵及び七ヶ浜半島については、微地形環境変遷の復元の対象とはしていない。

図47-2　仙台平野北部地形環境変遷想定図（2）（仙台市教育委員会 2010a）

4．津波の規模の推定

　過去の津波の規模を推定するのには、主に地中に残された津波堆積物の分布にもとづいて行う方法がとられている。しかし、その分布の連続性の確認には注意を要する。

（1）津波堆積物の分布と遡上距離

　現代の津波の規模を示す痕跡には、津波石、波高、遡上高、浸水深、津波堆積物の分布、遡上距離等があるが、過去の津波の規模を痕跡から推定する対象は、地上に残る津波石を除くと、地中に残された津波堆積物が主体となる。その方法は、個々の沿岸域における現代の津波堆積物の分布と津波遡上距離の関係を把握し、過去の津波堆積物の分布から遡上距離を推定するのである。現代の津波の調査事例はそれほど多くはないが、太平洋沿岸各地で行われた東日本大震災の津波堆積物の調査は基礎的なデータの蓄積がはかられており、なかでも低平な地形面が広がる仙台平野では、遡上距離は4kmほど（最大で約6km弱）で、そこで、これまでとは異なる貴重な成果が得られている。

　後藤・箕浦（2012）によると、仙台平野の津波堆積物は、2004年のインド洋大津波等、他のイベントで形成された津波堆積物と異なり、砂質堆積物のみならず、泥質堆積物が顕著に堆積していた点にあり、津波堆積物の到達限界と遡上距離の関係が、目視で観察できる程度の層厚（5mm以上）を有する砂層は、遡上距離の6割程度までしか分布していないことがわかってきたのである（図48）。この砂質堆積物は、最大層厚が30cm程度で全体としては内陸薄層化、細粒化傾向にあり、堆積構造は平行葉理、斜交葉理、偽礫を含むなど多様であるが、一方で、複数波の影響を示す上方細粒化または粗粒化層の繰り返しなどは沿岸部周辺をのぞけばそれほど顕著ではない特徴がみられた。そして、遡上距離が2.5km以下の場合は、砂層は遡上限界付近まで到達しているのに対して、遡上距離が2.5km以上の場合は、砂層の分布範囲との乖離が広がり、砂層は最大でも3km程度内陸までしか形成されていないことが知られた（図49）。この点は、千島列島における2006年11月15日の津波堆積物の調査成果（MacInnes et al. 2009）ともよく整合しており、遡上距離が2.0～2.5km以下であれば津波堆積物：砂層が遡上限界付近でも形成されるという特徴が得られている。

　これらのことは、仙台平野沿岸域の過去の津波の規模を推定し、津波災害の実態を解明していくうえで基準となる成果といえる。特に、砂質堆積物の到達距離の把握は重要であり、その数値は、平面的な広がりを確認したうえで求められる必要がある。また、今後の留意事項として、砂質堆積物と泥質堆積物の堆積は、前述のハリケーン「リタ」でも認められていること、マクイネスら（MacInnes et al. 2009）の調査対象14地点では、遡上距離51m～432m、津波堆積物の到達距離46m～422mで、高潮堆積物と数値が類似していることであり、こうした規模の海浜起源の堆積物では、両者の識別がむずかしいことが再認識される。

　また、津波遡上に伴う陸域への土砂移動については、基礎的な水理実験が行われており、戻り流

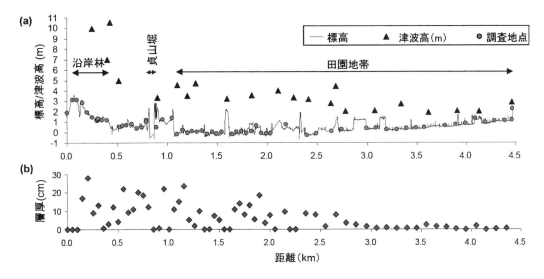

図48　東日本大震災の津波高と津波堆積物の層相変化（後藤・箕浦 2012）

れがない場合とある場合を比較している（図50）。戻り流れがない場合は、クサビ状の堆積が明瞭にみられたが、戻り流れがある場合は、汀線付近でクサビ形状の堆積がみられず、遡上時堆砂量の約60%が再び水域に戻され、その傾向は流速が大きくなる汀線付近ほど顕著に現れるという結果等が得られている（長谷川・高橋 2001、長谷川他 2001）。実際には、前述した宝永4年の物部川下流域の津波被害のように、津波の押し波、引き波の動きは複雑であり、汀線付近だけではなく、引き波の退出路となったところでは流速が大きくなって浸食されることから、津波堆積物の層厚・分布

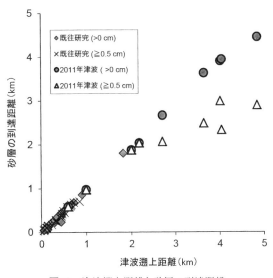

図49　津波遡上距離と砂層の到達距離
（後藤・箕浦 2012）

を把握するうえで、層厚が薄くなったり、不連続な分布を示すこともあるので、留意を要する。つまり、津波堆積物の連続性は、地点的な堆積作用の違いと引き波による浸食作用を複合的に含んでいるのである。しかし、津波堆積物の考え方には、藤原（2007・2015）によって示されている堆積モデル（図51）があり、そこでは、1回の波が、押し波による堆積⇒流れがなくなり泥が堆積⇒一部浸食を伴う引き波による堆積を3層一組で形成し、それが複数回繰り返されて陸域に残されている。このモデルでは、引き波による堆積があり、上述の水理実験では、引き波は主に押し波による堆積物を浸食している点で異なっており、加えて、モデルの根拠となったであろう現代の津波と堆

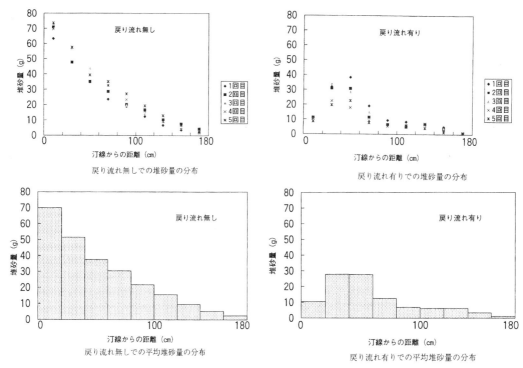

図50 津波堆積物に関する水理実験（長谷川他 2001）

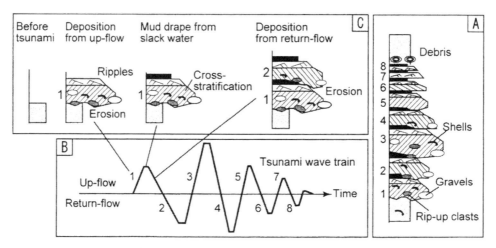

図51 津波の波形を考慮した模式的な堆積モデル（藤原 2007）

積物の調査成果は示されていない。そのため、海浜部の過去の堆積物の分析結果において、このモデルに相応するような堆積構造が導き出されると、津波堆積物と判断していた（藤原他 2003）。しかし九十九里浜における2011年東日本大震災の津波堆積物の調査では、地点的に、砂層から泥層へ細粒化する級化構造の繰り返しは認められたが、3層一組の堆積は認められなかった（藤原他 2012）。また、次項とも関わるが、静岡県六間川低地（図52）における3,400年前の堆積物（砂層）

の研究では、海岸線に直交する1測線で、ボーリングの間隔60m以上、砂層直上の放射性炭素年代測定2点で、同じ砂層が600m連続し、そこに3層一組の堆積の重なりが存在すると理解されているが、同一砂層の連続性を追跡するには、ボーリングの間隔が広く年代測定の点数が少ないことから無理があり、結果として「津波堆積物の識別についてはいまだ試行錯誤的なところがある」（藤原他 2013）と、ボーリング試料だけによる研究の限界を示している。

図52　静岡県六間川低地（手前が海側：2016年斎野撮影）

（2）過去の津波堆積物の連続性の追跡

　津波堆積物の調査は、面的、線的、点的に行われ、自然科学分野では、前述のように、海岸線に直交する測線を設定し、坪掘り、ボーリングあるいはジオスライサーなどにより、地点的な調査を一定間隔で行って対象となる層の連続性を追跡し、その到達距離を把握する方法をとっている。仙台平野沿岸域では、前述のように、1990年頃から、平安時代の貞観11年（869）に起こった震災の津波堆積物を対象とした研究が始まり、坪掘りとボーリングにより津波堆積物の追跡がなされていた。津波堆積物は、津波の年代が異なっても構成する物質の起源は同じなので、相当する層は複数認められ、それぞれの追跡がなされ、図53のように、連続性を追跡できないところも存在した。貞観11年（869）の津波堆積物は③層で、その追跡で目安となったのが、延喜15年（915）の十和田a火山灰である。沿岸部では、③層の直上層あるいはやや上層に鍵層として存在していたのである。この火山灰は、発見された当初、「灰白色火山灰」として宮城県北部の火山が噴出源と考えられており（山田・庄子 1981）、考古学の研究によって年代は10世紀前半であることが明らかにされていた（白鳥 1980）。しかし、十和田a火山灰は、下位の津波堆積物の下限を示しているのにすぎないため、少なくとも上限の年代を求める必要があった。当初の研究は、坪掘り3地点とボーリング122地点の調査をもとに、この図53を提示したグループと、他のグループによって行われ、見解は以下のように分かれていた。

1）菅原・箕浦・今村（2001）の研究

　図53を提示した研究である。「貞観11年（869）の津波堆積物：砂層は、海岸から内陸3〜4kmまではほぼ連続的に追跡され、海岸付近では厚さ数10cm、陸側に薄化しつつ分布していることが確認されている」と述べられており、Trench1・Trench2・Trench3に③層が存在する。しかし、Trench1の③層については、過去に放射性炭素年代測定を行っており、「AD870（±20）」という年代が示されている（Minoura and Nakaya 1991のS1地点）が、Trench2・Trench3に、貞観11年（869）に相当する津波堆積物が存在している根拠はないのである。

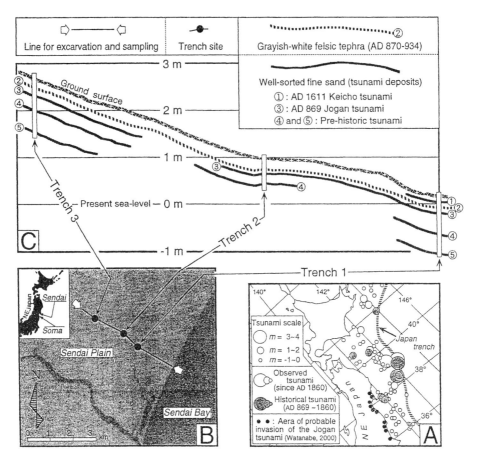

A：東北日本の歴史津波・B：箕浦・中谷（1991）による仙台平野の津波堆積物調査の位置図・C：箕浦・中谷（1991）による仙台平野の堆積断面図

図53　仙台平野中部における津波堆積物調査（菅原他 2001）

2）阿部・菅野・千釜（1990）の研究

　図14、図15を提示した研究である。3地点で十和田a火山灰の下層に津波堆積物とする砂層（SE1-1, SE2-1, SE3-1）を確認し、考古学・歴史学の知見をふまえ、堆積学的な手法でさまざまな分析を行っている。SD-1地点では火山灰直下にSE1-1（層厚12cm）、SD-2地点では火山灰の2cm下にSE2-1（層厚2cm）、SD-3地点では火山灰の12cm下にSE3-1（層厚1cm）があり、それらの直下層、あるいは直下層と直上層の放射性炭素年代測定を行っている。SD-1地点では、SE1-1直下層（砂まじり泥炭質泥）が1360±100yBP、SD-2地点では、SE2-1直下層（腐植泥）が1340±90yBP、SD-3地点では、SE3-1の直上層（腐植泥）が1610±90yBP～1770±100yBP、直下層（泥炭）が1980±100yBP～2350±140yBPであった。これらのことから、貞観11年の津波堆積物はSE1-1とSE2-1で、SD-2地点付近まで分布すること、SD-3地点のSE3-1はそれより古い津波堆積物であることを推定している。現状では、この推定が妥当であることが明らかになっている。

（3）2000年代の研究

　その後、2000年代の研究においても、貞観11年(869)の津波堆積物の連続性の追跡に問題が生じている。以下に二つの事例を紹介しておこう。

1）十和田a火山灰を塊状（ブロック状）に含む層の年代

　仙台平野にも広く分布する十和田a火山灰に関しては、基本層として自然堆積していることと、基本層中にブロック状に混入していることが認められる。前者では、沼向遺跡（仙台市教育委員会 2000a）のように、津波堆積物：砂層は、自然堆積層が上下に連続するなかの一つの層として認識され、そのやや上位の層準に自然堆積した十和田a火山灰があることから識別が比較的容易である。しかし、後者では、ブロック状に混入する主たる要因は耕作土の母材の一部となったことにあり、本来、十和田a火山灰のやや下位にあった貞観11年の津波堆積物：砂層も母材になった可能性が高く、その場合、形成された耕作土の下位にある津波堆積物：砂層の年代は、貞観11年(869)に先行する（宍倉他 2010）。つまり、津波堆積物の時期は、他に推定する根拠がなければ不明であり、貞観11年(869)以前から現代までの間ということになる。こうした層序区分は、平面的な発掘調査にもとづいて遺跡における人類活動の脈絡のなかで理解されており、地質学や堆積学などとは異なり、考古学が、人工改変を被ったところでも検討対象にできることを示している。そして、識別された津波堆積物を基本層として、遺構・遺物との関係および独自の編年から年代を推定できる考古学の方法は、津波痕跡研究にとって有効であるといえる。

2）放射性炭素年代測定結果と津波堆積物の連続性

　文部科学省が行った「宮城県沖地震における重点的調査観測」(2005年～2009年の5カ年）では、仙台平野の名取市において、設定された海岸線の1km陸側のA-1地点から、5km陸側のB-10地点まで、測線に沿ったボーリング調査が行われた（図54、図55）。ボーリング調査の間隔は、060322-2地点からB-10地点までは60m～70m（31地点／2km）である。その結果、貞観11年(869)の津波堆積物N1が、十和田a火山灰の直下あるいはやや下層で、海岸線から2km離れた060322-2地点から最も陸側のB-10地点まで連続的に確認され、B-10地点だけで測定された上層・下層の放射性炭素年代測定値は、上層が1940±40yBP、下層が2300±40yBPであった[4]（澤井他 2007）。十和田a火山灰が成層をなしているのか否か、そして、測定値は、前述の阿部他（1990）のSD-3地点SE3-1の上層・下層の年代に近いが、それらの検討は行われず、貞観11年(869)の津波堆積物の到達限界とされている。

　これらの調査では、十和田a火山灰を鍵層として貞観11年(869)の津波堆積物を対象としており、問題となったのは、客観的な年代推定の手順と根拠を大切にしていないことである。むしろ、火山灰直下あるいはやや下層にある砂層は貞観11年(869)の津波堆積物とする調査観があるようにも見受けられる。上限・下限を考えるための年代測定数が極端に少ないことがそれを物語る。また、沖積平野における層準比定は、発掘調査の調査区の間でもむずかしいことがあるため、年代に関わるデータがない場合、さらにむずかしく、ボーリング調査地点の間隔を短くし、年代測定を密に行う必要がある。

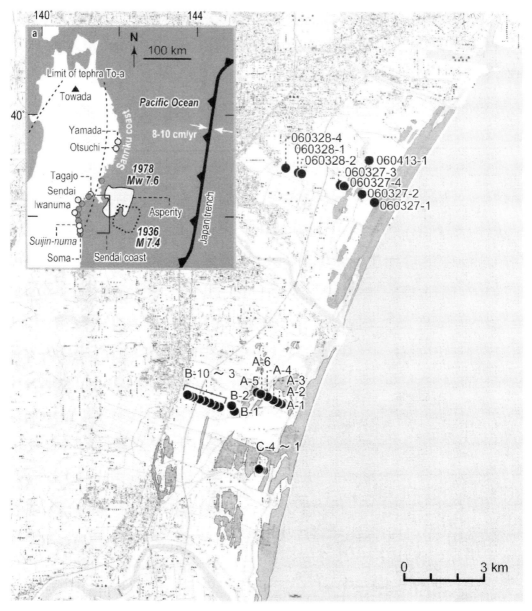

図54 仙台平野における津波堆積物調査地点図（澤井他 2007）

5．津波の波源の推定

　津波の要因は約76％が地震であり、それらの震源は海域に認められている。地震によって津波が発生する場合、通常、震源域に近い陸域では地震の揺れに伴う津波の遡上が観察されるが、その反対側の陸域では地震の揺れはほとんどなく津波の遡上が観察される。前者は近地津波、後者は遠地津波であり、その識別と、震源域の推定が研究対象となる。

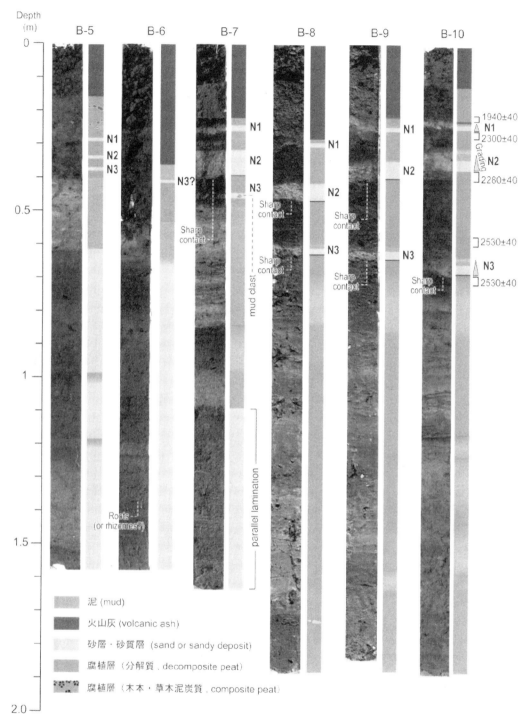

図55　仙台平野における津波堆積物調査地点柱状試料（澤井他 2007）
※Ｎ１が貞観11年（869）の津波堆積物とされた層

(1) 近地津波の波源の推定

遠地津波との識別は以下の二つの方法がある。

1) 方法1

痕跡調査で地震痕跡（地割れ跡等）と津波痕跡（津波堆積物等）との連動性を確認する。地割れが生じるには、地形的な条件もあるが、震度6以上の揺れが想定されている。それは近地の現象であり、遠地の現象ではない。具体的には、地割れが地表面に生じ、地割れを津波堆積物が埋めていること、あるいは、地割れが遺構底面に生じ、その上に津波堆積物が堆積し、それらの連動性を示す遺物が出土していること等が考えられる。

2) 方法2

地点や遺跡を異にして、同じ時期の地震痕跡（地割れ跡等）や津波痕跡（津波堆積物等）が個別的に見つかった場合は、それまでの調査研究成果との年代的な整合性を確認する。

また、留意点は二つあり、a）地震痕跡としての噴砂や断層の時期については、推定される年代の幅が大きいことが多く、そうした場合には、記録津波との対応は無理に行わない。b）震災記録に対応する痕跡が津波堆積物として確認された場合には、遡上距離等、津波の規模を推定する。

これらのことから、成果を蓄積していき、個々の近地津波の震源域を推定する。

(2) 遠地津波の波源の推定

遠地津波の波源の推定は、近世以前では、前述の日本列島の近世文書からのカスケーディア沈み込み帯を震源とする地震に伴う現象が唯一である。方法は、記録津波から遠地津波の可能性を推定し、年代・地域に相当する地震痕跡と津波痕跡（津波堆積物）を確認することであるが、波源の推定は、条件が整わなければむずかしいのが現状である。

波源に関して最も留意すべきなのは、津波堆積物が、近地津波によってもたらされたのか、遠地津波によってもたらされたのか、それだけではわからないことである。津波堆積物の推定年代に幅があるときには、相当する記録地震との対応関係は慎重に検討する必要がある。また、遠地津波の研究動向にも注意を要するだろう。

第3節　総合化と研究対象

ここでは、第3章から第5章で実践する調査研究の総合化について、その方法を確認し、対象となる弥生時代、平安時代、江戸時代の津波災害と、仙台平野の歴史的・地形的環境を示しておきたい。

1．総合化による津波災害史の構築

津波災害痕跡調査研究は、現代の津波堆積物・被災遺構をもとに過去の津波堆積物・被災遺構を

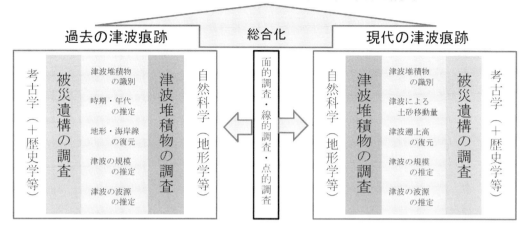

図56　多分野連携による地域の津波災害史構築（斎野他 2014）

通して地域の津波災害史を構築し、津波防災へ貢献することにある。図56には、地域の津波災害史構築の方法を示した。

　津波は自然現象であるため、過去の津波痕跡と現代の津波痕跡との比較などによって理解を深めながら、沿岸域固有の津波堆積物の把握に始まる自然科学と連携した調査の総合化によって、被災遺構に残された災害の実態解明へと向かうことができる。

　この調査研究方法の基本は痕跡調査であり、面的調査、線的調査、点的調査の3種類がある。面的調査は、考古学の発掘調査で一般的に用いられており、基本層序にもとづいた層位的な調査によって、被災遺構の検出、津波堆積物の分布・連続性を確認できる。線的調査は、主に地質学の地質断面調査に用いられ、考古学で用いられることもある。細長い調査区において基本層序と津波堆積物の連続性を確認できる。点的調査は、地点的な基本層序と津波堆積物の存在を確認できる。それには、土層を直接目視する坪掘りによる調査、薄く地中から土層を抜き取るジオスライサーによる調査、オール・コアサンプルを採取するボーリング調査、検土杖による調査等、いくつかの手法がある。これらの中で、津波災害痕跡研究において重視されるのは、被災遺構を検出できる考古学による面的調査であるが、津波堆積物の分布を対象とする広域的な調査を行うためには、線的調査や点的調査を組み合わせる必要がある。そして、一連の調査を、関係する多分野が連携して行い、総合化をはかることが求められているのである。東日本大震災によって、それ以前のような個別分野的な研究の限界が知られた現状では、自然現象としての津波を研究対象にするだけではなく、津波災害痕跡を明らかにして現代社会へ還元することが、それに関わるすべての研究者の使命と考える。

2．研究の対象と目的

　仙台平野において、弥生時代の痕跡津波、平安時代の記録・痕跡津波、江戸時代の記録津波を対象として、津波災害の実態解明を目的とする。津波堆積物の識別については、粒度組成をもとに考

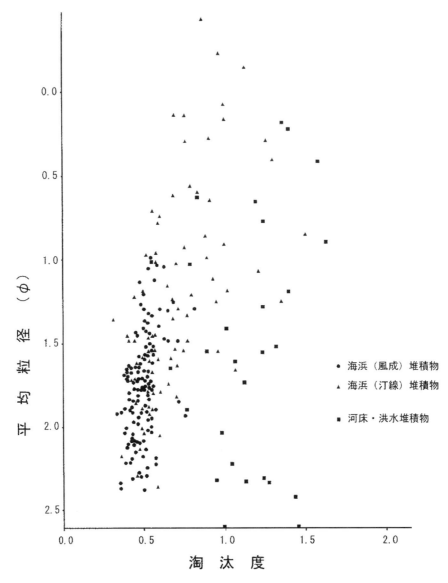

図57 仙台平野の海浜堆積物および河床・洪水堆積物の粒度組成(松本・遠藤 2015)

えることにする(図57)。

(1) 弥生時代中期の津波災害——津波災害痕跡による研究——

　2007年〜2008年の仙台市沓形遺跡第1次調査(仙台市教育委員会 2010b)で、弥生時代中期中葉の水田跡が検出され、それが津波堆積物によって覆われて廃絶した被災遺構であることが明らかにされた。その後、2013年に荒井広瀬遺跡の調査(仙台市教育委員会 2014b)で、この津波と地割れ跡との連動性が確認され、東日本大震災と同様、日本海溝周辺を震源域とする地震に伴う近地津波であることが明らかにされた。この弥生時代の地震・津波の痕跡は、山元町中筋遺跡、仙台市の荒井南遺跡、中在家南遺跡等、他の遺跡でも検出されており、津波災害痕跡をもとに、平野全域

において、震災を前後する集落動態を考える。

（2）平安時代貞観11年（869）の津波災害——津波災害痕跡と一つの史料による研究——

『日本三代実録』にある貞観11年の記録地震と記録津波の記事に対応する津波痕跡は、津波堆積物が、最初に阿部他（1990）によって報告され、2000年（平成12）には仙台市沼向遺跡の発掘調査からも報告された。その後、2005年の名取市下増田飯塚古墳群の調査で、平安時代9世紀後半の水田跡が検出され、それが貞観11年の震災の津波堆積物によって覆われて廃絶した被災遺構であると推定された（名取市教育委員会 2012）。この津波は、『日本三代実録』の記事から、東日本大震災と同様、日本海溝周辺を震源域とする地震に伴う近地津波であることが明らかである。そのため、関連性が想定される多賀城市の山王遺跡や多賀城跡等でもその痕跡の可能性が検討されており、津波災害痕跡をもとに、平野全域において、震災を前後する集落動態を考える。

（3）江戸時代慶長16年（1611）の津波災害——複数の史料による研究——

伊達家の『貞山公治家記録』、徳川家の『駿府記』等にある慶長16年の記録地震と記録津波の記事については、その津波堆積物に対応する可能性のある砂層が、最初に阿部他（1990）、箕浦・中谷（Minoura and Nakaya 1991）によって報告され、2013年には岩沼市高大瀬遺跡の発掘調査でも報告されている（岩沼市教育委員会 2013）。しかし、津波痕跡として津波堆積物も被災遺構の確認されておらず、文献史料をもとにした研究がどこまで実証性をもつのか、検討を行う。

3．研究対象の歴史的・地形的環境

対象とする3時期の震災を考えるうえで、仙台平野沿岸域の環境を確認しておこう。

（1）歴史的環境

仙台平野の沿岸部における人類の活動に関しては、縄文時代中期前半頃（約5,000～4,500年前）に始まる第Ⅰ浜堤列（松本 1984）の形成が、その後、海側に浜堤列地形を発達させていく過程で、縄文時代後期中葉以降、自然堤防や後背湿地とともに、浜堤列を含めた集落の営みが認められる（仙台市教育委員会 2010a）。弥生時代以降は、水田稲作が始まったこともあって、自然堤防を居住域や墓域、後背湿地を食糧生産域すなわち水田域とする土地利用も行われるようになり、特に、後背湿地の発掘調査では、これまでの考古学的・地形学的な調査・研究の連携によって、基本層序における自然堆積層と水田耕作土の識別が、平面的な遺構検出からなされ、地点的な地形形成の時間軸に人類の活動の痕跡が、数多くの遺跡で確認されている。そして、自然堆積層の介在は、一定期間、食糧生産域としての土地利用が行われなかったことを示しており、それらは、河川の洪水による堆積物、土石流や鉄砲水による堆積物、津波の遡上による堆積物、火山灰の降下による堆積物などに識別され、その堆積は、自然災害の痕跡あるいは連続する自然堆積層の一部として認識される。そのうち、津波堆積物としての砂層の分布が、平野中部の名取川下流域では、沓形遺跡において弥生

時代中期中葉の層準に認められ（仙台市教育委員会 2010b）、平野北部の七北田川下流では、沼向遺跡において平安時代の 9 世紀中葉～10 世紀初頭の層準に認められている（仙台市教育委員会 2000a・2010a）。

　ここでは、この弥生時代と平安時代の津波堆積物：砂層について、考古学と地形学の連携による調査・研究の進展をふまえながら、津波痕跡が残された時期を前後して、仙台平野の集落動態を考えてみたい。また、江戸時代に関しては、明確な津波堆積物は認められていない。なお、ここで示す放射性炭素年代測定値は、ことわりのない限り、較正曲線による年代補正をしていない数値である（斎野 2011）。また、標高は、2011年 3 月11日以前の基準点にもとづいている。

（2）地形環境と遺跡立地
　仙台平野は、東流する三河川の堆積作用によって形成される微地形に特徴が認められ、以下のように、北部、中部、南部に区分される。

1 ）北部（七北田川下流域）

　七北田川は、河川堆積物の供給量が比較的少ない。扇状地性の微高地の発達はなく、後背湿地の標高は 5 m 未満である。地形環境の変遷は、縄文海進で広がった内湾が、浜堤列の形成によって潟湖となり、その後、ゆっくりと埋積していき、中世まで存続する特徴がある。

2 ）中部（名取川下流域）

　広瀬川を支流とする名取川は、河川堆積物の供給量が比較的多く、縄文海進のときでも海岸線は前進したほどであった。丘陵から両河川の合流点付近まで、標高 5 ～16m ほどの扇状地性の微高地が広く発達している特徴がある。この微高地とその東側周辺には、旧河道に沿って自然堤防、その背後に後背湿地が形成されている。

3 ）南部（阿武隈川下流域）

　阿武隈川は、河川堆積物の供給量が七北田川よりも小さい。扇状地性の微高地の発達はなく、低平な地形面が広がり、後背湿地の標高は 3 m 未満である。平野の東西幅は南端へ少しずつ狭くなっていく。

　このうち、北部の七北田川下流域と中部の名取川下流域には対象とする遺跡が多いため、図58に表層微地形分類と地帯区分、主な遺跡を示した。遺跡の地形的な環境をいくつかに分けた地帯区分は、名取川下流域では、西の陸側から東の海側へ、構造線の西側を地帯Ⅰ：丘陵・段丘（ⅠA：丘陵、ⅠB：段丘）、構造線の東側を地帯Ⅱ：扇状地性の地形面（勾配：約2/1,000、標高 5 ～ 8 m 以上）と、地帯Ⅲ：地帯Ⅱ東方の低平な地形面（勾配：約1/1,000）に区分、地帯Ⅲは自然堤防が形成される範囲（ⅢA）と浜堤列が形成される範囲（ⅢB）に細分している（斎野 2008b）。七北田川下流域では、地帯Ⅰが構造線の西側と、平野北側の丘陵に展開し、地帯Ⅱは認められない違いがあり、地帯ⅢAに広く後背湿地が分布し、自然堤防が比較的限られた範囲に形成されている特徴がある。そして、この地帯ⅢAの微地形形成で重要なのは、第Ⅰ浜堤列の西方すなわち陸側に、縄文時代中期以降、中世まで、潟湖の広がる埋没微地形が推定されることである。

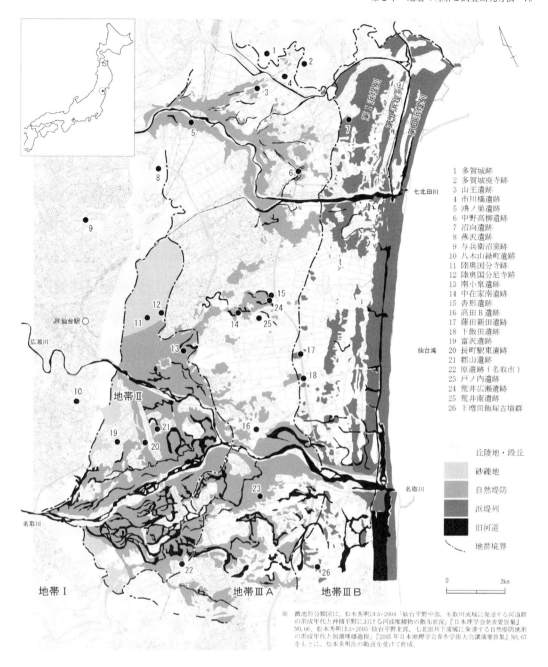

地帯Ⅰ：丘陵・段丘　　地帯Ⅱ：扇状地性の地形面　　地帯ⅢA：自然堤防・後背湿地　　地帯ⅢB：浜堤列・堤間湿地

図58　仙台平野中北部の微地形分布と主な遺跡

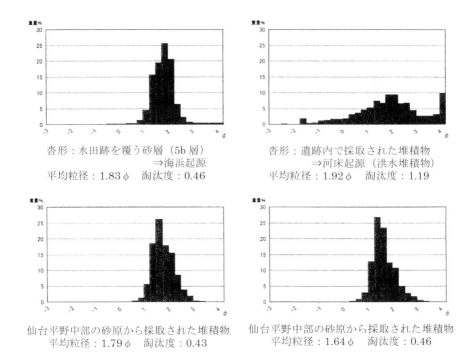

図59 沓形遺跡基本層5b層（砂層）と他の堆積物の粒度組成（仙台市教育委員会 2010b：原図松本秀明）

（3）仙台平野の海浜堆積物の粒度組成

　仙台平野の海浜堆積物は主に砂であり、阿武隈川や名取川等が土砂（河川堆積物）として海へ運搬し、それが沿岸流や波によって海岸にもたらされて浜堤列地形を形成している。津波堆積物の識別にとって、個々の沿岸域の供給源の粒度組成を調査しておく必要があり、仙台平野では、浜堤列堆積物（風成砂および浜堤列構成砂）が供給源となっていることから、その粒度組成の研究が行われてきた。粒度組成は、平均粒径、淘汰度、歪度、尖度によって示されるが、仙台平野では、主に平均粒径と淘汰度が用いられている。平均粒径は、図59のように、粒子の直径の平均値で、「ϕ」を単位とする。「$\phi = -\log_2 d/d_0$（d：粒径、d_0：1mm）」としてmm単位の直径dを表すことができる。－1より小さな数字は細礫から巨礫、－1より大きく4より小さい数字は極粗粒砂から極細粒砂、4より大きな数字はシルトおよび粘土を表す。淘汰度は、分級性の程度を示し、値が小さいほど淘汰がよい。歪度は、粒度分布が粗粒側あるいは細粒側への偏り具合を表し、正の値をとる場合は粗粒側へ、負の値をとる場合は細粒側へ粒度が偏っていることを示す。尖度は、粒度分布における扁平性を表し、その値が大きいほど突出した扁平性を示す。

　松本（1977）は、仙台平野の浜堤列堆積物と自然堤防堆積物等の粒度組成について、平均粒径と淘汰度から比較研究を行った。試料は、浜堤列堆積物84点、自然堤防堆積物36点、形成営力不明な微高地の堆積物13点である。それによると、平均粒径では、浜堤列堆積物は2ϕ付近に集中するのに対して、自然堤防堆積物は分散し、淘汰度は、浜堤列堆積物は0.3～0.7と淘汰が良好であるのに対して、自然堤防堆積物は0.7～1.3と淘汰が不良であるという結果が得られている。また、松本（1983）は、沿岸部の堆積物を、風成堆積物（砂丘砂と後浜砂）と海成堆積物（汀線砂と浅海砂）

に分けて分析を行った。その結果、①平均粒径が1.0φより粗粒（1.0φ＞x）な堆積物は海成である、②淘汰度が0.7より大きなものは海成である、③歪度が0.1より小さなものは海成である可能性が高く、－0.25より大きな値をとるものは風成である可能性が高い、ということが明らかにされている。

（4）東日本大震災の津波堆積物

　仙台平野では、遡上する津波によってもたらされる堆積物（図59左上）は、地帯ⅢB（図58）の浜堤列を構成する海浜堆積物（図59下：風成砂 or 海成砂）を給源としている（仙台市教育委員会 2010b）。その粒度は、平均粒径が細粒砂：径約0.2mm～中粒砂：径約0.3mmとそろっており、それに対して、平均粒径が0.177～1.0mmとばらつく河床起源の洪水堆積物（図59右上）とは明瞭に異なっている。2011年3月11日の東日本大震災の津波は、沓形遺跡のある仙台市若林区では平野を約4km遡上し、その堆積物は、松本（2011）の分布調査よって、砂質堆積物と泥質堆積物で構成され、砂質堆積物は粒度分析によって海浜堆積物と確認され、連続的な分布域は海岸線から2.3km（遡上距離の60％）、まばらな分布域は2.3kmから3.0kmであること、泥質堆積物は、部分的な分布域が2.3kmから3.0km、連続的な分布域が3.0kmから遡上限界の4.0kmまでであることが観察されている。

註
（1） 高潮は、強風や気圧の急変等、気象上の原因によって、一部の海域で潮位が以上に高まる現象で、特に海岸付近でその値が高まることが多く、日本の太平洋岸等では大陸棚の幅が狭いため、高潮は低気圧が内湾に接近した以後に発達することが多い（宮崎 2003）。
（2） 水田跡調査の手順（斎野 2005a）
　1） 調査区壁際に側溝を入れ、基本層序の観察から水田耕作土の可能性のある層を識別する。ここでは、仮に上から順にA層、B層、C_1層、C_2層の四つの層があり、C_1層を水田耕作土、他の層を自然堆積層とする。
　2） A層をスコップで削り、地形面の勾配に合わせて平坦にする（スコップは、剣先の先端を切り落とし、刃を研ぎ出したもの）。
　3） A層中においてB層上面の畦畔状の高まりを見つける作業に入る。数cmをスコップで削り、さらに草ケズリあるいはジョレンで平坦にする。1回ごとに調査区全面が平坦かどうか確認しながら作業を繰り返す。
　4） あるレベルでB層が帯状に見えたら、そのプラン確認作業を行う。帯状のプランの直下にC_1層の畦畔が存在している可能性があるので、確認プランの写真を撮り、位置を記録する。
　5） 他の部分のA層を掘り下げ、B層上面の検出作業を行う。必要に応じて、検出状況の写真を撮り、位置を記録する。
　6） B層上面の畦畔状の高まりを削る。
　　※2）～6）の行程は、周辺に先行する調査事例があり、同様のことが確認されている場合等には省略する。
　7） B層をスコップで削り、地形面の勾配に合わせて平坦にする。
　8） B層中においてC_1層上面の畦畔の高まりを見つける作業に入る。数cmをスコップで削り、さらに草ケズリあるいはジョレンで平坦にする。1回ごとに調査区全面が平坦かどうか確認しながら作業を繰り返す。

9) あるレベルで C_1 層が帯状に見えたら、そのプラン確認作業を行う。畦畔あるいは水田区画と確認できれば、確認プランの写真を撮る（人の入った写真も含めて）。また、水口や水路の有無も確認する。

10) 確認された畦畔のプランとその両側20〜30cmほどB層を残し、他の部分を薄く削っていく。8)よりも薄く。より低く細い畦畔あるいはそれによる水田区画が確認できれば、確認プランの写真を撮る（人の入った写真も含めて）。

11) 移植ベラ、草ケズリ等を使って C_1 層上面を出し、水田跡を検出する（C_1 層水田跡）。田面の残存状況の観察や、足跡や稲株跡の有無を確認する。水路が確認されていれば、水理施設に注意して調査を進める。

12) 全景写真と細部写真を撮る（人の入った写真も含めて）。

13) 水田跡の平面実測（scale：1/40あるいは1/50）を行う。レベルの記入にあたっては、等高線や各水田区画の凹凸・高低差がわかるような測点数をとる。また、足跡や稲株跡があるときは、その調査と写真撮影・実測・サンプル採取を行う。

14) 畦畔に直交する土層観察用ベルトを田面まで延ばして設定する。場合によっては、畦畔の交差点部分、または、畦畔に平行して中央にも設ける。

15) C_2 層上面の畦畔状の高まりを見つける作業に入る。畦畔を8)のように平面的に薄く削っていく。畦畔内の杭列や他の施設、遺物の出土に注意しながら、畦畔直下に畦畔状の高まりの有無を確認する。見つからなければ、田面と同じレベルになるまで作業を続ける。

16) 調査区全域で、C_1 層数cmをスコップで削り、さらに、草ケズリあるいはジョレンで平坦にする。この作業を繰り返していく。

17) あるレベルで C_2 層が帯状に見えたら、そのプラン確認作業を行う。畦畔状の高まりと認識できれば、ベルトは残したまま写真を撮る。畦畔直下ではない位置で見えたら、新たに土層観察用ベルトを設定する。

18) 確認された畦畔のプランとその両側20〜30cmほど C_1 層を残し、他の部分を薄く削っていく。16)よりも薄く。より低く細い畦畔あるいはそれによる区画が確認できれば、再度、確認プランの写真を撮る（人の入った写真も含めて）。

19) 移植ベラ、草ケズリ等を使って C_2 層上面を検出する。畦畔状の高まりの残存状況の観察や、C_2 層上面に耕作痕があるかないか確認する。

20) 写真撮影と C_2 層上面の平面実測（scale：1/40あるいは1/50）を行う。レベルを記入する。

21) 畦畔に設定した土層観察用のベルト部分の C_2 層を掘り下げ、調査区の壁とともに、C_1 層の層相と C_2 層との層理面の観察を行い、すべての箇所の写真撮影、断面実測（scale:1/20）を行う。

22) ベルトに残った C_1 層を掘り下げる。

　　※14)以降の行程は、状況に応じて部分的に省略することがある。

（3）津波堆積物を対象として、地層中に広がる同一層の分布を把握するうえで、震災以前から、地質調査などで通常行われてきた地点的なボーリングによる方法には信頼性に課題があるため、震災以後は、他分野との連携によってクロスチェックを行う等、総合化をはかり、より正確な基礎データを確保する必要がある。特に、こうした基礎データは、地質学等が行う地震や津波に関する数値計算に用いられるため、信頼性が低いデータの場合、数値計算そのものが意味をなさないことになる。もし、そうした懸念のある結果が公表されているのであれば、早急な再検討を要する。

（4）この論文の執筆者の一人である澤井（2012）は、過去の津波堆積物の調査方法を述べるなかで、自らの経験として、泥炭層の堆積速度が遅い地点の場合、貞観の一つ前の津波堆積物と十和田a火山灰との間の泥炭の層厚が非常に薄く、貞観とその一つ前を混同することがあったといっている。しかし、それらがどの調査地点なのかは示されておらず、関連する数多くの調査報告の評価はきわめて慎重に行う必要がある。

第 3 章　弥生時代中期の津波災害
―――津波災害痕跡による研究―――

　日本列島では、弥生時代の津波災害は、関連する文献史料がないため、津波痕跡の調査で検出された被災遺構をもとに実態を考えていく。仙台平野では、2011年3月11日の東日本大震災以降、調査事例が増加しており、弥生時代中期の津波痕跡と地震痕跡との連動性が確認されて、大きな震災があったことが明らかにされている。本章では、調査事例が多い平野中部と、新たな調査事例として平野南部の現状を把握し、以下の遺跡における震災前後の集落動態から社会の変化を考える。

　　仙台市沓形遺跡：津波堆積物と被災遺構（水田跡）
　　仙台市荒井広瀬遺跡：地震による地割れ跡・津波堆積物と被災遺構（溝跡）
　　仙台市荒井南遺跡：津波堆積物と被災遺構（水田跡）
　　仙台市中在家南遺跡：地震による地割れ跡・海生珪藻
　　仙台市富沢遺跡：地震による水田土壌の変形と被災遺構（水田跡）
　　仙台市高田 B 遺跡：津波堆積物と被災遺構（水田跡）
　　山元町中筋遺跡：津波堆積物と被災遺構（水田跡）

図60　仙台平野中北部航空写真（東日本大震災以前　斎野撮影）

第1節　平野中部の津波災害痕跡

　平野中部（図60）では、沓形遺跡の第1次調査で推定された津波災害の実態が、新たな調査成果および過去の調査事例の再検討から、徐々に明らかにされてきた（図45）。

1．沓形遺跡の調査

（1）遺跡の概要
　遺跡は、仙台市若林区荒井字矢取東、沓形他に所在する（図58-15）。仙台平野中部の名取川下流域において、地帯ⅢAにあり、標高2mほどの後背湿地に主に立地する。仙台市教育委員会により、2006年（平成18）に試掘調査が行われ、水田跡の発見によって2007年1月に約10ヘクタールを遺跡登録し、2007年、2008年に第1次調査、2010年に第2次調査、2011年に第3次調査、2012年に第4～6次調査を行っている。

（2）第1次調査の報告（仙台市教育委員会 2010b）
　約20,000㎡の調査を行い、4時期の水田跡を検出した。各水田跡とその時期は、3a層水田跡：中世～古代、4a層水田跡：古墳時代前期、6a1層水田跡：弥生時代中期中葉、6a2層水田跡：弥生時代中期中葉以前である。このうち、弥生時代中期中葉の6a1層水田跡を覆う基本層5b層：砂層が津波堆積物であることが明らかになっている（松本・吉田 2010）。発掘調査では、津波堆積物である基本層5b層：砂層に覆われた6a1層水田跡を復旧しようとした痕跡がなく、この水田は、砂層の堆積により、そのまま廃絶している。
　6a1層水田跡は、勾配0.34～0.63の低平な地形面と谷状の地形面を選地しており、谷状の地形面には水路が設けられている。水田区画は、大畦畔と、これに直交もしくは平行する小畦畔によって区画されており、平面形は方形を基調とする。一区画の面積は、16～30㎡である。この水田跡の構造（斎野 2005b）は、低平な地形面と谷状の地形面を成立基盤として小区画を指向する水田形態とするⅡB類・ⅡC類である。

（3）第2次～第6次調査（仙台市教育委員会 2012・2015b, c, d）
　遺跡範囲は、これらの調査によって拡大し、約20ヘクタールに及ぶ。この範囲には、基本層5b層が6a1層を覆って分布しており、弥生時代中期中葉の水田が廃絶したことを示している。
　また、前述（第2章第2節）のように、第3次調査では、水田面に認められる津波痕跡として、①畦畔際の不整形の凹部、②水田面の脈状の凹部が認められている。他の調査も再検討すると、第1次調査でも確認される。

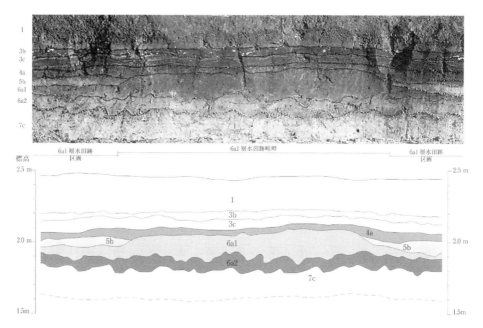

図61　杏形遺跡第1次調査基本層序（仙台市教育委員会 2010b）

（4）津波堆積物──基本層5b層の特徴──

1）基本層序（第1次調査）

　大別14層、細別24層を確認している。これらには、部分的に分布する層もあるが、図61に、津波堆積物：基本層5b層を上下する基本層序を示した。この図61の位置は、4a層水田跡、6a1層水田跡、6a2層水田跡の水田域にある。ここには、基本層2層、3a層、4b層、5a1層、5a2層、6b層はない。各基本層の層相は、以下のとおりである。

　1層：黒色粘土質シルト（現代の水田耕作土）
　2層：黒色粘土質シルト（現代の水田耕作土）
　3a層：黒褐色粘土質シルト（中世〜古代の水田耕作土）、部分的に、灰白色火山灰：十和田
　　　　a火山灰を、層中にブロック状に含む。
　3b層：黒色粘土質シルト（自然堆積層、3a層の母材層の一部）、灰白色火山灰：十和田a
　　　　火山灰層の堆積層が層中に介在する。
　3c層：黒色シルト（自然堆積層、泥炭質の粘土と互層をなす）
　4a層：黒色砂質粘土〜粘土質シルト（古墳時代前期の水田耕作土）
　4b層：黒色粘土質シルト〜シルト質砂（自然堆積層、4a層の母材層の一部）
　5a1層：泥炭質の黒色粘土（自然堆積層、4a層の母材層の一部）
　5a2層：黒色砂質粘土（一部に分布、水田耕作土の可能性がある層）
　5b層：黒褐色砂（津波堆積物）、層厚約5cm
　6a1層：黒色〜黒褐色の粘土質シルト〜砂質粘土（弥生時代中期中葉の水田耕作土）
　6a2層：灰黄褐色〜にぶい黄褐色の砂質シルト（弥生時代中期中葉以前の水田耕作土）

6 b 層：黒褐色シルト質砂（自然堆積層、6 a1層・6 a2層の母材層の一部）

　　　7 a 層：灰黄褐色～にぶい黄褐色のシルト質砂（自然堆積層）

　　　7 b 層：黒褐色～暗黄灰色の粘土～シルト質砂（自然堆積層）

　　　7 c 層：灰黄褐色の砂質シルト（自然堆積層）

2）堆積環境と基本層6 a1層の形成

　6 a1層は遺跡のほぼ全域に分布している。調査区内には、6 a1層上部から上層が、後の耕作等によってなくなり、基本層5 b層：砂層もないところもある。しかし、5 b層が分布するところでは、その直下に6 a1層があることから、本来、5 b層も、遺跡のほぼ全域に分布していたと考えられる。

　ここでは、基本層の層相と関連科学の分析から、5 b層およびその上下層の堆積環境、基本層の形成過程をみておきたい。

　図62の調査区には、水田耕作土である6 a1層と6 a2層がある。ここでは、6 a2層の形成に先行して、6 b層あるいは7 a層、7 b層、7 c層を一部含む粘土質シルト～砂質粘土の堆積があり、それらを母材層として開田がなされ、6 a2層が形成され、それを耕作土とする6 a2層水田の廃絶後、一定期間6 a2層の上に堆積した層と、6 a2層を母材層として新たな開田がなされ、6 a1層が形成されている。このうち、6 a2層は、分布域が比較的狭いため、多くの調査区では、6 b層あるいは7 a層を母材層として6 a1層が形成されている。開田後、水田が営まれた期間は、時折、洪水などで生じる自然堆積層による被覆と直後の復旧・耕作再開によって耕作土の更新が行われている。6 a1層の層相は、その形成過程から、地点によって漸移的な違いもあるが、粘土質シルト～砂質粘土を主とし、細粒の物質から構成されており、それは、層上部とともに、層下部に認められる母材層のブロックも同様である。この6 a1層から7 a層～7 c層にかけての関連科学の分析結果は、プラント・オパール分析（杉山・松田 2010a, b）では、各層でヨシ属の比率が高く、7 a層～7 c層でタケ亜科も比較的高く、花粉分析（吉川昌 2010a、金原 2010a）では、7 b層より上層で草本花粉の比率が高く、カヤツリグサ科が優勢な傾向にあり、6 a1層にイネ属のプラント・オパール、6 a1層・6 a2層にイネ属の花粉が認められており、湿地としての環境のなかで、開田がなされ、水田稲作が行われたことが知られる。これは、6 b層の堆積以降、5 b層の堆積直前までは、大きな変化はなく、湿地としての堆積環境の継続を示している。

　5 b層の堆積は、地形面の勾配や水田面の標高差に関わりなく、畦畔の上面を除いて、ほぼ同じ層厚で広く堆積しており、図16のように、5 b層の分布範囲は、水田区画の水田面、あるいは水路として確認される。水路での堆積は、底面形状に沿うように弧状を呈し、やや中央が厚い傾向がある。こうした広域的で層厚が安定した砂層の堆積は、自然堤防を形成するような河川の堆積作用によるものではなく、また、水路およびその周辺の層厚が他より厚い傾向もないので、用水の給源となる遺跡西方の旧河道等の一時的な堆積作用によるものでもない。

　5 b層より上層の3 a層～5 a2層は、5 b層直上の層準にあるときには、5 b層の砂が含まれていることがある。これは、5 a1層が自然堆積するときに、下部に砂を含む場合と、4 a層など、それ以降の耕作によって耕作深度が5 b層まで及んだ場合がある。基本層3 a層～5 a2層にかけての関連科学の分析結果は、6 a1層以下と同様であり、湿地としての環境のなかで、4 a層、3 a層を

耕作土とする開田がなされ、水田稲作が行われたことが知られる。

このように、基本層序は、基本層6b層の堆積以降、基本層3aの形成期までは、湿地としての環境の継続を示しており、そのなかに、基本層5b層の砂層と、基本層3b層中の火山灰層が、河川による堆積作用とは異なる要因で介在していると理解される。

3）ボーリングによる分布調査

松本秀明らによる簡易土質サンプラーを用いたボーリング調査が、沓形遺跡の調査区周辺と、そこから海側へ、後背湿地、第Ⅰ浜堤列、堤間湿地、第Ⅱ浜堤列で行われ（松本・吉田 2010、松本 2010）、その間、約2.5kmにおいて、地点的ではあるが、連続性をもって、基本層5b層に対応する津波堆積物の分布を確認している（図64）。なお、この津波堆積物の上層と下層に含まれる腐植物の放射性炭素年代測定が後背湿地で2地点（西側と東側）、堤間湿地1地点でなされている。後背湿地西側では、上層：2020±30yrBP（IAAA-91006）、下層：2140±30yrBP（IAAA-91007）、後背湿地東側では、上層：1970±30yrBP（IAAA-91442）、下層：2140±30yrBP（IAAA-91005）、堤間湿地では、上層：1990±30yrBP（IAAA-91443）、下層：2030±30yrBP（IAAA-91444）という結果が得られている。

（5）時期と年代

1）時期

発掘調査では、6a1層水田跡の耕作土から、弥生時代中期前葉～中葉の弥生土器、石鏃、石斧、板状石器（斎野 2002）などの石器、水路に堆積した5b層から弥生時代中期中葉の土器が出土している(1)（図62）。耕作土出土土器は、やや時期幅はあるが、中期中葉中段階に位置づけられる中在家南式土器（仙台市教育委員会 1996、斎野 2011）が最も新しい。水路出土土器は、中在家南式土器である。これらのことは、水田跡の廃絶時期が、中期中葉中段階の中在家南式期であることを示している。

2）放射性炭素年代測定

基本層5b層の上層と下層に含まれる腐植物の放射性炭素年代測定が2地点でなされている（松本・吉田 2010）。№12試掘調査区では、上層：2060±30yrBP（IAAA-62311）、下層：2160±30yrBP（IAAA-62310）、№32試掘調査区では、上層：2050±30yrBP（IAAA-62315）、下層：2240±30yrBP（IAAA-62314）という結果が得られている。この測定年代は、前述した遺跡東方に分布する基本層5b層に対応する津波堆積物の年代測定値とほぼ同じである。

（6）津波の規模の推定

1）沓形遺跡における津波堆積物：基本層5b層の特徴

遺跡内では、発掘調査によって湿地としての堆積環境のなかで、約20ヘクタールに及ぶ遺跡範囲に層厚約5cmで安定して面的に堆積した砂層として認識される。その分布域は、海岸線に直交する距離で約700m、平行する距離で約1,000mである。

粒度分析（松本・吉田 2010）］によると、粒径が揃い、平均粒径が1.83ϕ（約0.3mm）の中粒

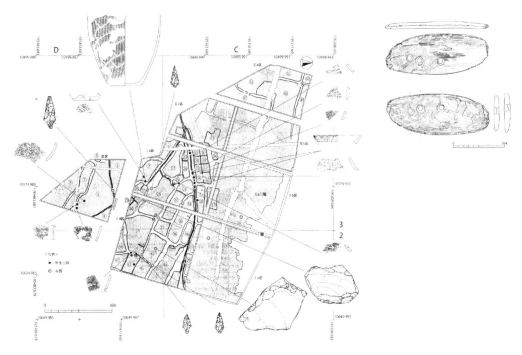

図62 沓形遺跡第1次調査6a1層水田跡遺物出土状況（仙台市教育委員会 2010b）

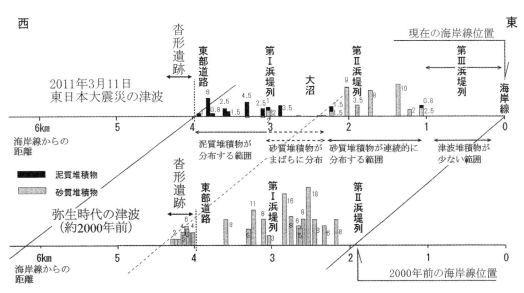

図63 沓形遺跡と津波遡上距離算定図（仙台市教育委員会 2011：原図松本秀明）

砂であり、淘汰度は0.46と良好で、海浜堆積物のなかで浜堤列の上部を構成する風成砂に類似する。

　平野における分布は、遺跡から海側約2.5km、第Ⅱ浜堤列の陸側まで、基本層5b層に対応する津波堆積物が認められる。

2）津波の遡上距離

　第3次調査における松本秀明による研究で、東日本大震災の津波堆積物の分布との比較検討から、

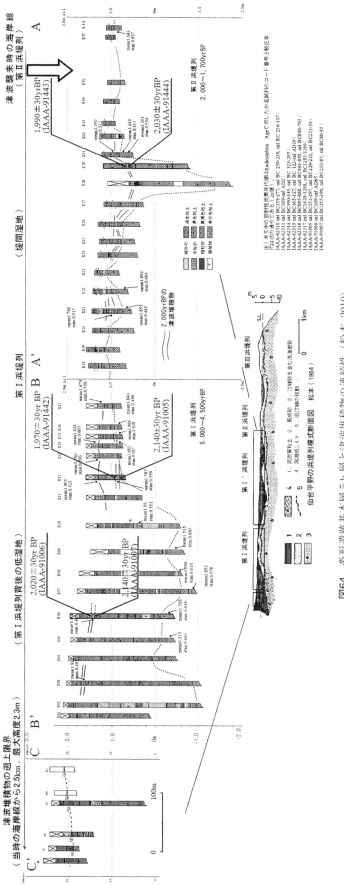

図64 沓形遺跡基本層5b層と津波堆積物の連続性（松本 2010）

図63(仙台市教育委員会 2011)のように、基本層5b層を堆積させた津波の遡上距離の算定がなされている(松本 2011)。以下はその要約である。

- 仙台平野の津波堆積物は、砂丘～海浜起源と考えられる中～細粒砂の砂質堆積物と、泥質堆積物から構成されている。
- 東日本大震災の津波でも、沓形遺跡のある仙台市若林区では、海岸線から約4km遡上し、堆積物に砂質堆積物と泥質堆積物の存在が明らかにされた。砂質堆積物は、海岸線から、2.3km地点までほぼ連続的に分布し、3.0km地点までまばらに分布し、泥質堆積物は、2.3km地点から部分的に分布し、3.0km地点から遡上限界の4.0km地点までは連続的に分布する。これらの距離を、海岸から津波遡上限界までの距離：4kmに対する比率で表すと、砂質堆積物は、連続的な分布は海側60％、まばらな分布は海側75％に相当し、泥質堆積物は、陸側40～25％に相当する。
- 基本層5b層を堆積させた弥生時代の津波では、泥質堆積物は確認されず、砂質堆積物の面的な分布が、現海岸線から約4.5km地点にある沓形遺跡で確認される。当時の海岸線は、現海岸線から2km陸側、第Ⅱ浜堤列の海側にあると推定され、ボーリング調査により、ここから約2.5km地点まで砂質堆積物が連続的に分布していたことになる(図63、図64)。これを、上述の東日本大震災の津波堆積物の分布をもとに、泥質堆積物の堆積域を含めた津波遡上距離を算定すると、砂質堆積物の連続的な分布は海側60％なので、2.5km：60％ = X：100％ で、X ≒ 4.2km となり、この津波は、東日本大震災の津波と同規模か、それよりやや大きかったと考えられる。

この推定は、津波堆積物の分布を示す図49において、遡上距離2.0～2.5km以上の津波に相当し、砂質の津波堆積物の到達距離と、推定される遡上距離は整合する。

2．荒井広瀬遺跡の調査

(1) 遺跡の概要

遺跡は、仙台市若林区荒井字広瀬に所在する(図58-24)。仙台平野中部の地帯ⅢAにあり、標高3～4mの主に旧河道に立地する。現海岸線からの距離は4kmである。仙台市教育委員会により、2010年(平成22)の試掘調査が行われ、溝跡や自然流路跡の発見によって2012年(平成24)10月に約0.5ヘクタールを遺跡登録し、2013年(平成25)に第1次調査を行っている。弥生時代から平安時代にかけて、遺構あるいは遺物が検出されている。

(2) 第1次調査の報告 (仙台市教育委員会 2014b)

南北2カ所の調査区で270㎡の調査を行い、南側の2トレンチ(図65)において、自然流路跡1条、弥生時代の溝跡1条のほか、溝跡底面で地割れ跡、自然流路跡および溝跡で津波堆積物を検出した。

基本層序は、大別3層、細別4層を確認している。遺構検出面はⅡ層上面である。

　Ⅰa層：黒褐色粘土質シルト(現代の水田耕作土)

Ⅰb層：黒褐色粘土質シルト（現代の水田耕作土）
Ⅱ層：黄褐色砂質シルト（自然堆積層、下部グライ化）
Ⅲ層：オリーブ灰色砂（自然堆積層、グライ化）

（3）地割れ跡と津波堆積物

1）SD2溝跡

北東から南西方向にやや屈曲しながら延びる溝跡である（図66）。検出長は4.7m。上端幅0.40～0.95m、下端幅0.2～0.8mで、検出面からの深さは約0.2mである。断面形は皿状をなし、底面にはやや凹凸がある。堆積土は3層に分けら

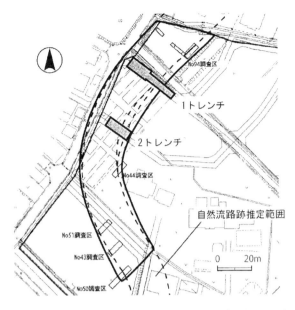

図65　荒井広瀬遺跡調査区位置図（仙台市教育委員会 2014b）

れ、1層は基本層Ⅱ層を主体とする砂質シルト、2層は細砂：津波堆積物を多く含む粘土である。この2層の主体をなす細砂は、松本秀明により、前述の沓形遺跡と同じ津波堆積物であるとする見解が示されている。3層は基本層Ⅱ層をブロック状に含む粘土質シルトで、図67のように、溝跡底部で検出された地割れ跡の内部にまで落ち込んでいる。遺物は、2層から8点、3層から1点、弥生時代中期中葉の弥生土器が出土している。

2）地割れ跡

SD2溝跡底面で検出された。地割れ跡は、枝分かれ状に分岐しながら調査区外へ延びていく。地割れ跡の幅は0.05～0.2mで、深さは0.6～0.8mである。堆積土は、SD2溝跡の3層と同じで、部分的に基本層Ⅱ層をブロック状に含むのは、地割れを引き起こした地震動による崩壊土とみられる。遺物は、層中から流紋岩製の剝片1点が出土している。

3）SR1自然流路跡

SD2溝跡の西側で検出された。図65に示されているように、北東から南西方向に延びる自然流路跡である。検出長は5.7mである。方向性はSD2溝跡とほぼ同じである。幅は10.5m以上、検出面からの深さは約0.8m以上である。堆積土は11層確認され、泥炭質の粘土が主体を占めるなかで、10層の砂層は、松本秀明により、前述の沓形遺跡と同じ津波堆積物であるとする見解が示されている。遺物は、8層から土師器、弥生土器が出土している。なお、SR1自然流路跡では、堆積土2層に十和田a火山灰がブロック状に含まれているが、それより下層の3層から8層の間に貞観11年（869）の震災に伴う津波堆積物の可能性がある砂層は認められていない。

（4）時期と年代

地割れ跡の時期は、東方に位置する沓形遺跡の調査成果を含めて、以下の3点の理由から、弥生

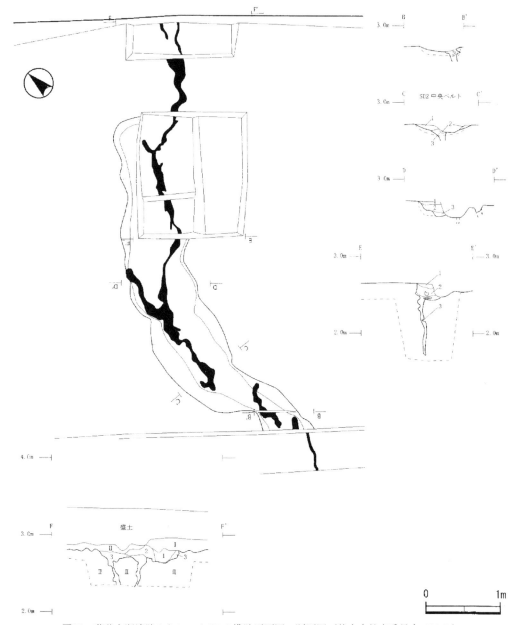

図66　荒井広瀬遺跡2トレンチSD2溝跡平面図・断面図（仙台市教育委員会 2014b）

時代中期中葉中段階（中在家南式期）と考えられる。

- SD2溝跡は古墳時代中期（南小泉式期）の遺物を包含するSR1自然流路跡8層に覆われていること
- SD2溝跡2層およびSR1自然流路跡10層で検出された砂が、沓形遺跡で検出された弥生時代中期中葉中段階の水田を覆う津波堆積物と同じと考えられること
- SD2溝跡2層と3層から弥生時代中期中葉の土器が出土し、地割れ跡内部から仙台平野で弥生時代に広く用いられた流紋岩の剥片が出土しており（図68）、古墳時代の遺物が出土してい

第3章　弥生時代中期の津波災害　93

図67　荒井広瀬遺跡SD2溝跡と地割れ跡検出状況（仙台市教育委員会）

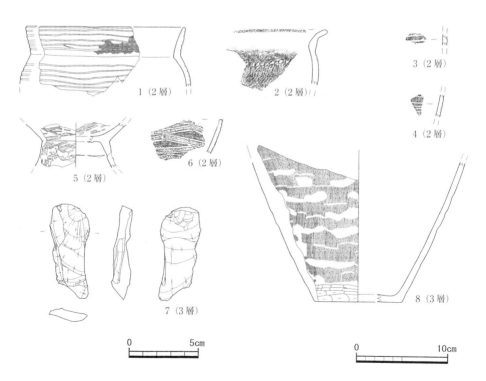

1〜6・8：弥生土器（1：深鉢、2：甕、5：高坏、6：鉢、8：甕）　7：石器（剥片）

図68　荒井広瀬遺跡SD2溝跡出土遺物（仙台市教育委員会 2014b）

ないこと

(5) 波源の推定
　荒井広瀬遺跡の調査成果は、SD 2 溝跡が、地割れ後に津波堆積物の堆積が確認され、地震と津波の連動性を示す被災遺構であると実証されたことである。地割れ跡は、その方向性から、SR 1 自然流路跡の方向に沿って重力性の側方移動で生じており、地震動による開閉が起っていたことを、本来、堆積土 3 層中にあった石器が、堆積土 3 層とともに地割れ跡から検出されていることが示している。杏形遺跡の調査成果を合わせると、津波の波源域と地震の震源域が日本海溝周辺に存在することから、仙台平野では、弥生時代中期中葉中段階に、2011年 3 月11日の東日本大震災と同じような震災があったことが知られる。

3．荒井南遺跡の調査

(1) 遺跡の概要
　遺跡は、仙台市若林区荒井字丑之頭106他に所在する（図58-25）。仙台平野中部の地帯ⅢAにあり、標高3.1～4.7mの主に後背湿地に立地する。面積は約17ヘクタールである。荒井地区の自然堤防を挟んで、杏形遺跡の北西側に位置する。現海岸線からの距離は4.0～4.7kmである。仙台市教育委員会の2012年（平成24）の試掘調査で見つかった遺跡で、2013年（平成25）2 月に遺跡登録され、第 1 次調査が2013年 4 月から 7 月に行われた。第 2 次調査は2013年 6 月から 7 月、第 3 次調査は2015年 2 月から 3 月に行われた（仙台市教育委員会 2016a）。

(2) 試掘調査・第 1 次調査の報告（仙台市教育委員会 2014a）
　試掘調査27カ所1,141㎡、第 1 次調査 1 区～ 5 区2,411㎡の調査を行い、図69のように、杏形遺跡と同様、基本層 5 b 層（津波堆積物：砂層）に覆われて廃絶した弥生時代中期中葉の 6 層水田跡が検出された。

(3) 基本層序と津波痕跡
　基本層序は、大別 9 層、細別16層を確認している。遺構検出面は 6 層上面である。
　　1 a 層：黒褐色粘土質シルト（現代の水田耕作土）
　　1 b 層：黒褐色粘土質シルト（旧水田耕作土）
　　2 a 層：黒色シルト質粘土
　　2 b 層：明黄褐色または黄褐色シルト（十和田 a 火山灰）
　　3 a 層：暗赤褐色シルト質粘土（自然堆積層）
　　3 b 層：黒褐色シルト質粘土（自然堆積層）
　　4 a 層：暗赤褐色シルト質粘土
　　4 b 層：オリーブ黄色シルト質粘土

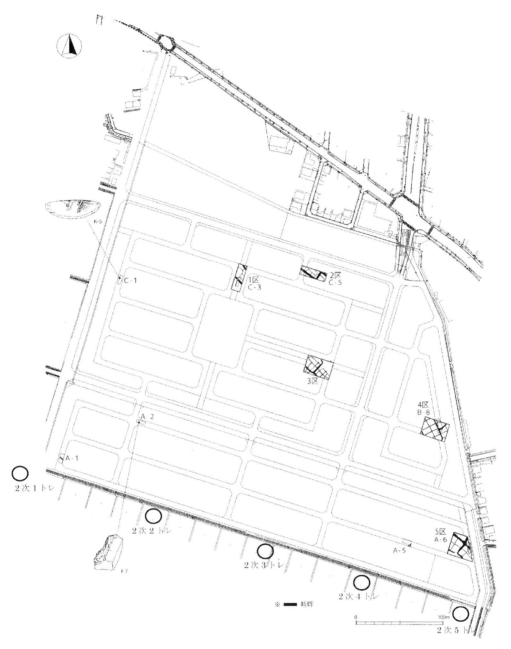

図69 荒井南遺跡第1次調査平面図・第2次調査トレンチ位置図（仙台市教育委員会 2014a.c）

4c層：黒色シルト質粘土
4d層：黒色シルト質粘土
5a層：黒褐色シルト質粘土
5b層：明黄褐色または黄褐色砂（津波堆積物）
6層：黄灰色または黒褐色シルト質粘土（弥生時代水田耕作土）
7層：明オリーブ灰色粘土（洪水堆積層）

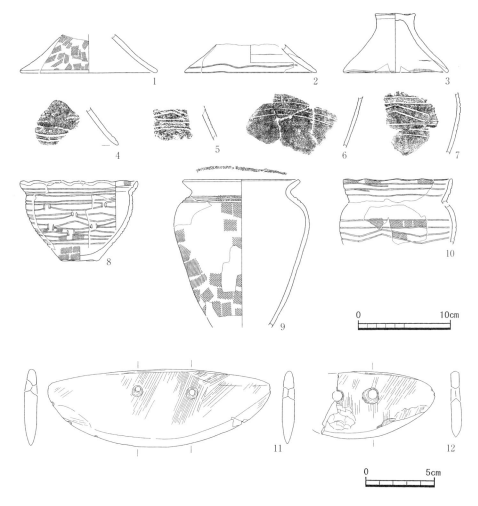

1〜10：弥生土器（1〜4：蓋、6・7・10：深鉢、8：鉢、9：甕）　11・12：石器（石庖丁）

図70　荒井南遺跡第1次調査出土遺物（仙台市教育委員会 2014a）

8層：黒褐色粘土（洪水堆積層）
9層：オリーブ灰色粘土（洪水堆積層）

（4）津波堆積物と6層水田跡

　6層水田跡は、勾配0.21〜0.82の低平な地形面を選地している。水田区画は、大畦畔と、これに直交もしくは平行する小畦畔によって区画されており、平面形は方形を基調とする。一区画の面積は、調査区によってやや違いはあるが、2区・3区では、10〜20㎡が多く、4区・5区は30〜40㎡が多く、地形面の勾配に合わせていることが知られる。この水田跡は、低平な地形面を成立基盤として小区画を指向する水田形態を特徴とする構造（ⅡB類）と認識される（斎野 2005b）。遺物は、水田跡から弥生土器や石器が出土している（図70）。弥生土器は中期中葉中段階の中在家南式であり、石器には石庖丁、板状石器がある。

図71 荒井南遺跡第2次調査1トレンチ（南西部）基本層序（仙台市教育委員会 2014c）

――弥生時代中期中葉の水田耕作土

――津波堆積物（砂層）
――弥生時代中期中葉の水田耕作土

図72 荒井南遺跡第2次調査4トレンチ（南東部）基本層序（仙台市教育委員会 2014c）

　6層水田跡は、5b層に覆われており、復旧した痕跡がないことから、その堆積によって廃絶したと考えられる。5b層の分布は、遺跡の東半部で2～6cmの層厚を保って面的に認められるが、西半部では、ブロック状に存在するか、存在していない。この点は、2013年に遺跡南辺に沿って行われた第2次調査でも同様に、西半部（図71）では面的な分布が認められず、東半部（図72）では面的な分布が認められる（仙台市教育委員会 2014c）。5b層の粒度分析は、松本（2014）が東半部のA-6地点で行っており、二つの試料の結果は、試料1が平均粒径2.07φ（0.238mm）、淘汰

度0.63、試料2が平均粒径2.08φ（0.236mm）、淘汰度0.36で、淘汰良好な中粒砂であった。仙台平野において、海浜起源の堆積物は平均粒径1.3～2.2φ（0.406～0.218mm）、淘汰度0.3～0.7、河川起源の堆積物は平均粒径0～2.5φ（1.00～0.176mm）、淘汰度0.7以上であることから、5b層は海浜起源の堆積物であり、沓形遺跡で確認された津波堆積物と考えられた。

なお、5b層の年代に関して、放射性炭素年代測定値は、直上：1900±20yrBP（IAAA-130804）、直下：1980±20yrBP（IAAA-130805）、という数値が得られている。

（5）津波堆積物の到達距離

荒井南遺跡の5b層は、沓形遺跡の5b層と同様、海浜起源の津波堆積物であり、第1次調査では、それが面的に分布する範囲の西縁を発掘調査によって平面的に検出した。現海岸線からの距離は4.5kmであり、沓形遺跡で確認された範囲と一致する。第2次調査は、遺跡の南縁に沿って行われ、分布域が再確認されている。弥生時代の海岸線の位置は、現海岸線から2km、第Ⅱ浜堤列の海側と推定されており、海浜起源の5b層は津波によって、当時の海岸線から2.5km陸側へ運搬されて面的に堆積したことがより明確になった。

4．中在家南遺跡の調査

（1）遺跡の概要

遺跡は、仙台市若林区荒井字中在家、字札屋敷他に所在する（図58-14）。仙台平野中部の地帯ⅢAにあり、標高4.7～5.5mの主に自然堤防と旧河道に立地する。面積は約4ヘクタールである。現海岸線からの距離は5.1～5.7kmである。仙台市教育委員会により、1988年（昭和63）～1993年（平成5）の第1次調査から2013年（平成25）の第6次調査まで行われている。このうち、第1次調査成果の再検討と、第6次調査において、弥生時代中期中葉の地震痕跡と津波痕跡が確認された。

中在家南遺跡では、蛇行する幅約30mの自然流路跡に弥生時代から平安時代の遺物包含層が形成され、上層では中世・近世の水田が営まれており、その西側・北側の自然堤防には、弥生時代中期中葉と古墳時代前期の墓域が形成されている。なかでも、自然流路跡の遺物包含層からは、弥生時代中期中葉中段階、古墳時代前期・中期の木製品や土器等が多量に出土している。

（2）第1次調査報告の再検討

1988年～1993年に、Ⅰ区～Ⅸ区で3,080㎡の調査が行われ、1996年（平成8）に報告書が刊行された（仙台市教育委員会 1996）。その後、2011年（平成23）に東日本大震災が起こり、その年に行われた沓形遺跡の第3次調査を含め、それまでの仙台平野の津波痕跡調査を検討するなかで、中在家南遺跡Ⅸ区の珪藻分析結果が、津波痕跡を示す可能性が考えられた。また、2013年（平成25）に行われた荒井広瀬遺跡で地割れ跡が検出され、松本秀明から、過去の中在家南遺跡にも同様の痕跡があったとの指摘がなされている。

表5-1 中在家南遺跡の珪藻分析その1（古環境研究所 1996）

分 類 群	適応性 塩分	pH	流水	生活	1	2	3	4	5	6	7	8	9	10	11	12	13	14	15	16	17	18	19	20
Actinocyclus ehrenbergii	M	-	-	-	-	-	-	-	-	-	-	-	-	-	-	-	-	-	-	1	-	-	-	1
Actinoptychus senarius	M	-	-	-	-	-	-	-	-	-	-	-	-	-	-	-	-	-	1	1	-	-	-	-
Chaetoceros spp.	M	-	-	-	-	-	-	-	-	-	-	-	-	-	-	-	-	-	-	-	-	-	-	1
Cocconeis scutellum	M	-	-	-	-	-	-	-	-	-	-	-	-	-	-	-	-	-	-	6	2	2	-	-
Coscinodiscus spp.	M	-	-	-	-	-	-	-	-	-	-	-	-	-	-	-	-	-	-	3	2	-	-	1
Grammatophora macilenta	M	-	-	-	-	-	-	-	-	-	-	-	-	-	-	-	-	-	1	4	2	-	-	-
Melosira nummuloides	M	-	-	-	-	-	-	-	-	-	-	-	-	-	-	-	-	-	-	2	2	-	-	-
M. sulcata	M	-	-	-	-	-	-	-	-	-	-	-	-	-	-	-	-	-	1	6	-	1	-	1
Navicula lyroides	M	-	-	-	-	-	-	-	-	-	-	-	-	-	-	-	-	-	-	2	-	-	-	-
Stephanopyxis spp.	M	-	-	-	-	-	-	-	-	-	-	-	-	-	-	-	-	-	-	-	-	-	1	2
Thalassionema nitzschioides	M	-	-	-	-	-	-	-	-	-	-	-	-	-	-	-	-	-	1	1	-	-	-	-
Thalassiosira nordenskioeldii	M	-	-	-	-	-	-	-	-	-	-	-	-	-	-	-	-	-	-	-	1	-	-	-
T. spp.	M	-	-	-	-	-	-	-	-	-	-	-	-	-	-	-	-	-	2	1	-	-	-	-
Nitzschia littoralis	M-B	-	-	-	-	-	-	-	-	-	-	-	-	-	-	-	-	-	-	1	-	-	-	-
N. punctata	M-B	-	-	-	-	-	-	-	-	-	-	-	-	-	-	-	-	-	-	1	2	-	-	-
N. sigma	M-B	-	-	-	-	-	-	-	-	-	-	-	-	-	-	-	-	-	-	1	1	2	-	-
N. spp.	M-B	-	-	-	-	-	-	-	-	-	-	-	-	-	-	-	-	-	-	2	2	-	-	-
Navicula humerosa	B	-	-	-	-	-	-	-	-	-	-	-	-	-	-	-	-	-	-	1	-	-	-	-
N. yarrensis	B	-	-	-	-	-	-	-	-	-	-	-	-	-	-	-	-	-	-	1	-	-	-	-
Thalassiosira bramaputrae	B	-	-	-	-	-	-	-	-	-	-	-	-	1	-	-	-	-	-	-	1	-	-	-
Achnanthes lanceolata	F-ind	Alka	Rhe	B	-	-	-	-	-	-	-	-	-	-	2	-	-	-	-	-	-	-	-	-
A. spp.	F-?	?	?	B	-	-	-	-	-	-	1	-	-	1	-	-	-	-	-	-	-	-	-	-
Actinella brasiliensis	F-ind	Acid	ind	B	-	-	-	-	-	-	-	-	-	-	-	-	-	-	-	-	-	-	-	1
Amphora ovalis	F-ind	Alka	Lim	P	-	7	2	-	-	1	1	-	1	-	-	1	-	-	4	6	2	-	-	-
A. ovalis var. libyca	F-ind	Alka	ind	P	-	8	1	-	-	-	-	-	3	-	3	-	-	-	-	1	3	-	-	-
Anomoeoneis sphaerophora	F-ind	Alka	ind	B	-	-	-	-	-	-	-	-	-	-	-	-	-	-	-	2	-	-	-	-
Bacillaria paradoxa	F-phi	ind	ind	B	-	-	-	-	-	-	-	-	-	-	-	-	-	-	1	-	2	-	-	-
Caloneis bacillum	F-ind	Alka	Rhe	B	-	-	-	-	-	-	-	-	1	-	-	-	-	-	-	-	-	-	-	-
C. lauta	F-ind	?	?	B	1	2	-	-	-	-	3	-	1	-	-	-	-	-	-	6	-	-	-	-
C. silicula	F-ind	Alka	ind	B	-	2	-	-	-	-	-	-	-	-	-	-	-	-	2	1	-	-	-	-
C. spp.	F-?	?	?	B	-	-	-	-	-	1	2	1	2	-	-	-	-	-	-	-	-	-	-	-
Cocconeis placentula	F-ind	Alka	ind	B	-	-	-	-	-	2	-	7	26	19	8	1	1	-	2	1	-	-	-	2
Cyclotella comta	F-ind	Alka	Lim	P	-	1	-	-	1	-	-	-	-	-	-	-	-	-	-	-	-	-	-	-
C. spp.	F-?	?	?	P	-	-	-	-	-	1	-	-	1	-	-	4	-	-	-	-	-	-	-	1
Cymbella aspera	F-ind	Alka	ind	B	4	17	6	21	73	3	1	4	3	1	-	-	2	1	-	1	1	-	-	-
C. cuspidata	F-ind	ind	ind	B	-	2	6	14	2	-	2	-	1	-	-	-	-	-	-	5	3	-	-	-
C. minuta	F-ind	ind	ind	B	2	-	3	-	-	-	-	-	-	-	-	2	-	-	2	-	-	-	-	-
C. naviculiformis	F-ind	ind	ind	B	-	-	1	-	-	-	-	-	-	-	-	-	-	-	-	-	1	-	-	-
C. sinuata	F-ind	ind	ind	B	-	-	-	-	-	-	-	-	-	-	-	-	-	-	-	-	1	-	-	-
C. tumida	F-ind	Alka	Lim	B	-	-	1	-	-	-	-	-	2	5	7	9	-	-	1	1	-	-	-	2
C. turgida	F-ind	Alka	Lim	B	-	-	-	-	-	-	-	-	2	-	-	-	3	7	-	-	-	-	-	-
C. spp.	F-?	?	?	B	3	2	1	-	15	1	2	3	-	-	-	-	-	2	-	1	-	-	-	1
Diploneis elliptica	F-ind	ind	Lim	B	-	-	-	-	-	-	-	-	-	-	-	-	-	-	-	-	-	-	-	1
D. finnica	F-ind	Acid	Lim	B	-	1	-	-	-	-	-	-	-	-	-	-	-	-	-	-	-	-	-	-
D. ovalis	F-ind	ind	ind	B	-	2	4	-	3	-	3	-	-	-	-	1	-	-	5	2	3	-	-	-
D. subovalis	F-ind	ind	ind	B	-	2	1	-	-	-	-	-	-	-	-	-	-	-	-	2	-	-	-	-
D. yatukaensis	F-ind	?	Lim	B	-	2	-	-	1	1	2	1	-	-	-	-	-	-	1	1	-	-	-	-
D. spp.	F-?	?	?	B	2	4	-	-	2	-	3	-	-	-	-	-	-	-	-	-	-	-	-	-
Epithemia adnata	F-ind	Alka	ind	B	-	-	-	-	-	-	-	-	16	3	-	-	-	-	-	-	-	-	-	-
E. sorex	F-ind	Alka	ind	B	-	-	-	-	-	-	-	-	1	-	-	-	-	24	4	2	1	-	-	1

1）珪藻分析

　珪藻分析は、現海岸線から5.1kmに位置するⅨ区の南壁において、河川跡堆積土1層～15層と河川跡底面下の17層を対象として行われた（表5：古環境研究所 1996）。ここには13層、14層、15b層は認められない。各層の時代・年代は、以下の通りである。

　　1層：現代水田耕作土
　　2層：近世水田耕作土
　　3a層：中世水田耕作土
　　3b層～8層：平安時代
　　9a層：古墳時代後期
　　9b層～11層：古墳時代中期
　　12a層：古墳時代前期～中期
　　12b層～12b′層：古墳時代前期

表5-2 中在家南遺跡の珪藻分析その2（古環境研究所 1997）

分類群	適応性 塩分	pH	流水	生活	1	2	3	4	5	6	7	8	9	10	11	12	13	14	15	16	17	18	19	20
Epithemia turgida	F-ind	Alka	Lim	B	2	-	-	-	-	-	-	8	-	-	-	1	110	70	11	9	2	-	-	4
E. spp.	F-?	?	?	B	-	-	-	-	-	-	-	3	1	-	3	-	-	-	-	-	-	-	-	-
Eunotia flexuosa	F-pho	Acid	ind	B	-	-	-	-	-	-	-	-	-	-	-	-	2	9	5	-	-	-	-	-
E. formica	F-ind	ind	?	B	-	-	-	-	-	-	4	3	2	8	3	-	3	-	-	-	-	-	-	-
E. lunaris	F-pho	Acid	Lim	B	-	-	-	1	-	-	-	1	-	1	1	-	-	1	-	3	-	-	-	-
E. monodon	F-pho	Acid	Lim	B	-	-	-	-	-	-	-	1	-	-	-	-	-	-	-	-	-	-	-	1
E. pectinalis	F-pho	Acid	ind	B	5	3	5	-	-	-	4	1	1	-	4	2	8	1	-	2	2	-	-	-
E. praerupta	F-pho	Acid	ind	T	1	-	2	2	11	1	2	1	2	-	-	1	-	-	-	-	-	-	-	-
E. spp.	F-?	?	?	B	-	-	-	1	4	12	3	10	7	6	13	15	-	-	1	-	-	-	-	1
Frustulia rhomboides	F-pho	Acid	Lim	B	-	2	-	-	-	-	-	-	-	-	-	1	-	-	-	-	-	-	-	-
F. vulgaris	F-ind	Alka	ind	B	-	-	-	-	-	-	-	-	-	-	-	-	-	-	-	-	1	-	-	-
Gomphonema acuminatum	F-ind	Alka	Lim	B	-	-	3	-	-	-	-	2	2	1	3	13	16	6	2	2	-	-	-	-
G. augur	F-ind	Alka	ind	B	-	-	-	-	-	-	-	-	2	-	-	-	-	1	-	-	-	-	-	-
G. clevei	F-ind	Alka	Rhe	B	-	-	-	-	-	-	-	1	3	-	2	-	-	-	-	-	-	-	-	1
G. constrictum	F-ind	Alka	ind	B	-	1	-	-	-	-	-	-	-	-	-	-	-	-	-	-	-	-	-	-
G. gracile	F-ind	ind	Lim	B	-	-	-	-	-	-	-	-	-	1	-	-	1	1	-	-	-	-	-	-
G. olivaceum	F-ind	Alka	Lim	B	-	-	-	-	-	-	-	-	4	6	1	-	-	-	-	-	-	-	-	-
G. parvulum	F-ind	ind	ind	B	-	-	-	-	-	-	-	-	-	-	-	-	-	-	1	-	-	-	-	-
G. spp.	F-?	?	?	B	-	-	1	-	1	1	-	4	1	4	2	3	10	3	5	2	-	-	-	-
Gyrosigma scalproides	F-ind	Alka	Rhe	B	-	1	-	-	-	-	-	-	-	1	1	-	-	1	-	4	-	-	-	-
Hantzschia amphioxys	F-ind	Alka	ind	T	-	3	10	-	-	-	3	-	-	1	2	-	1	19	24	30	1	-	-	-
Melosira ambigua	F-ind	Alka	ind	P	1	-	-	-	-	3	1	-	-	2	2	-	2	-	-	-	-	-	-	-
M. distans	F-pho	Acid	ind	P	13	14	3	-	-	20	11	5	10	4	2	15	-	1	6	5	6	10	4	41
M. granulata	F-ind	Alka	Lim	P	25	36	7	-	-	40	70	15	23	8	7	32	9	1	8	16	12	9	5	119
M. italica	F-ind	Alka	ind	P	-	-	-	-	-	-	-	-	-	-	-	4	-	-	-	4	-	-	-	-
M. pensacolae	F-?	Acid	Lim	P	1	-	1	-	-	-	-	-	-	2	-	-	-	-	-	-	-	-	-	9
M. roeseana	F-?	?	?	T	-	2	-	-	-	-	-	-	-	-	-	-	-	-	-	-	2	-	-	-
M. varians	F-ind	Alka	ind	P	-	-	1	-	-	-	-	6	92	63	25	1	2	3	4	-	-	-	-	1
M. spp.	F-?	?	?	P	3	2	-	-	-	1	4	-	1	-	3	-	-	2	6	-	11	-	-	3
Meridion circulae	F-ind	Alka	Rhe	B	-	-	-	-	-	-	-	-	-	1	1	-	-	-	-	-	-	-	-	-
Navicula americana	F-ind	ind	Lim	B	1	1	-	-	-	-	1	-	2	1	-	-	-	-	1	-	1	-	-	-
N. cryptocephala	F-ind	Alka	ind	B	-	-	-	-	-	-	-	-	-	1	-	-	-	1	-	-	-	-	-	-
N. cuspidata	F-ind	Alka	ind	B	-	1	-	-	-	-	1	-	-	-	-	1	-	-	1	4	-	1	-	-
N. elginensis	F-ind	Alka	Rhe	B	2	2	2	8	20	-	2	1	-	2	-	-	-	-	-	-	-	-	-	-
N. gastrum	F-ind	ind	Lim	B	-	-	-	-	-	-	-	-	-	-	-	-	-	1	3	-	-	-	-	-
N. goeppertiana	F-?	?	?	B	-	-	-	-	-	-	-	-	-	-	1	-	-	-	-	-	-	-	-	-
N. mutica	F-ind	ind	ind	T	-	-	-	1	-	1	-	-	-	-	2	-	-	-	-	-	-	-	-	-
N. pupula	F-ind	Alka	ind	B	-	-	-	1	-	-	1	-	1	-	-	-	-	-	1	1	-	-	-	1
N. pusio	F-ind	ind	ind	B	-	-	-	-	-	-	-	-	-	-	-	-	-	-	-	2	1	-	-	-
N. radiosa	F-ind	ind	ind	B	-	-	-	-	-	-	-	-	3	8	1	3	-	-	4	6	-	-	-	-
N. tokyoensis	F-?	?	?	B	-	-	7	-	-	-	-	-	-	-	-	-	-	-	-	-	3	-	-	-
N. viridula	F-ind	Alka	Rhe	B	-	1	-	-	-	-	-	-	-	-	1	-	-	-	-	-	-	-	-	-
N. spp.	F-?	?	?	B	-	-	-	-	-	-	1	-	-	-	-	-	-	-	-	-	-	-	-	-
Neidium affinis	F-ind	ind	Lim	B	-	-	-	-	-	-	-	-	-	-	-	-	-	-	-	-	3	-	-	-
N. iridis	F-pho	ind	Lim	B	1	9	15	6	-	1	4	1	6	4	1	-	1	8	7	7	8	-	-	3
N. spp.	F-?	?	?	B	-	1	-	-	-	-	-	-	-	-	-	-	-	-	-	-	-	-	-	-
Nitzschia amphibia	F-ind	Alka	ind	B	-	-	-	-	-	-	-	-	-	-	-	-	-	-	-	-	-	-	-	-
N. palea	F-ind	ind	ind	P	1	-	-	-	-	-	-	-	-	-	-	-	-	-	-	1	-	-	-	-
N. parvula	F-ind	ind	ind	B	-	-	-	-	-	-	-	-	-	-	-	-	-	-	-	-	1	-	-	-
N. tryblionella	F-phi	ind	ind	B	1	-	-	-	-	-	-	-	-	-	-	-	-	-	-	2	1	-	-	-

15a層～15d層：弥生時代中期中葉中段階

　分析の結果、検出された珪藻化石は、136分類群35属113種1亜種に及び、Ⅰ帯からⅨ帯までの珪藻分帯が設定されている。珪藻は、表5のように、大きく、海水種、海－汽水種、汽水種、淡水種、の四つに分けられ、河川跡堆積土では、海水種、海－汽水種、汽水種のほとんどがⅢ帯：15a′層に含まれ、Ⅳ帯：15層・12b′層およびそれより上位帯では、Ⅵ帯：6層～9層に汽水種が1点検出されているだけである。Ⅲ帯は弥生時代中期中葉の層準で、その15a′層の層相は黒色粘土あるいは黒色粘土質泥炭ある。この調査区は、当時の海岸線から約3.0km離れているので、15a′層の堆積には海水の遡上が関わっており、要因としては、沓形遺跡で確認された同時期の津波と考えられる。なお、沓形遺跡における珪藻分析では、津波堆積物：砂層には海生珪藻は含まれていない。

2）地割れ跡

　Ⅷ・Ⅸ区の自然流路跡の調査において、図73・図74のように、流路北側斜面で、流路の方向に沿ってやや蛇行しながら延びる細い溝状の痕跡が検出されていた。この痕跡は、断面図（図75）をみると、上端で幅10cm前後、深さ50～100cm、下端へ向かってやや弧状をなしながら細くなっていく。

表5-3 中在家南遺跡の珪藻分析その3（古環境研究所 1998）

分類群	適応性 塩分	pH	流水	生活	1	2	3	4	5	6	7	8	9	10	11	12	13	14	15	16	17	18	19	20
Nitzschia spp.	F-?	?	?	P/B	2	1	10	-	3	-	1	-	2	-	1	1	-	1	-	3	1	-	-	-
Pinnularia acrosphaeria	F-ind	ind	Lim	B	8	1	1	-	-	-	-	-	-	2	-	1	-	-	-	1	-	-	-	-
P. borealis	F-ind	ind	ind	T	-	-	-	-	-	-	3	-	-	-	-	-	-	-	1	2	1	-	-	-
P. braunii	F-pho	Acid	Lim	B	-	-	-	-	-	-	-	-	1	-	-	-	-	-	-	-	-	-	-	-
P. brandelii	F-?	?	?	B	-	-	3	-	-	-	-	-	-	-	-	-	-	-	-	-	-	-	-	-
P. cardinaliculus	F-?	?	?	B	-	5	-	1	3	2	5	-	-	-	-	-	-	-	-	-	-	-	-	-
P. dactylus	F-ind	?	?	B	-	-	-	40	-	-	-	-	-	4	3	1	-	-	-	-	-	-	-	-
P. divergens	F-pho	Acid	?	B	-	-	-	3	-	-	-	-	-	-	-	6	1	-	-	1	3	-	-	-
P. gibba	F-ind	Acid	ind	B	5	-	1	11	-	-	1	-	6	1	1	3	3	-	2	3	2	-	-	2
P. hemiptera	F-pho	ind	Lim	B	-	2	1	5	1	-	2	-	-	1	1	-	-	-	-	1	-	-	-	-
P. interrupta	F-?	Acid	?	B	-	-	-	-	-	-	-	-	1	-	-	-	-	-	-	1	1	-	-	-
P. macilenta	F-?	?	?	B	-	-	-	-	5	-	-	-	-	-	-	-	-	-	-	-	-	-	-	-
P. maior	F-ind	Acid	Lim	B	-	-	29	14	20	3	1	3	6	3	2	3	2	2	8	4	2	-	-	-
P. microstauron	F-ind	Acid	ind	B	3	-	8	1	-	-	-	-	-	-	2	-	1	-	-	1	-	-	-	-
P. stomatophora	F-ind	Acid	Lim	B	2	-	3	1	-	-	-	-	-	-	-	-	-	-	-	-	-	-	-	-
P. subcapitata	F-ind	ind	ind	B	-	-	-	-	-	-	-	-	-	2	-	-	-	-	-	1	1	-	-	-
P. sudetica	F-?	?	?	B	-	-	-	-	-	-	-	-	-	-	-	-	-	-	-	-	-	-	-	-
P. viridis	F-ind	ind	ind	B	53	31	29	37	5	1	1	3	13	4	4	3	2	3	7	10	11	-	-	-
P. spp.	F-?	?	?	B	26	29	12	26	37	11	40	4	15	3	4	5	-	4	5	7	10	-	-	4
Rhopalodia gibba	F-ind	Alka	ind	B	-	2	2	-	-	-	-	1	8	2	-	6	34	37	26	13	9	-	-	2
R. gibberula	F-phi	Alka	ind	B	5	1	2	-	4	2	14	-	-	3	-	1	-	-	4	5	9	-	-	-
R. spp	F-phi	?	?	B	1	-	-	-	-	-	-	-	-	-	-	-	-	-	-	-	-	-	-	-
Stauroneis acuta	F-ind	Alka	ind	B	-	1	-	-	-	-	-	-	-	-	-	-	-	-	-	-	-	-	-	-
S. phoenicenteron	F-ind	ind	ind	B	8	3	7	12	-	-	1	-	11	-	-	3	2	7	3	1	5	6	-	-
S. spp.	F-?	?	?	B	-	-	1	-	-	-	2	-	4	-	-	1	-	-	-	-	-	-	-	1
Surirella angusta	F-ind	Alka	Rhe	B	-	-	-	-	-	-	-	-	-	-	-	-	-	-	-	-	1	-	-	-
S. elegans	F-ind	Alka	Lim	P	-	-	-	1	-	-	-	-	-	-	-	-	-	-	-	-	-	-	-	-
S. ovata	F-ind	Alka	Rhe	B	8	-	-	-	-	-	-	-	-	-	-	-	-	-	-	-	-	-	-	-
S. robusta	F-pho	ind	Lim	B	-	-	-	-	-	-	-	-	-	-	-	2	-	-	-	2	-	-	-	-
S. tenera	F-ind	Alka	Lim	P	-	-	4	-	-	-	1	1	2	6	7	-	-	2	5	5	-	-	-	-
S. spp.	F-?	?	?	P/B	10	-	-	-	-	-	4	-	-	-	-	-	-	-	1	-	2	-	-	-
Synedra rumpens	F-ind	ind	ind	P	-	-	-	-	-	-	-	-	-	-	-	-	-	-	16	-	-	-	-	-
S. ulna	F-ind	Alka	ind	P	-	-	-	-	-	-	1	1	10	18	32	23	9	9	4	-	-	-	-	2
S. vaucheriae	F-ind	Alka	ind	P	-	-	-	-	-	-	-	-	3	2	3	2	-	-	-	-	-	-	-	-
S. spp.	F-?	?	?	P	-	-	-	-	-	-	-	-	1	-	-	-	-	2	11	-	-	-	-	-
Tabellaria fenestrata	F-pho	Acid	Lim	P	-	-	-	-	-	-	-	-	-	-	-	1	-	-	-	-	-	-	-	-
海水種					0	0	0	0	0	0	0	0	0	0	0	0	0	0	0	12	23	9	1	6
海-汽水種					0	0	0	0	0	0	0	0	0	0	0	0	0	0	0	4	6	2	0	0
汽水種					0	0	0	0	0	0	0	0	0	0	0	0	0	0	0	1	1	0	0	0
淡水種					204	203	204	204	211	105	208	56	210	238	212	214	225	210	205	177	189	20	9	204
計数した殻数					204	203	204	204	211	105	208	56	211	238	212	214	225	210	222	207	201	21	10	210

凡例 （適応性）

塩分濃度
- M ：海水種
- M-B ：海-汽水種
- B ：汽水種
- F-phi ：淡水-好塩種
- F-ind ：淡水-不定種
- F-pho ：淡水-嫌塩種
- F-? ：淡水-不明種

pH
- Acid ：酸性種
- ind ：不定種
- Alka ：アルカリ種
- ? ：不明種

流水
- Lim ：止水種
- ind ：不定種
- Rhe ：流水種
- ? ：不明種

生活型
- P ：浮遊生種
- B ：底生種
- P/B ：浮遊生／底生種
- T ：陸生種
- ? ：不明種

　堆積土は15層と類似しており、両側の16層がブロック状に混入している。これらは、前述の荒井広瀬遺跡で確認された地割れ跡が、方向性が河道跡に沿っていること、幅0.05～0.2m、深さ0.6～0.8mとほぼ同じ規模であること、堆積土の特徴も類似することから、同様の要因で生じた地割れ跡と考えられる。その時期については、地割れ跡の検出面をⅧ区の断面図でみると、15a′層下面（16層上面）、15a層下面（15a′層上面）、15a層下面（15a″層上面）で、Ⅸ区とはやや異なる15層の細分層があり、それらが類似しており、そのまま対応はできないため、15b層形成以後、15a層形成期以前と考えられる。

　これらのことから、中在家南遺跡では、弥生時代中期中葉中段階の中在家南式期において、河川跡15a層～15b層の時期に、地震による地割れの形成と、地震に伴う津波の遡上による海生～汽水性の珪藻化石の堆積があったと考えられる。これは、荒井広瀬遺跡で検出された地割れ跡と津波堆積物と対応すると考えられる。

図73　中在家南遺跡第1次調査Ⅷ区地割れ跡（仙台市教育委員会 1996）

図74　中在家南遺跡第1次調査Ⅸ区地割れ跡断面（仙台市教育委員会 1996）

（3）第6次調査の津波痕跡

　2013年（平成25）4月～11月に、北区・南区で692㎡の調査が行われ、2015年（平成27）に報告書が刊行された（仙台市教育委員会 2015a）。調査区は、現海岸線から5.3kmの位置にある。自然流路跡1条が検出された。この流路跡は、第1次調査で検出された自然流路跡と同一で、その上流側に相当する。流路跡の堆積土の層序は、1層から17層まで認められる。第1次調査の15a層～15d層と同様、弥生時代中期中葉の堆積土が検出され、13層から15層が相当する。これらの層からは、土器、石器、木製品等、多くの人工遺物とともに、自然遺物が出土している（図76）。

　この調査では、地割れ跡は認められなかったが、15層の上面に津波堆積物と考えられる砂層（中

第 3 章 弥生時代中期の津波災害 103

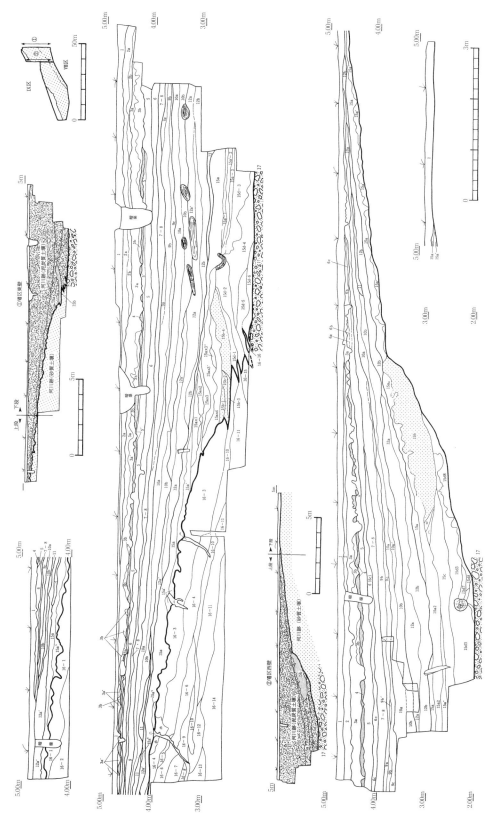

図75 中在家南遺跡第1次調査Ⅷ区東壁・西壁断面図（仙台市教育委員会 1996）

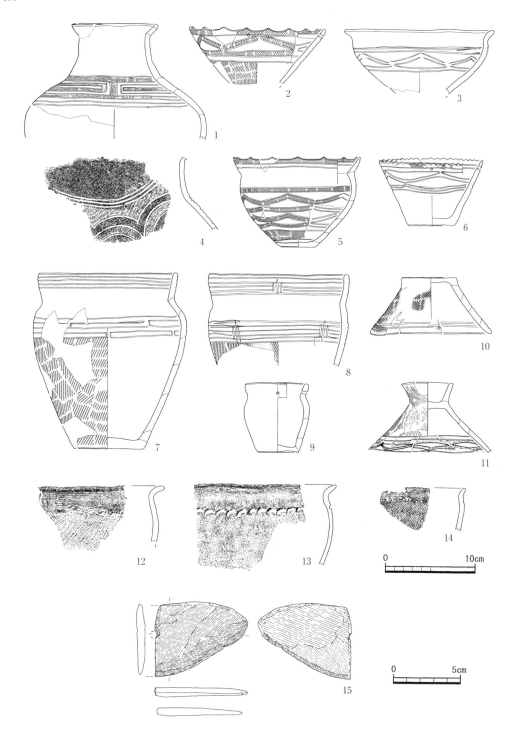

1～14：弥生土器（1・4：壺、2・3：高坏、5・6：鉢、7～9：深鉢、10・11：蓋、12～14：甕）　15：石器（石庖丁）

図76　中在家南遺跡第6次調査出土遺物（仙台市教育委員会 2015a）

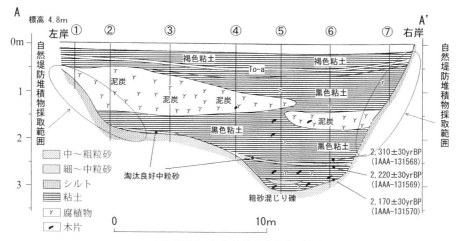

河川跡断面と放射性炭素年代測定結果

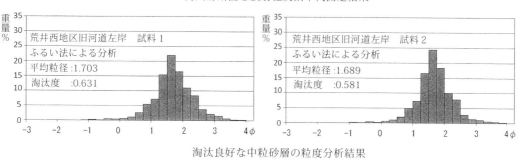

淘汰良好な中粒砂層の粒度分析結果

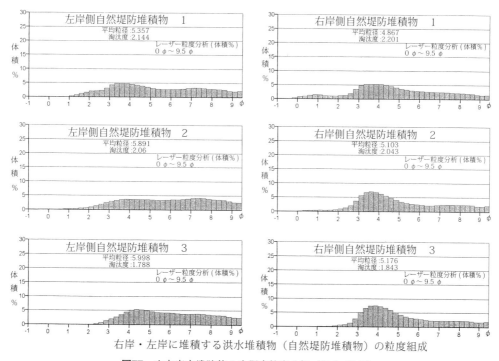

右岸・左岸に堆積する洪水堆積物（自然堤防堆積物）の粒度組成

図77 中在家南遺跡第6次調査粒度分析（松本 2015）

粒砂）が部分的に認められている。

　流路跡堆積土には、図77のように二つの砂層があり、松本（2015）が粒度分析を行っている。発掘調査の層序との対応関係は示されていないが、上層の「淘汰良好中粒砂」が15層上面の砂層に対応すると考えられる。この層の粒度分析が二つの試料で行われ、試料1は平均粒径1.703、淘汰度0.631、試料2は平均粒径1.689、淘汰度0.581で、仙台平野の海浜堆積物と同様であることから、津波等により海側から陸側へ河川跡に沿って運搬されて漂着した堆積物と判断されている。時期は、放射性炭素年代測定値が、砂層直上で2310±30yrBP（IAAA-131568）、砂層直下で2220±30yrBP（IAAA-131569）、砂層のより下層で2170±30yrBP（IAAA-131570）と、下層ほど年代は新しくなるが、弥生時代の層準とするのに矛盾はない。

（4）中在家南遺跡における震災痕跡

　蛇行して流れる自然流路跡の調査が行われたなかで、第1次調査Ⅷ・Ⅸ区（現海岸線から5.0km地点）で弥生時代中期中葉における地割れ跡と海生珪藻の存在が確認され、第6次調査（現海岸線から5.3km地点）で地点的な砂質の津波堆積物が認められた。

　これらは、地震痕跡としての地割れ跡が荒井広瀬遺跡だけではなく、複数地点で確認されたこと、津波の遡上が砂質堆積物の面的な分布域の陸側にも及んでおり、沓形遺跡第3次調査で推定された遡上距離の妥当性を示している。このうち、自然流路跡における津波堆積物の分布には、海に近い第1次調査Ⅷ・Ⅸ区では認められず、それより陸側の第6次調査で見つかっていることには留意すべきであろう。そして、この砂層の粒度組成（図77）は、津波堆積物が面的な分布を示す沓形遺跡（図59：松本・吉田 2010）と比べると、粒径の分布が広く、粗粒や細粒の粒子を含むこと、淘汰度がやや低いことがあり、より陸側における地点的分布の特徴を示している可能性がある。

5．富沢遺跡の調査

（1）遺跡の概要

　遺跡は、仙台市太白区長町南他に所在する（図58-19）。現地形において、海岸線から9～10km、扇状地性の微高地に形成された後背湿地に主に立地しており、標高は9～16m、面積は約90ヘクタールである（図78）。発掘調査は、1982年の遺跡発見以降、継続的に約150カ所で行われ、弥生時代から近世にかけて17時期以上の水田跡が検出されている。弥生時代の水田跡は、中期前葉以前から後期まで8時期の変遷がある（斎野 1999）。

（2）第15次調査報告の再検討

　対象となるのは中期中葉の水田跡（仙台市教育委員会 1987）で、水田域は大きく二つに分かれており（図79）、そのうち1985年の東部地区第15次調査Ⅴ区11a層水田跡において、水田土壌に他とは異なる三つの特徴が観察されていた。

　Ⅴ区では、図80のように、大畦を6条（大畦3～8）と、杭列を2列（杭列1・2）検出した。

図78　富沢遺跡遠景（仙台市教育委員会）

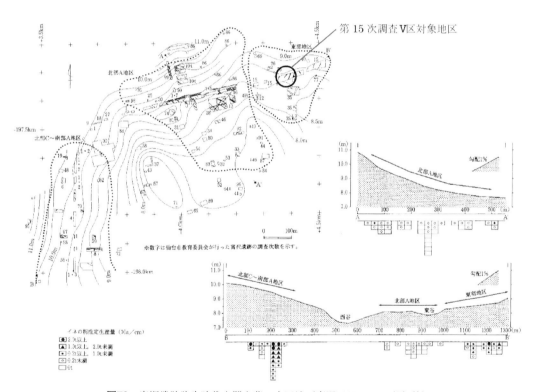

図79　富沢遺跡弥生時代中期中葉の水田域（斎野 2005b に一部加筆）

　三つの特徴、谷状の地形面、杭列と大畦、水田面の凹凸は、報告書によると以下の通りである。
1）谷状の地形面
　「水田面の標高は8.50～8.86mで、北東方向に高くD-14グリット付近が最も低い。等高線をみるとD-14bグリットからB-15dグリットにかけて大畦7の西側に谷状の地形がみられる。Ⅴ区西半部の20地点のボーリング調査の結果では、北北東方向に伸びるこの谷状の地形はほぼ同じ位置で砂礫層上面においてもみられる」。

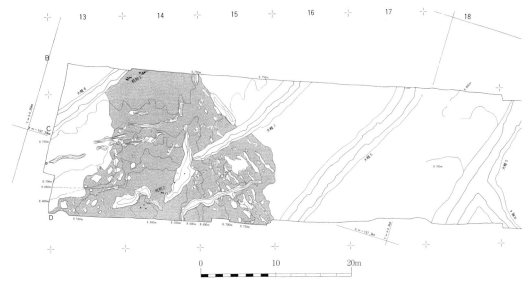

図80　富沢遺跡第15次調査Ⅴ区11a層水田跡平面図（仙台市教育委員会 1987）

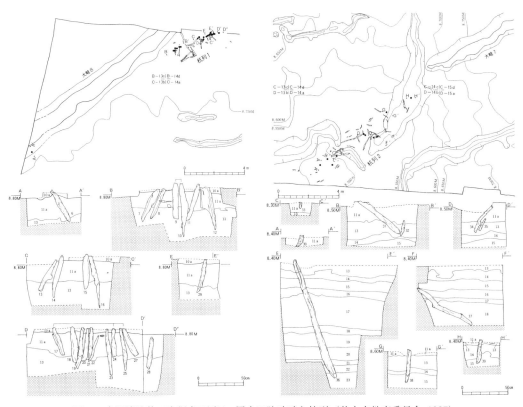

図81　富沢遺跡第15次調査Ⅴ区11a層水田跡畦畔と杭列（仙台市教育委員会 1987）

図82　富沢遺跡第15次調査Ⅴ区11a層水田跡（東から撮影：仙台市教育委員会 1987）

図83　富沢遺跡第15次調査Ⅴ区11a層水田跡（北から撮影：仙台市教育委員会 1987）

2）杭列と大畦

　杭列・大畦と谷状の地形面との関係は、杭列1が大畦8の南東側に3.3mにわたって直線的にみられ、杭列2が大畦7を南西に延長した最も標高の低い位置にほぼ同じ方向性で7.45mにわたって直線的にみられる（図81）。大畦7は、北東から南西へ、少しずつ幅が狭くなり、高さも低くなっている。杭列1の杭上端の標高は8.87～8.93mで、本来の標高差を示すのかはわからないが、検出時には水田面からは4～10cm高く、上端同士が接合する資料が2例ある。杭列2の杭上端の残存

図84 富沢遺跡第15次調査Ⅴ区11a層水田跡水田面の凹部検出状況（仙台市教育委員会 1987）

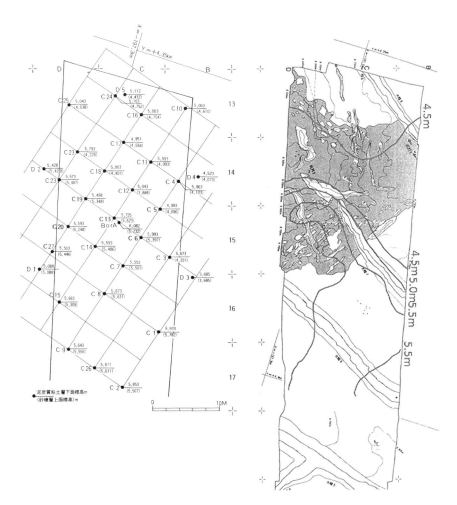

図85 富沢遺跡第15次調査調査Ⅴ区礫層上面の標高と地形面の推定
（右図：礫層上面の等高線を11a層水田跡に投影：仙台市教育委員会 1987に加筆）

標高は8.3〜8.6mで、北東方向に高く、南西方向に低く、地形面の標高差を反映している。
3）水田面の凹凸
　「B〜D-13〜15グリットでは、11a層の最上部に植物遺体を多く含む部分が図80にスクリーントーンで示した範囲で確認されている。この範囲内においては、11a層は等高線に沿った長軸をもつ楕円形及び長楕円形の範囲で残存している」。図82・図83のように、11a層上面では、等高線に平行するように、11a層と黒色の泥炭質粘土層が同心円状の縞状の分布として確認された。断面をみると、11a層の凹部に黒色の泥炭質粘土層が堆積し、凹部の底面や側面には細かな凹凸があり、それをすべて掘り上げるのはむずかしい状況であった（図84）。

（3）水田土壌11a層の変形
　1987年刊行の報告書では谷状の地形面の形成要因は不明とされ、その後も富沢遺跡で同様の調査事例はなかったことから、長らく検討は行われてこなかった。しかし、近年、ジオアーケオロジーがもたらした視点（ウォーターズ 1992：松田他訳）からすると、その要因には自然の営力による変形（塑性変形、脆性破壊、圧密、沈下）を考慮する必要があるため、上述の項目ごとに検討した。
1）谷状の地形面
　この水田跡は、構造として勾配1％以下の低平な地形面を選地しており、通常、大畦間の大区画でも水田面の標高差は小さい。しかし、V区では周囲と20〜30cmほどの高低差が生じており、こうした地点的な谷状の地形面の形成は、本来、存在していなかったのであり、沈下による変形を示している。それに関して注目されるのは、11a層から3.0〜4.5mほど下層にある礫層上面のほぼ同じ位置に谷状の凹地が推定されること（図85）と、11a層より上層で検出された水田跡には谷状の地形面が認められないことである。
2）杭列と大畦
　杭列1は大畦8に伴っていることから、杭列2も同様で、その位置には、本来、大畦7の高まりが存在していたと考えられる。水田の構造からすると、大畦8と大畦7の上端は地形面の勾配を考慮して平坦な大区画を作る畦畔であるためほぼ同じで、また杭列1と杭列2の杭上端の標高もほぼ同じだったと推定される。杭列2と周囲の標高差は20〜30cmであり、それは平坦な水田面と大畦があった状態から、杭列2が周囲の土壌ごと沈下して大畦の高さもなくなる変形が起こっていることを示している。
3）水田面の凹凸
　谷状の地形面における11a層上面の凹部は、図84のように人為的に掘られた遺構ではなく、自然の営力による層上部の変形と考えられる。そこに上層の10a層最下部の黒色の泥炭質粘土層が堆積している。この変形は、等高線と直交して標高の低い方向に力が働いたことによる破壊の可能性がある。

（4）変形とその要因
　これまでの検討から、11a層水田跡には、B〜D-13〜15グリットにおいて、他のグリットで認

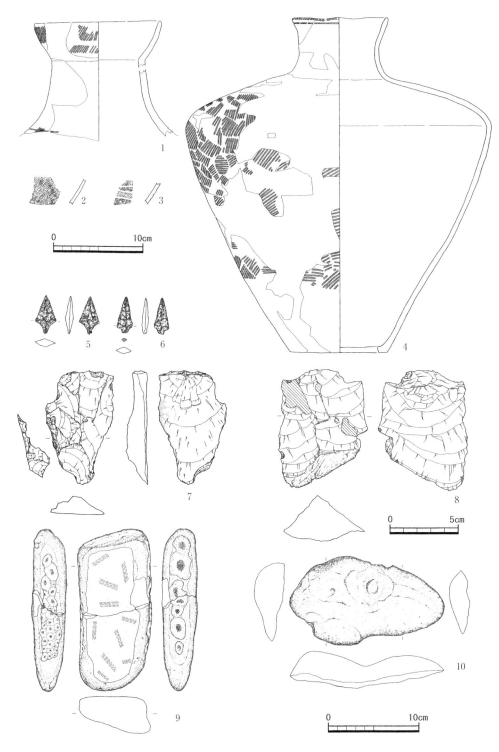

1〜4：弥生土器（1・4：壺、3：鉢）　5〜10：石器（5・6：石鏃、7：微細剥離痕のある剥片、8：石核、9：磨面と敲打痕のある石器、10：大型直縁刃石器）

図86　富沢遺跡第15次調査11a層水田跡出土遺物（仙台市教育委員会 1987）

められているような平坦な水田面とそれを区画する大畦が、沈下によってより標高の低い谷状の地形面となって大畦7の高まりがなくなり杭列2の標高も低くなる変形が生じている。この地形面は、水田跡の下方3.0～4.5mにある礫層上面の凹部を反映していると推定され、その形成に伴ってD-14グリットを中心に11a層上面に縞状の細長い凹部を同心円状に残したと考えられる。変形の時期は、11a層より上層に谷状の地形面が形成されていないことから、11a層水田が営まれていたときである。

このように、対象とした11a層水田跡は、水田土壌の変形によって水田としての形態・機能が失われており、水田跡は、復旧した痕跡がないことから、そのまま廃絶している。この水田土壌に見られる変形は、礫層上面の谷状の凹部の形成による沈下にあると考えられ、地中でそうした物理的な作用が働く要因には地震が想定される。

（5）地震災害痕跡

対象とした水田が廃絶した時期は、出土遺物（図86）から、弥生時代中期中葉中段階である。この時期には、前述の沓形遺跡、荒井広瀬遺跡等の調査成果から、日本海溝周辺を震源とする地震があり、地割れ跡が複数遺跡で見つかり、それに伴って東日本大震災と同規模かそれ以上の津波が発生したと推定されている。富沢遺跡は、当時の海岸線から比較的遠く標高も高いことから津波被害はなかったが、検討した水田跡に見られる水田土壌の変形と水田の廃絶は、内陸の地震災害痕跡とすると整合する。

6．高田B遺跡の調査

（1）遺跡の概要

遺跡は、仙台市若林区日辺字高田、千刈田他に所在する（図58-16）。仙台平野中部の地帯ⅢAにあり、標高4.0mの主に自然堤防と旧河道に立地する。面積は約4.7ヘクタールである。現海岸線からの距離は4.2～4.6kmである。仙台市教育委員会による調査が1991～1993年（平成3～5）、宮城県教育委員会による第1次調査が1990年（平成2）、第2次・3次調査が1992～1993年に行われた。

高田B遺跡では、自然堤防と、蛇行する幅19～26.5mの自然流路跡において、縄文時代後期から近世にかけて、遺構あるいは遺物が検出されている。

（2）仙台市教育委員会による調査

この調査（現海岸線から4.3km）では、自然堤防の基本層Ⅵ層上面で、縄文時代後期中葉の竪穴住居跡1棟や弥生時代の円形周溝等が見つかっている。自然流路跡では、縄文時代後期中葉から古墳時代にかけての遺物包含層が形成されて、上層では平安・中世・近世の水田跡等が検出されており、下層では弥生時代中期中葉、古墳時代前期・中期の木製品や土器等が多量に出土している（仙台市教育委員会 2000b）。この調査区では、縄文時代後期から形成された遺物包含層が、弥生時代中期中葉中段階の中在家南式期にいったん形成されなくなり、古墳時代前期に再び営まれている。

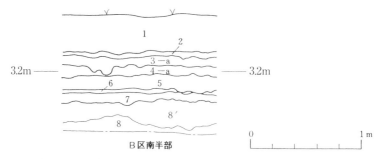

図87　高田B遺跡第2次・3次調査基本層序断面図（宮城県教育委員会　1994a）

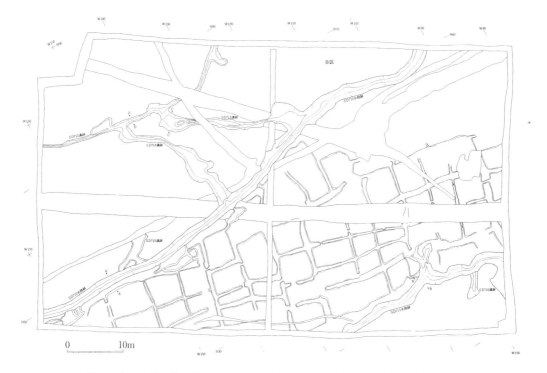

図88　高田B遺跡第2次・3次調査7層水田跡平面図（宮城県教育委員会　1994a）

（3）第2次・3次調査

　調査（現海岸線から4.5km）は自然堤防と自然流路跡で行われた。自然堤防では、弥生時代中期中葉中段階の土器棺墓、建物跡等が検出された。自然流路跡では、同時期の7層水田跡が検出された（図87、図88）。この水田跡は、基本層7層：灰色の粘土質シルトを水田耕作土としており、その直上に基本層6層：褐色の砂が堆積している。水田跡は復旧した痕跡はなく、6層の堆積によって廃絶している（宮城県教育委員会　1994a）。ここで留意しておきたいのは、7層水田跡の廃絶時期が、出土遺物（図89）から沓形遺跡と荒井南遺跡と同時期であり、いずれも砂層の堆積を要因としていることである。

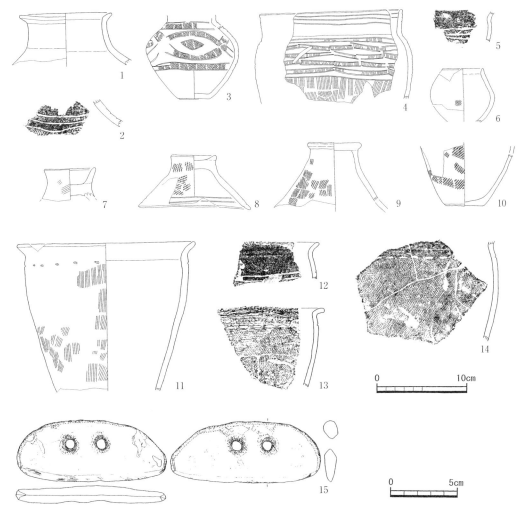

1～14：弥生土器（1～3・6：壺、4：深鉢、5：鉢、7～9：蓋、11～14：甕） 15：石器（石庖丁）

図89　高田B遺跡第2次・3次調査出土遺物（宮城県教育委員会 1994a）

(4) 再検討の結果

　7層水田跡を覆う基本層6層の粒度分析は行われていないが、この砂層は、沓形遺跡と荒井南遺跡の水田跡を廃絶させた津波堆積物：砂層と同じと推定される。その理由として、以下の2点を指摘できる。

　一つは、沓形遺跡や荒井南遺跡周辺に営まれていた集落が弥生時代中期中葉中段階に津波被害で廃絶しており、高田B遺跡およびその周辺に営まれていた集落でも同じように認められること（斎野 2008b）、もう一つは、津波堆積物：砂層の現海岸線からの到達距離は沓形遺跡が3.9～4.5km、荒井南遺跡が4.0～4.5kmであることから、現海岸線から4.5kmに位置する7層水田跡にも到達していることである。

第2節　平野南部の津波災害痕跡

　平野南部では、阿武隈川以南の山元町中筋遺跡で津波災害痕跡が見つかっている。

1．中筋遺跡の調査

（1）遺跡の概要
　遺跡は、宮城県亘理郡山元町鷲足字中筋に所在する（図90）。仙台平野南部において平野に面する標高7～10mの低位段丘に立地する。現海岸線からの距離は3.9kmである。2007・2008年度（平成19・20）の分布調査で発見された遺跡で、山元町教育委員会が、2011年（平成23）3月から2012年（平成24）8月まで断続的に確認調査を行い、2012年（平成24）8月～12月に本調査を行った。その結果、縄文時代晩期から古墳時代の遺構・遺物が検出された（山元町教育委員会 2015、山田 2015）。

（2）調査の概要
　A区・B区の本調査区と、確認調査32カ所（トレンチ）を合わせて、4,140㎡の調査を行った。A区では、縄文時代晩期後葉～末葉の遺物包含層、弥生時代中期中葉の水田跡等を検出、B区では、弥生時代中期～古墳時代前期以前の旧河道、古墳時代前期の土坑14基を検出している。このうち、A区の弥生時代の水田跡が、津波被害によって廃絶した被災遺構であることが明らかにされている。

（3）A区の基本層序と津波痕跡（図91）
　1層：表土・盛土
　2層：にぶい黄褐色砂（洪水砂層）
　3層：にぶい黄褐色シルト（自然堆積層）
　4A層：黒褐色シルト（層中位に部分的に火山灰層、古墳時代前期の遺物を含む）
　4B層：黒褐色シルト
　5A層：にぶい黄褐色砂（河川起源の土石流によって形成された層）
　5B層：灰黄褐色砂（津波堆積物、層厚1～8cm、薄く面的に分布する細砂）
　5C層：灰褐色砂（津波堆積物、層厚1～3cm、5B層直下に部分的に分布する細砂）
　6A層：黒褐色シルト（自然堆積層、調査区の一部にだけ分布）
　6B層：褐灰色・黒褐色シルト（弥生時代水田耕作土⇒6B層水田跡、層厚5～30cm、縄文時代、弥生時代の遺物を含む）
　6C層：黒褐色シルト（自然堆積層、調査区の一部にだけ分布）
　6D層：褐灰色・黒褐色シルト（縄文時代晩期・弥生時代の遺物を含む）
　6E層：暗褐色シルト（縄文時代晩期・弥生時代の遺物を含む）

図90　中筋遺跡遠景（山元町教育委員会 2015）

図91　中筋遺跡基本層序（山元町教育委員会 2015）

6F層：黒褐色シルト（自然堆積層、調査区の一部にだけ分布）

7層：にぶい黄褐色砂（洪水砂層、縄文時代晩期以前の遺物を含む）

8A層：褐灰色砂質シルト（自然堆積層、縄文時代晩期以前の遺物を含む）

8B層：黒褐色砂質シルト（自然堆積層、縄文時代晩期以前の遺物を含む）

9A層：にぶい黄褐色砂（洪水砂層、縄文時代晩期以前の遺物を含む）

9 B 層：灰褐色砂（洪水砂層、縄文時代晩期以前の遺物を含む）
　　10 A 層：灰褐色 or 灰黄褐色の砂質シルト（10A1層から10A4層に細分、縄文時代晩期以前の
　　　　　　遺物を含む）
　　10 B 層：暗褐色 or 灰黄褐色の砂質シルト（10B1層から10B3層に細分、縄文時代晩期以前の遺
　　　　　　物を含む）
　　10 C 層：黒褐色粘土質シルト（縄文時代晩期以前の遺物を含む）
　　10 D 層：暗褐色粘土質シルト（縄文時代晩期以前の遺物を含む）

（4）津波堆積物と弥生時代6B層水田跡

　6 B 層水田跡は、A区中央部において5B層中で、畦畔5条とそれによる水田区画を3区画確認した（図92）。一区画の面積はわからないが、平面形は方形を基調としており、畦畔①の長さは4.37m、畦畔②の長さは5.72mである。水田面の標高は6.98～7.15m、地形面の勾配は2.0～2.3ほどで、北西が高く南東が低く、水田形態は地形面の勾配に合わせて区画を作るIA類と推定される（斎野 2005b）。なお、6B層は、プラント・オパール分析でイネのプラント・オパールが600～1,800個/g検出されている。

　6 B 層水田跡は、5A層、5B層に覆われており、その後、復旧した痕跡がないことから、津波被害によって廃絶した被災遺構と考えられる。その水田面には、畦畔③の西側に接するようにSX1性格不明遺構が検出されている。この遺構は、大きさが長軸92cm以上、短軸98cmの不整形で、深さは10cm、断面形は皿状で底面には中央付近が窪み凹凸が多く、堆積土は基本層5A層、5B層、5C層起源の砂である。これらの特徴は、第2章第2節で示したように、津波の遡上に伴って「①畦畔際に形成された不整形の凹部」と類似している。

（5）時期と年代

　発掘調査では、6B層：耕作土中から弥生時代中期中葉の土器片17点が出土している。上層では、4B層から数は少ないが弥生時代後期の遺物が出土し、4A層から古墳時代前期の遺物が多く出土している。下層では、6D層、6E層から縄文時代晩期・弥生時代の遺物、8層、9層、10層から縄文時代晩期以前の遺物が出土している。調査区全体の遺物の出土傾向は、縄文晩期後葉から弥生時代中期中葉中段階までと、古墳時代前期の遺物出土数が多く、6B層水田跡の時期は弥生時代中期中葉中段階と考えられる（図93）。

　また、5A層、5B層、5C層の年代に関しては、直上層と直下層に含まれる腐植物を試料として放射性炭素年代測定が行われており、直上層では2020±30yrBP（IAAA-121488）、直下層では2070±30yrBP（IAAA-121489）という結果が得られている。

（6）基本層5A層、5B層、5C層の粒度分析

　松本・遠藤（2015）による分析では、平均粒径2.62φ、淘汰度は0.60であった。この数値に関しては、供給された要因に、①土石流、②土石流堆積物からの洗い出し、③河川洪水、④風による砂

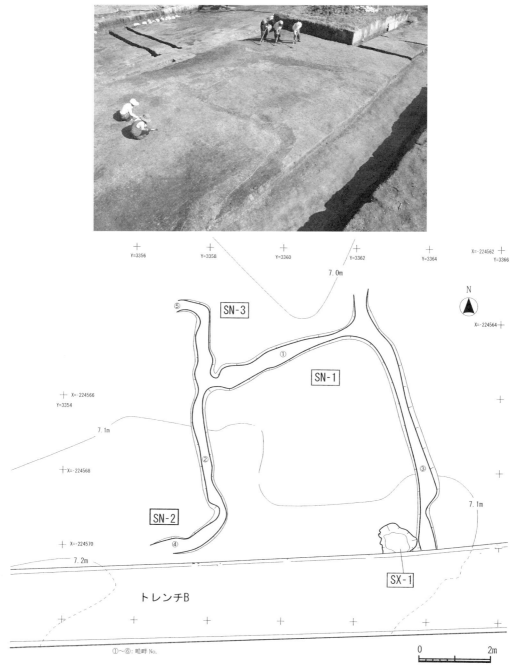

図92 中筋遺跡6B層水田跡確認状況・平面図(山元町教育委員会 2015)

丘の形成、⑤津波、があるなかで、仙台平野では、海浜の風成堆積物は平均粒径2.5～1.0φ、淘汰度0.4～0.7、汀線の堆積物は平均粒径2.5～-0.5φ、淘汰度0.4～1.5、河床や洪水堆積物の平均粒径はさまざまで淘汰度は0.7を大きく超えることが多いことから(松本 1977)、淘汰良好な細粒堆積物を供給する現象として考えうるのは、⑤津波としている。

そのうえで、これらの砂層を津波堆積物と判定するには、さらに広範囲での調査や放射性炭素年

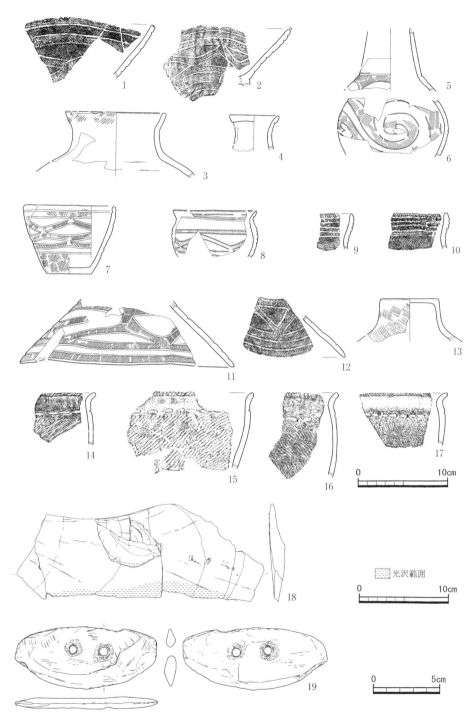

1〜17：弥生土器（1・2：高坏、3〜6：壺、7・8：鉢、9・10：深鉢、11〜13：蓋、14〜17：甕）　18・19：石器（18：板状石器、19：石庖丁）

図93　中筋遺跡基本層6B層出土遺物（山元町教育委員会 2015）

代測定の実施を要するとしているが、年代値から、沓形遺跡で見出された津波堆積物に対比される可能性が高く、中筋遺跡においても約2000年前に大津波が来襲した可能性を指摘している。

(7) 津波の遡上距離について

弥生時代中期の海岸線は、第Ⅱ浜堤列の海側にあったと推定されており、中筋遺跡周辺では、現海岸線より1.6km陸側に位置する。中筋遺跡はそこから2.3km陸側にあり、津波堆積物5A層、5B層、5C層の分布が調査区中央部付近より西側には分布しないことから、この付近が津波堆積物の到達限界だったと考えられている。

図94 中筋遺跡と沓形遺跡等との位置関係
（山元町教育委員会 2015を一部改変）

中筋遺跡の西方への津波の遡上は不明であるが、周辺の調査で明らかにしていく必要がある。

図94のように、弥生時代中期中葉の仙台平野に起こった津波災害は、中部の沓形遺跡とその周辺だけではなく、南部の中筋遺跡でも考えられるのは、その震災の規模を広域的な証拠から明らかにしていくことにつながる。

2. 周辺遺跡の調査

中筋遺跡周辺では、弥生時代の調査事例は少なく、津波災害があった中期中葉の遺跡は他に知られていない。平野に面する中筋遺跡では、その後、中期後葉から後期の遺構は検出されておらず、後期の土器がわずかに出土するが、古墳時代前期になると土坑等、遺構が数多く検出され、土器も多く出土するようになる。周辺の遺跡では、中期後葉から後期にかけて遺構は検出されていないが、遺跡の分布を見ると、平野に面する遺跡（北経塚遺跡）と、平野からやや離れた丘陵に立地する遺跡（館の内遺跡）がみられる。古墳時代前期には、遺跡は平野に面する立地を示すようになり（石垣遺跡、的場遺跡）、竪穴住居が検出されるようになる（図95）。

この地域では、調査事例が少なく、平野における遺跡の動向がわからないため、津波災害を前後する集落動態の把握はむずかしいが、丘陵部では、中期後葉〜後期にやや内陸への遺跡分布がみられ、古墳時代前期になると平野に面する遺跡が増加する傾向がうかがえる。

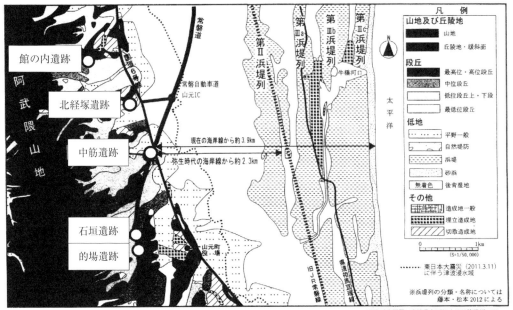

図95　中筋遺跡の立地と周辺遺跡（山元町教育委員会 2015に一部加筆）

第3節　集落動態と津波災害の実態

　沓形遺跡の第1次調査以降、仙台平野で行われたこの時期の調査事例から、津波堆積物の識別、年代・時期の推定、地形・海岸線の復元がなされて、当初の推定の妥当性が確認されてきている。ここでは、津波の規模の推定、津波の波源の推定を行い、津波を前後する集落動態から、社会の変化を考えていく。

1．津波の規模と波源の推定

　仙台平野の弥生時代中期中葉中段階（中在家南式期）における地震に伴う津波の規模と波源は、第2章第2節の「調査研究方法」にもとづいて、以下のように考えられる。

（1）津波の規模の推定

　津波の規模は、遡上高や浸水深、遡上距離等を数値化して示されるが、過去の津波規模を数値化する痕跡として有効なのは、これまで対象とされてきたように、同じ単位沿岸域における津波堆積物にもとづく推定である。

　仙台平野では、2011年の東日本大震災の津波の堆積物には砂質堆積物と泥質堆積物があることが

図96　沓形遺跡周辺における地震・津波痕跡（写真：仙台市教育委員会、北東から撮影）

　自然科学分野の野外調査で明らかにされ（松本 2011、後藤・箕浦 2012）、弥生時代の津波災害痕跡に関して、二つの点で、それまでの研究を進展させた。一つは、遡上距離2.5km以上の場合、海側60％に砂質堆積物が面的に分布し、その陸側に泥質堆積物が分布すること、もう一つは、砂質堆積物の分布から遡上距離の推定が可能となったことである。

　弥生時代の砂質堆積物の面的な分布は、平野中部において、沓形遺跡第1～5次、荒井広瀬遺跡、荒井南遺跡第1～2次等、複数回の発掘調査によって確認・検証されてきた経緯がある。地形学の地点的なボーリング調査に加えて、考古学の面的は発掘調査が、より正確な成果を生んでいる。なかでも、荒井南遺跡第1次調査では、17ヘクタールの遺跡範囲において、海側の東側半分に津波堆積物：砂層が平面的に分布の西限が確認されている。

　これらの調査から、平野中部では、弥生時代の砂質堆積物の分布は、現在の海岸線から4.5km、当時の海岸線から2.5kmであることが知られる。弥生時代の津波遡上距離は、約4.2kmであり、海岸線から2.5～4.2kmには泥質堆積物が分布すると推定される。そのため、当時、海岸線から3.1～3.7kmに位置していた中在家南遺跡には、面的な砂質堆積物の分布はなく、泥質堆積物とともに海生珪藻等が運ばれてきた（図96）。

　また、平野南部では、当時の海岸線から2.5kmに位置する中筋遺跡で、津波堆積物：砂層に覆われた水田跡が検出されている。遺跡範囲において、陸側の西側半分に津波堆積物：砂層は分布しておらず、西限が確認される。この砂質堆積物の到達距離は、平野中部と同じであり、仙台平野には、ほぼ同じ規模の津波が遡上したと推定される。

（2）津波の波源の推定

　津波の波源はさまざまであるが、過去の津波の波源を示すのは、列島周辺の海域を震源とする地震に伴う痕跡である。それには、地滑り跡、地割れ跡、液状化跡等があり、津波による被災遺構と

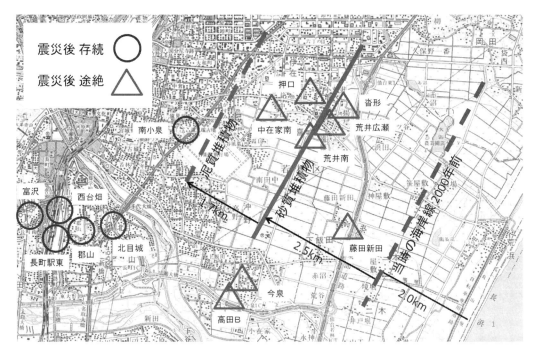

図97　仙台平野中部名取川左岸における震災前後の遺跡の継続性（斎野 2008b）

の時期・年代の整合性が求められる。

　仙台平野では、2013年の荒井広瀬遺跡で弥生時代中期中葉の溝跡の底面で地割れ跡が検出され、溝跡は、その直後に、沓形遺跡、荒井南遺跡で確認されていた津波堆積物：砂層によって埋まった被災遺構と判明した。また、中在家南遺跡でも、この時期の地割れ跡が複数存在していたことが確認され、富沢遺跡では、沈下による水田土壌の変形が認められ、時期が同じであることから、同じ地震が要因と推定される。

　これらの調査から、平野中部では、弥生時代の地震は列島周辺の海域で起こり、そこを波源とする近地津波が発生し、平野を遡上したと考えられる。

2．仙台平野の津波災害

　弥生時代の津波は、算定した遡上距離から、仙台平野の地形区分において、地帯ⅢA、地帯ⅢBを浸水域としたと推定される（図97）。ここでは、その時期を前後する集落動態を、縄文時代晩期後葉から古墳時代前期にかけて、南部を含めて、遺跡の分布と消長から考えてみたい。

（1）時期区分と遺跡の消長

　対象とする時期は、土器編年では、大洞A式土器の時期から塩釜式土器の時期までである。その時期区分は、縄文晩期は後葉～末葉（大洞A式～A′式期）、弥生時代は前期をⅠ期、中期前葉をⅡ期、中期中葉をⅢ期、中期後葉をⅣ期、後期をⅤ期に大別（斎野 2008a, b・2011）、中期中葉と後期はさ

第3章 弥生時代中期の津波災害 125

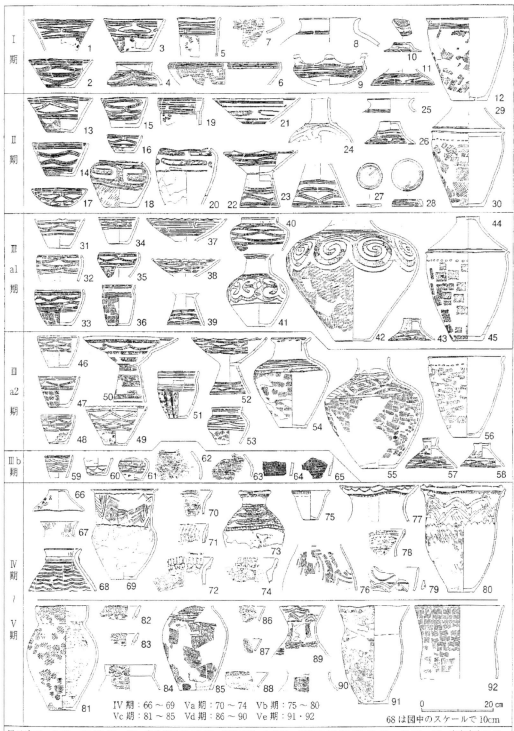

図98 名取川下流域の弥生土器の変遷（斎野 2008b）

表6　縄文時代晩期後葉～古墳時代前期の遺跡の消長（津波痕跡の時期はⅢa2期）

流域	地帯		縄文 晩後末	弥生 Ⅰ期	Ⅱ期	Ⅲa1期	Ⅲa2期	Ⅲb期	Ⅳ期	Ⅴa期	Ⅴb期	Ⅴc期	Ⅴd期	Ⅴe期	古墳 前期
七北田川下流域	地帯Ⅰ			+	+	○	+		+				○		○
	地帯ⅢA		+	+	+	+									◎
	地帯ⅢB		○	+	+	+	+	+	+	+	+	+	+	+	◎
名取川下流域	地帯Ⅰ			+	○		+				○	+		◎	○
	地帯Ⅱ	広瀬川左岸	○	+	+	○	◎	+	○	+	○	+			◎
		河間低地	○	○	○	○	◎	○	○	○	○	○	○	○	◎
		名取川右岸	+	○	◎	○	○				+	+	+	+	◎
	地帯ⅢA	名取川左岸	+	+	○	◎	○				+	+			◎
		名取川右岸				+	+					+			◎
	地帯ⅢB	名取川左岸		+		+	+								○

「＋」：遺物少量　　「○」：包含層遺物少量あるいは遺構少数　　「◎」包含層遺物多量あるいは遺構多数　　「晩後末」は晩期後葉末

らに細別し、後期は、Ⅴa期～Ⅴc期を広義の天王山式期、Ⅴd期・Ⅴe期をそれに後続する土器群の時期とした。それに古墳時代前期（塩釜式期）が後続する。ここでは、図98のように、弥生時代を以下のように時期区分し、表6に、流域ごとに各地帯に分けて遺跡の消長を示した（斎野 2012a）。なお、沓形遺跡で検出された津波痕跡の時期は、Ⅲa2期（弥生時代中期中葉中段階）である。

　Ⅰ期　：前期　砂沢式並行期（西日本では前期末葉）

　Ⅱ期　：中期前葉　寺下囲式並行期

　Ⅲa1期：中期中葉古段階　枡形式期

　Ⅲa2期：中期中葉中段階　中在家南式期

　Ⅲb期：中期中葉新段階　（元中田遺跡出土土器等）

　Ⅳ期　：中期後葉　十三塚式期

　Ⅴa期：後期初頭　（下ノ内浦遺跡出土土器等）

　Ⅴb期：後期前葉　天王山式期

　Ⅴc期：後期中葉　踏瀬大山式並行期

　Ⅴd期：後期後葉　（郷楽遺跡19号住居出土土器等）

　Ⅴe期：後期末葉　（八木山緑町遺跡出土土器等）

（2）北部：七北田川下流域

1）弥生Ⅲa1期（中期中葉古段階）以前の集落

　松島湾沿岸部や七ヶ浜半島では、縄文時代晩期中葉から小規模な貝塚の増加および分散化の傾向がみられ、製塩土器を多量に含む貝塚が多くなり、貝層を伴わない製塩遺跡が出現し、弥生Ⅲ期まで継続して営まれていたことが指摘されている（菅原 2005）。この傾向は、七北田川下流域でも同様に認められ、地帯ⅠAの沿岸域では晩期中葉の橋本囲貝塚や弥生Ⅲa1期の枡形囲貝塚で製塩土器が出土し、地帯ⅢBでは、埋没潟湖に面する沼向遺跡で、晩期中葉と弥生Ⅱ期に土器製塩が行われている。水田稲作に関しては、Ⅲa1期に枡形囲貝塚から籾圧痕のある土器が出土している（山内 1925）が、この遺跡の立地からは可耕地を見出しがたい。それらの周辺では、地帯ⅢAの自然

堤防に立地する市川橋遺跡、山王遺跡で、縄文時代晩期後葉以降、遺物の出土が認められている。

2）弥生Ⅲa2期（中期中葉中段階）の集落

　多賀城跡、市川橋遺跡、沼向遺跡で遺物の出土が確認される。集落は、住居跡の検出がないため明確でないが、居住域を地帯ⅠA、あるいは丘陵に近い地帯ⅢAの自然堤防に設定し、周辺の丘陵や後背湿地、潟湖や外洋を生産域とした活動が行われていたと推定される。潟湖北岸の後背湿地では、山王遺跡で古墳時代前期以前の水田跡が検出されており、弥生時代の可能性はあるが、遺物が出土しておらず、時期は明確でない。なお、石製農具である石庖丁は、七北田川下流域では多賀城跡や市川橋遺跡などで出土しているが、その数は、名取川下流域に比べると、きわめて少ない傾向がある。

3）弥生Ⅲb期（中期中葉新段階）以降の集落

　弥生Ⅲb期からⅤ期には、地帯Ⅰから地帯ⅢBにかけて、多賀城跡、燕沢遺跡、高崎遺跡、山王遺跡、沼向遺跡などで、地点的、継続的な遺物の出土がみられる。地帯Ⅲでは、居住域は検出されておらず、狩猟・漁撈などの生業活動における地点的な土地利用の痕跡を示している。居住域は、地帯ⅠAの郷楽遺跡でⅤ期の住居が1棟検出されている。また、七ヶ浜半島では、弥生Ⅲb期以降、崎山囲洞窟や清水洞窟などで、居住の痕跡が認められている。古墳時代前期になると、潟湖東岸の沼向遺跡、西岸の山王遺跡、市川橋遺跡で集落が形成されるようになる。潟湖東岸の沼向遺跡では、浜堤列沿岸に沿って居住域、やや海側に離れて墓域が検出されており、周辺に可耕地はなく、土錘の出土が多いことから、潟湖を主な生産域とし、漁撈を主たる生業とした集落の形成を示している。居住域では竪穴住居跡25棟、竪穴遺構29基など、墓域では方墳3基、円墳10基、方形周溝墓7基、土壙墓などが検出されている（仙台市教育委員会 2010a）。また、潟湖北岸の新田遺跡、山王遺跡では、東西2kmほどの細長い自然堤防周辺の後背湿地で広大な水田域が確認されており（多賀城市教育委員会 2006）、安定した食糧生産域を基盤とした集落の存在を示している。山王遺跡や多賀城跡（五万崎地区）では、方形周溝墓も検出されている。このように、古墳時代前期には、潟湖を取り巻くように、多様な生業の技術体系にもとづいた集落群の形成が認められている。

（3）中部：名取川下流域

1）弥生Ⅲa1期（中期中葉古段階）以前の集落

　地帯Ⅱでは、後期旧石器時代から、人類の活動の痕跡が認められ、縄文時代中期中葉以降は、継続して居住域が形成されている。地帯ⅢAでは、縄文時代後期中葉以降、居住域が形成される。なかでも、高田B遺跡では後期中葉の竪穴住居跡が1棟検出されており（仙台市教育委員会 2000b、図99）、今泉遺跡とともに、縄文後期中葉から継続的な遺物の出土がみられ、拠点的な集落の存在を示している。弥生時代には、Ⅰ期の遺跡は少なく、地点的であるが、Ⅱ期には地帯ⅠB、地帯Ⅱ、地帯ⅢAに遺跡の分布が広がり、Ⅲa1期からⅢa2期にかけて、水田稲作が生業の一技術体系として確立し、地帯ⅢBへも進出し、安定した生業基盤のもとで、複数の集落が形成されていた。

　沓形遺跡周辺の様相をみると、居住域が推定される押口遺跡では中期前葉の後半（Ⅱb期）から中期中葉中段階（Ⅲa2期）にかけての弥生土器が出土しており、この時期から集落が形成されていると考えられる。生産域が推定される沓形遺跡では、津波被害を受けたⅢa2期の6a1層水田跡に先

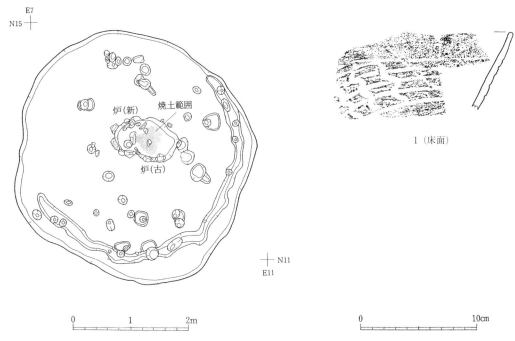

図99　高田B遺跡縄文時代後期の竪穴住居跡平面図（仙台市教育委員会 2000b）

行して6a2層水田跡が営まれている。6a2層水田跡は、第1次調査のⅠ区・Ⅲ区で検出されているが、大畦畔が1条検出されているだけで、水田の構造は不明で、6a2層の分布が約2,500㎡の範囲に確認される。出土遺物はないため、時期はⅢa2期以前であるが、本来の耕作土は、後続する6a1層水田跡の耕作に際して母材層となったために人工改変されており、それに伴う遺物も6a1層中に含まれていると考えられる。それを示すように、6a1層から出土した弥生土器は、押口遺跡と同様、Ⅱb期～Ⅲa2期の時期幅をもっている。また、中在家南遺跡や荒井南遺跡では、Ⅱb期～Ⅲa1期の弥生土器は出土しておらず、荒井地区に展開する弥生時代の遺跡群は、当初、自然堤防の北東部に居住域を設け、その東側に生産域として6a2層水田を開田することから集落を形成していったと推定される。

2）弥生Ⅲa2期（中期中葉中段階）の集落

　地帯Ⅱ、ⅢAでは、積極的に旧河道や後背湿地の開田が行われる。地帯Ⅱの西台畑遺跡、郡山遺跡などでは、隣接する遺跡群のなかに居住域、墓域、水田域が設定されるとともに、西方に位置する富沢遺跡の北部から北東部には、約20ヘクタールの水田域が営まれている。地帯ⅢAでは、沓形遺跡の水田域を集落の一部とする遺構群の展開は、西方の自然堤防に近接して立地する中在家南遺跡、押口遺跡などで遺物包含層が検出されたことから居住域の存在が推定され、中在家南遺跡では墓域も検出されている（仙台市教育委員会 1996）。これらは一つの集落を構成しており、この時期には、半径500mほどの範囲にある遺跡群が、集落の居住域、墓域を主に形成し、その内側・外側に複数の生産域の形成が判明している（斎野 2008b）。また、地帯ⅢAには、高田B遺跡・今泉遺跡を居住域・墓域とする集落の存在が明らかにされており（図100）、前述のように、高田B遺

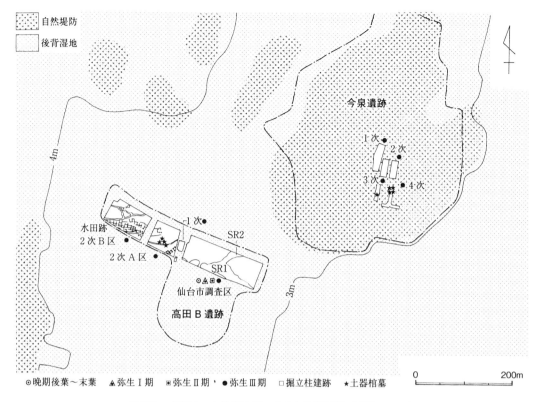

図100 高田B・今泉遺跡群の立地と検出遺構（斎野 2008b）

跡で検出された内側の水田域（7層水田跡）は、津波堆積物の可能性がある基本層6層の砂層（厚さ約4cm）に覆われていた（宮城県教育委員会 1994a）。こうした集落が地帯Ⅱ、ⅢAを中心として点在し、地帯ⅢBの一部にも及んでいたが、津波による被害を受けて、地帯ⅢA・ⅢBにあった集落は廃絶する。

3）弥生Ⅲb期（中期中葉新段階）以降の集落

津波直後には、杏形遺跡で広域に展開していた水田域が放棄されており、中在家南遺跡でもⅢb期の遺物は出土していない。この集落は、弥生時代になって新たに形成され、津波被害によって、そのまま廃絶しているが、高田B遺跡周辺では、集落の廃絶後も、Ⅲb期の遺物がきわめて少ないながら出土しており、縄文時代後期中葉から存続してきた拠点的集落に対して、他の集落とは異なる動きを示している。Ⅳ期からⅤ期にかけて、地帯ⅢA・ⅢBにはほとんど遺構・遺物が認められず、集落の形成は、地帯Ⅱを中心とし、後期に地帯Ⅰに及ぶが、古墳時代前期になると、地帯Ⅱ・ⅢA・ⅢBに、農耕集落が広く展開し、その多くの立地は、津波以前に、農耕集落が形成されていた遺跡と重なる傾向がある。

（4）南部：阿武隈川下流域とそれ以南

1）弥生Ⅲa1期（中期中葉古段階）以前の集落

南部のなかで、本書で紹介した中筋遺跡のある阿武隈川以南の地域では、弥生時代の遺跡は少な

く、Ⅲa1期以前の集落は検出されていない。丘陵縁辺に点在する12遺跡からは、20点の磨製石庖丁が採集されており、水田稲作が行われていたことが推定されるが、その時期については明確でない。しかし、津波痕跡が見つかっている中筋遺跡では、縄文時代晩期から弥生時代中期Ⅲa2期までの土器が出土しており、集落が存続していたことが知られる。

2）弥生Ⅲa2期（中期中葉中段階）の集落

　中筋遺跡の6層水田跡を営んでいた集落の存在がある。居住域や墓域、他の生産域等、集落の構成は不明である。検出された水田跡は、丘陵北面の緩斜面に立地する点で、東北の弥生水田では稀であり、青森県砂沢遺跡の弥生時代前期の水田跡に確認されるだけである。中筋遺跡から出土した土器や石器は、仙台平野中部と共通しており、なかでも石製農具の石庖丁と板状石器は安定して組成されている。

3）弥生Ⅲb期（中期中葉新段階）以降の集落

　Ⅲb期になると、中筋遺跡の集落は営まれなくなる。Ⅲb期以降の遺跡は少なく、弥生時代後期の土器が宮前遺跡から出土している。その後、古墳時代前期になると、古墳が築造され、中筋遺跡を含めて遺跡数が増加する。

（5）津波前後の集落動態の理解

1）北部

　七北田川下流域では、地帯ⅢAに潟湖が広がる地形環境にあり、津波以前は、地帯ⅢBを含めて、潟湖を生産域とする漁撈活動が行われており、北岸の自然堤防、あるいはそれに接する地帯ⅠAの集落で水田稲作が行われていた可能性がある。津波以降は、遺跡数が減少する傾向にあり、地帯ⅢA・ⅢBでは水田跡や居住域は見つかっておらず、地帯ⅠAで後期の居住域が確認されているだけで、水田稲作の広がりは認めにくい。しかし、古墳時代前期になると、潟湖の周辺の地帯Ⅰ・ⅢA・ⅢBに、農耕を主とする集落や、漁撈を主とする集落が新たに形成され、方形周溝墓、古墳が築造される。

2）中部

　名取川下流域では、自然堤防、後背湿地が広がる地形面の展開があり、津波以前には、地帯Ⅱ・ⅢA・ⅢBに水田稲作を生業の中心とする集落群が広がり、自然堤防に居住域・墓域、後背湿地、旧河道に生産域が形成されていた。津波以降は、地帯ⅢA・ⅢBで集落は消滅し、Ⅲb期、Ⅳ期、Ⅴ期をとおして集落の形成は確認されておらず、地帯Ⅱでは、集落は存続し、Ⅴ期には地帯Ⅰにも展開する。しかし、古墳時代前期になると、七北田川下流域と同様、地帯ⅢA・ⅢBを含めて広域的に集落の新たな形成があり、方形周溝墓、古墳が築造される。

3）南部

　阿武隈川以南の地域では、地帯ⅢA：自然堤防・後背湿地と、地帯ⅢB：浜堤列・堤間湿地の広がる地形面の展開はあるが、弥生時代の遺跡は、平野に面した地帯Ⅰの縁辺部に認められている。津波以前の遺構が検出されているのは中筋遺跡だけであり、ここでは、津波被害を受けて集落は廃絶していることが推定される。また、津波以降は、弥生時代の遺跡数は少なく、古墳時代前期にな

ると古墳が築造され、平野に面して集落が形成されるようになる。

　このように、平野の北部・中部では、津波を前後して集落動態に変化があり、特に、中部の名取川下流域の変化が大きいことが知られる。その後、400年ほどを経て、古墳時代前期には、自然災害とは異なる要因で、集落動態に変化が生じている。また、平野南部においても同様の傾向が推定される。

3．津波災害と社会

　これまで述べてきたように、弥生時代中期中葉中段階の津波は、地帯ⅢA・ⅢBに形成されていた集落に大きな被害をもたらし、その後、地帯ⅢA・ⅢBでは、古墳時代前期まで、長期にわたり、農耕集落の形成は認められていない。ここでは、津波と集落動態の要因を考えておきたい。

（1）集落動態

　縄文時代後期中葉以降の低地における仙台平野中北部の土地利用をみると、名取川下流域では、地帯ⅢA東部の埋没自然堤防、旧河道に立地する高田B遺跡・今泉遺跡における継続的な居住域の存在、七北田川下流域では、埋没潟湖東岸にあって地帯ⅢBの第Ⅰ浜堤列に立地する沼向遺跡における晩期後葉の墓跡の存在から、地帯ⅢA・ⅢBの低地を居住域や墓域とする集落が存在しており、津波被害を想定した立地を示していない傾向がある。

　このうち、高田B遺跡では、前述のように、縄文時代後期中葉の竪穴住居跡が1棟検出されている。この住居は、直径4mほどの円形で、床面標高は約2.8m、中央に石囲炉があり、先行する石囲炉の痕跡と周溝の位置から、建て替えがなされている。当時は、第Ⅰ浜堤列の形成が終わり、遺跡と海岸線との距離は約1.5kmであり、住居は、そこでの長期的な居住を示している。この時期以降、高田B遺跡では弥生時代中期中葉までの遺物が河川跡に形成された遺物包含層から出土し、今泉遺跡からも縄文時代後期中葉の土器が出土しており、両遺跡が、拠点的な集落の居住域として長く存続してきたことが知られる。

　また、沼向遺跡では、縄文時代後期中葉以降、各時期の遺物が、数は少ないながら出土しており、晩期中葉に土器製塩が行われ、晩期後葉に墓が造られている。長期的な居住は行ってはおらず、通常は、生産域の一部として、狩猟や漁撈活動などに伴う一時的な土地利用がなされており、弥生時代中期前葉にも土器製塩が行われている。

　これらは、縄文時代後期中葉以降の集落立地として、低地への進出の一端を示しているが、それに伴う自然災害に関しては、台風や洪水による被害等と同様に、津波による被害も、その一つと理解していたと考えるべきであろう。こうした災害も自然の一部と認識する自然観を保ちながら、土地利用に関する資源観は、縄文時代晩期の中頃以降、列島・半島に及ぶ広域的で相互方向的な情報伝達の一つとして水田稲作の技術体系がもたらされたことで変更され、水田稲作適地を土地資源と評価し、生業におけるこの技術体系の組織化が進められ、弥生時代へと移行していく（斎野 2010）。しかし、その資源の構成比は、地形環境によって異なり、七北田川下流域では、潟湖が

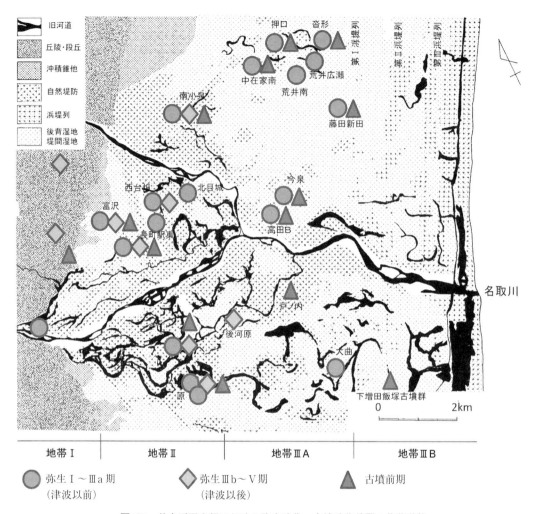

図101 仙台平野中部における弥生時代〜古墳時代前期の集落動態

広がる地形環境から、水田稲作に適した土地が少なく、遺跡数も少ないのに対して、名取川下流域では、水田稲作に適した土地が多く存在しており、弥生時代前期から中期中葉にかけて、新たな集落の形成により、生産域の拡大が広域的に進められる。前述のように、中期中葉の集落の構成は、半径500mほどの範囲に複数の居住域と墓域を設け、その内側に小規模な水田、外側に主たる生産域として広大な水田域を設定しており、全体の面積は100〜200ヘクタールほどで、狩猟・漁撈活動は、その内外で行われていたと推定される。地帯ⅢAでは、水田稲作の展開が集落の増加として確認され、地帯Ⅱでは、富沢遺跡で、水田稲作開始期には1,000㎡ほどの水田域が、徐々に拡大していき、中期中葉には、約10ヘクタールや約20ヘクタールの水田域を形成する過程が認められており（斎野 2005b）、名取川流域では、集落の増加と水田域の拡大により、下流域へ人口が移動し、地帯Ⅱ・ⅢAに広く水田稲作を生業基盤とする集落が展開していた。

　津波が発生し、遡上したのは、こうした状況においてである。津波は、地帯ⅢA・ⅢBにおいて集落を廃絶させ、そこには、名取川下流域だけではなく、七北田川下流域においても、それ以降、

長く農耕集落が営まれなくなる。その理由は、台風や洪水とは規模の異なる被害を受けて、縄文時代から受け継いできた自然に対する認識：自然観を再考した結果にほかならない。新たな自然観では、津波被害を受けた土地は農地としないで、長期的な居住も避けることと理解されるが、狩猟や漁撈活動などに伴う一時的な土地利用は弥生時代を通して認められている。一方、弥生時代になって水田稲作適地を有効な土地資源として加えた資源観は変更されておらず、水田稲作技術体系は、その後、地帯Ⅱを中心として再編成された集落群の生業基盤として存続していく。

　しかし、こうした弥生時代の津波以降の集落動態は、古墳時代前期になると大きく変化する。表6を見ても明らかなように、この時期には、集落が、平野全域、地帯Ⅰ～Ⅲに広く分布する。基本的な生業の技術体系は弥生時代と同じであり、水田稲作の技術体系も受け継がれているが、地帯ⅢA・ⅢBに集落が多数形成され、農耕集落のほかに漁撈を主とする集落もみられ、農具の鉄器化や、漁撈に用いる新たな土錘の出現など、生産性の向上がはかられている。なかでも、農耕集落の居住域や生産域（水田域）の占地性には、弥生時代中期中葉以前に営まれていた集落と同じ傾向もあり、堆積環境の大きな変化がないなかで保たれてきた水田稲作適地を、積極的に資源として評価し、土地利用する姿勢が見える。古墳時代前期には、それまでとは異なり、方形周溝墓や古墳が造営され、首長を頂点とする地域社会が生まれるが、その集落動態は、自然観よりも資源観を優先したことを示している（斎野　2012a・2013a・2015a, b）。

　一方、平野南部では、低地の弥生時代の遺跡の展開は不明なことから、その動向は今後の課題とされるが、この地域は南方へ平野の東西幅が狭くなり、丘陵・段丘と海岸線が近づいていく地形的特徴がある。そのため、平野中北部とは異なり、中筋遺跡のように段丘にも遺跡が立地するが、津波以降から古墳時代前期にかけての動向は類似している。この点は、より南方の福島県浜通りの相馬・双葉地域では、海岸線に沿って小さな平野が点在し、中期中葉から後葉にかけて、丘陵の遺跡が増加する傾向とはやや異なっている（斎野　2015b）。

（2）社会の変化

　仙台平野の集落動態の特徴は、図101に示したように、弥生時代Ⅲa2期（中期中葉中段階）と古墳時代前期が大きな画期となっていることである。前者は、津波被害を受けて以降、年数とすれば400年ほど、沿岸部を避けて農耕集落が営まれるが、狩猟や漁撈活動などに伴う一時的な沿岸部の土地利用は弥生時代を通して認められている。その要因は、塩害などの物理的な津波被害ではなく、心理的な津波被害による自然観の変更にあり、それが集落動態に反映していると考えられる。しかし、一方で、弥生時代になって水田稲作適地を加えた資源観は変更されず、水田稲作技術体系は、地帯Ⅱを中心として再編成された集落群の生業基盤として存続していく。後者は、古墳の築造に象徴される社会への移行を示し、それまでの地域的な自然観に優先して、水田稲作適地の生産性を重視した資源観にもとづく地域支配・土地利用が、集落動態に反映していると考えられる。

註
（1）　石庖丁は、遺跡範囲内で発見された採集品である（仙台市教育委員会　2012）。

第4章　平安時代貞観11年(869)の津波災害
―― 津波災害痕跡と一つの史料による研究 ――

　『日本三代実録』によって知られる貞観11年(869)の陸奥国大震災の記事に相当する津波痕跡が仙台平野の北部と中部の遺跡で検出されている。津波痕跡には、津波堆積物と被災遺構がある。本章では下記の2遺跡を主として、他の遺跡の調査成果をふまえながら、『日本三代実録』の史料批判を行い、貞観震災における津波災害の実態を考える。
　　仙台市沼向遺跡：津波堆積物
　　名取市下増田飯塚古墳群：津波堆積物と被災遺構（水田跡）

第1節　平野北部の津波災害痕跡

　仙台市沼向遺跡で貞観11年(869)の津波堆積物が存在する可能性が高いことが指摘（仙台市教育委員会 2000a）されてから、多賀城市市川橋遺跡、山王遺跡において堆積学、地質学による検討が

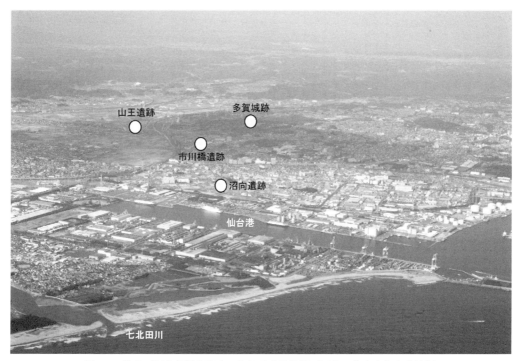

図102　仙台平野北部沼向遺跡・多賀城跡他遠景（写真：仙台市教育委員会）

行われてきた（図102）。地点的なボーリング調査とは異なり、多角的な観察が行える遺跡の調査においても、津波堆積物の識別には、慎重な議論が必要である。

1．沼向遺跡の調査

（1）調査概要

遺跡は、仙台市宮城野区中野字沼向地内に所在する（図58-7）。仙台平野北部の七北田川下流域において、標高1.5mほどの浜堤列から標高0.6mほどの後背湿地にかけて立地しており、遺跡の面積は約11.7ヘクタールである。仙台市教育委員会により、1994年（平成6）から2009年（平成21）にかけて、36次に及ぶ調査が行われ、約6.8ヘクタールが発掘調査され、縄文時代後期中葉〜平安時代初頭の遺構、遺物と、近世の遺構、遺物が検出されている。

（2）津波痕跡の調査

第1〜3次調査（仙台市教育委員会 2000a）では、後背湿地基本層6層は、層厚約1cmの細粒砂からなる薄い層で、後背湿地の全域に広がっており、4層の灰白色火山灰を除いて、他の基本層が泥炭層あるいは粘土層である点で特異な層相を示しており、この層と同一と思われる層が、浜堤列基本層Ⅱb層上部に認められることが知られた。また、6層の粒度組成の分析を松本秀明が行っており、この層は、風成堆積による細粒砂で、津波によって浜堤が削られ、それが運ばれた可能性が指摘された。年代は、6層から時期を決定する遺物が出土していないが、4層の灰白色火山灰が延喜15年（915）に噴出した十和田a火山灰に同定され、6層のより下層から6世紀後半に噴出した榛名二ツ岳伊香保テフラ（Hr-FP）が検出されており（早田 2000）、6世紀後半以降、10世紀前半以前であることから、後背湿地基本層6層は、貞観11年（869）の津波堆積物の可能性が高いと考えられた。

第4〜34次調査（仙台市教育委員会 2010a）では、遺跡全体における遺構群の変遷と基本層序の関係が検討された。そこでは、後背湿地基本層6層、浜堤列基本層Ⅱb層が自然堆積層であり、遺構とは直接関連しないため、新たに粒度分析は行われていないが、発掘調査の成果は、第1〜3次調査の指摘の妥当性を示すことになった。後背湿地では、基本層4層から7・8層までが自然堆積層で、4層が灰白色火山灰、6層が津波堆積物で、9a層は奈良時代後半から平安時代初頭にかけての水田耕作土である。浜堤列の基本層序では、Ⅱa2層が灰白色火山灰、Ⅱb層が津波堆積物の砂層で、間に自然堆積層Ⅱa3層の介在が明らかになった。なお、沼向遺跡で調査が行われた後背湿地の形成は、古墳時代中期の早い時期であり、弥生時代の基本層は確認されていない。

（3）基本層序と津波堆積物
1）基本層序

後背湿地では、大別12層（1〜12層）、細別24層を確認している。これらには、分布域が狭い層もあるが、図17に、津波堆積物：基本層6層を上下する第19次調査西壁の基本層序を示した。ここ

第4章　平安時代貞観11年(869)の津波災害　137

中位のやや厚い白い層が十和田 a 火山灰層。その2層下の白っぽい薄い層（厚さ1cm）が津波堆積物の砂層
図103　沼向遺跡 SA914区画溝断面（仙台市教育委員会 2010a）

では、基本層1層、3c層、11層はない。1層から10b層までの各基本層の層相は以下のとおりである。

　　1層：黒褐色粘土（現代の水田耕作土）
　　2層：黒色〜黒褐色粘土（近代〜現代の水田耕作土）
　　3a層：黒色〜黒褐色粘土（近世の水田耕作土）
　　3b層：オリーブ黒色〜黒色粘土（自然堆積層、3a層の母材層の一部）
　　3c層：黒色〜黒褐色泥炭質粘土（自然堆積層）
　　4層：灰白色シルト（自然堆積層、灰白色火山灰：十和田 a 火山灰）
　　5層：黒色〜黒褐色泥炭質粘土（自然堆積層）
　　6層：にぶい黄橙色〜にぶい黄褐色砂（自然堆積層、津波堆積物）、層厚約1cm
　　7・8層：黒褐色〜暗赤褐色泥炭質粘土（自然堆積層）
　　9a層：黒褐色〜オリーブ黒色粘土（奈良時代から平安時代初頭の水田土壌）
　　9b層：黒色〜黒褐色泥炭質粘土（自然堆積層、9a層の主要な母材層）
　　10a層：黒褐色〜灰色粘土（古墳時代後期から奈良時代の水田土壌）
　　10b層：黒色〜黒褐色泥炭質粘土（自然堆積層、10a層の主要な母材層）

また、浜堤列では、大別3層（Ⅰ〜Ⅲ層）、細別20層を確認している。このうち、Ⅱa2層が後背湿地4層（灰白色火山灰：十和田 a 火山灰）、Ⅱb層が後背湿地6層に対応する。両層は、図103に示した区画溝 SA914の断面のように、古墳時代〜平安時代初頭の比較的深い遺構の堆積土において、自然堆積層として、間層：Ⅱa3層を挟んで認められる。多くは、古墳や溝跡など、当時の凹地に残されている。そのうち、Ⅱb層は、厚さ約1cmで安定した層厚を示し、土質は黒色シルト質砂からなるが、地点によっては、層厚が20cmのところもあり、黒褐色粘土質シルトあるいは灰黄褐色シルト質砂を含んでおり、こうした層相は、浜堤列における個々の遺構の埋没過程に起因して

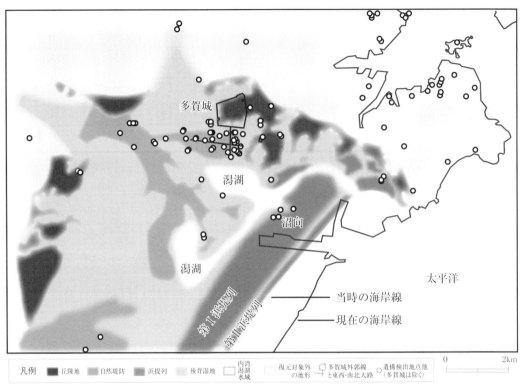

図104　仙台平野北部微地形環境想定図：平安時代初頭（斎野 2012a）

おり、後背湿地との違いといえる。
２）後背湿地の堆積環境

　関連する分析・同定結果から、水田耕作土である基本層9a層が形成されて、9a層水田が営まれる頃には、徐々に水田稲作に適さない環境になりつつある。プラント・オパール分析（松田 2010）では、イネ属の変化は明瞭でないが、花粉分析（吉川昌 2010b、金原 2010b）では、基本層10a層に比べると、基本層9a層はイネ属型花粉が少ない傾向があり、その要因として、集落の廃絶に結びつく湿地化の進行が明らかにされている。それは、浜堤列の居住域において、住居床面標高の変化が示す地下水位の上昇として確認される。集落が廃絶した後に堆積した基本層7・8層では、大型植物化石の同定（吉川純 2010）により、湿原が広がる環境が推定されており、イネやキビなどの利用植物も出土していない。また、花粉分析では、カヤツリグサ科を主とする湿地あるいは泥炭地の形成が推定されており、イネ属型花粉はほとんど認められなくなる。

　基本層6層は、後背湿地のほぼ全域で、地形面の勾配や標高差に関わりなく、ほぼ同じ層厚約1cmで堆積しており、浜堤列では、基本層Ⅱb層が、遺構の堆積土として認められ、立地に関わりなく、遺跡全体、面積約12ヘクタールに分布している。この時期は、沼向遺跡の集落は廃絶しているが、地形環境は、図104(1)（平安時代初頭）とほぼ同じであり、遺跡西方に潟湖が広がり、陸側つまり西方から、直接、河川の堆積作用を受ける立地にはない。それは、広域的で層厚が安定した津波堆積物（細粒砂）の供給が、河川によるものではないことを示している。6層より上層の基本

層3b層、5層の分析・同定結果は、基本層7・8層とほぼ同様であるが、プラント・オパール分析では、5層より上層でヨシ属が優勢となっている。

このように、基本層7・8層の堆積以降、基本層3b層の堆積までは、湿地としての堆積環境が継続していたなかに、基本層6層の砂層が、河川堆積とは異なる要因で介在し、基本層4層が、降下火山灰として介在している層序と理解される。

(4) 時期と年代
1) 発掘調査

第4～34次調査から、沼向遺跡の古代の集落は、平安時代初頭の9世紀前葉まで営まれていた。この時期の集落構成は、図105のように、浜堤列の居住域（竪穴住居跡、掘立柱建物跡等）と生産域（畑跡）、後背湿地の生産域（9a層水田跡）から構成され、畑跡は東西140m、南北90mの略長方形の区画溝SA914で区画されている。これらの遺構は、出土した土師器、須恵器の年代から9世紀前葉までは存続していたが、9世紀中葉には廃絶している。また、後背湿地基本層4層、浜堤列基本層Ⅱa2層の十和田a火山灰の降下年代は延喜15年(915)とする説が有力であること[2]から、基本層6層の年代は、上限が9世紀中葉、下限が10世紀初頭である。この年代は、貞観11年(869)と矛盾せず、安定した堆積環境にある基本層5層から7・8層にかけて、他に砂層は確認されないため、基本層6層が、この年の津波堆積物であると考えられる。後背湿地と浜堤列における基本層の層序関係、年代は、以下のように整理される。

　　十和田a火山灰　後背湿地は4層、浜堤列はⅡa2層。延喜15年(915)。
　　間層：自然堆積層　後背湿地は5層、浜堤列はⅡa3層。9C後～10C初。
　　津波堆積物：砂層　後背湿地は6層、浜堤列はⅡb層。貞観11年(869)。

2) 年代測定

行っていない。

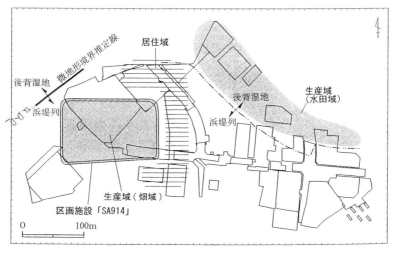

図105　沼向遺跡奈良平安時代集落構成図（仙台市教育委員会 2010a）

（5）沼向遺跡における津波堆積物：後背湿地6層・浜堤列Ⅱb層の特徴

1）発掘調査

　後背湿地では、湿地としての堆積環境において、基本層6層が、ほぼ全域で安定して堆積しており、浜堤列では、堆積土に砂層として認められる遺構が、数は少ないが、遺跡のほぼ全域で確認されており、約11.7ヘクタールに及ぶ遺跡範囲おいて層厚約1cmで安定して面的に分布する砂層として認識される。その分布域は、海岸線に直交する距離で約400m、平行する距離で約400mである。

2）粒度分析

　松本秀明による粒度分析では、具体的な数値の報告はないが、後背湿地基本層6層は、風成堆積による細粒砂であり、浜堤列が津波によって削られ、それが津波堆積物として運ばれてきて堆積した可能性が指摘されている。

3）平野における分布

　現在の海岸線から約2.1～2.5kmにある沼向遺跡で分布が確認されている。沼向遺跡から海側へのボーリング調査は行われていない。

2．周辺遺跡の調査

　『日本三代実録』の貞観震災の様子が伝えられた地域として、図102に示したように、平野北部の沼向遺跡よりも海岸線から離れた多賀城跡とその南面の方格地割に立地する市川橋遺跡と山王遺跡の震災前後の動向を見ておこう。

（1）多賀城跡

　平野北部の標高4mの低地から、標高45mの丘陵にかけて陸奥国府の多賀城跡が立地する。外郭線は、1km四方を築地、材木列で区画し、その中央南寄りに100m四方の政庁が設けられ、周辺はさまざまな機能をもった曹司域となっている。創建は、多賀城碑の記述にもとづくと神亀元年（724）であり、政庁跡の遺構群の変遷からⅠ期からⅣ期まで、4時期に大別されている。

　　Ⅰ期（神亀元年：724～）：政庁が造られ、掘立柱式の正殿、脇殿等が建てられる。

　　Ⅱ期（天平宝字6年：762～）：陸奥守藤原朝獦の修造によって、政庁の建物が礎石式になり、建替えられた。政庁の建物に後殿が加わる。

　　Ⅲ期（宝亀11年：780～）：蝦夷の伊治公呰麻呂が宮城県域北部で起こした反乱が多賀城跡にも及び、政庁の建物などが焼き討ちされたことから、暫定的な復旧の後、本格的な造営によって建物が建替えられた。

　　Ⅳ期（貞観11年：869～）：『日本三代実録』に記事がある5月26日に起こった震災の復興期とそれ以降の時期である。政庁の建物は、後殿が建替えられた。

　政庁跡では、Ⅳ期の貞観震災後に建替えられたのは後殿と北門だけであり、正殿、脇殿、南門、築地は存続した。Ⅳ期には、新たな瓦が用いられており、葺替えあるいは補修が行われている。政庁跡では、Ⅰ期からⅣ期までの瓦の生産地と編年が明らかにされている。Ⅳ期には、瓦は台原・小

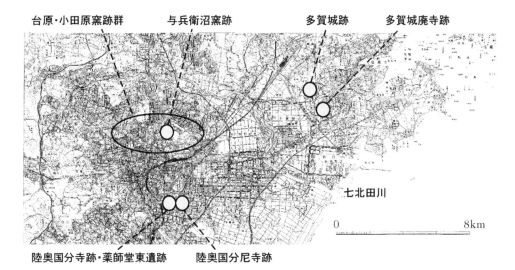

図106　台原・小田原窯跡群と復興瓦の供給先

田原窯跡群から供給されており（図106）、図107の軒丸瓦組成と図108軒平瓦組成の時期別出土数からは、軒丸瓦で13.4％、軒平瓦で8.1％と、Ⅰ～Ⅲ各期に比較すると低率である。それらのすべてが震災直後の復興に用いられたわけではないが、細弁蓮華文軒丸瓦（310B）と均整唐草文軒平瓦（721B）の組合せが最も多く、宝相華文軒丸瓦（420・422・423・425）と連珠文軒平瓦（831）の組合せがそれに次いでいる（宮城県多賀城跡調査研究所　1982）。

　政庁跡の建物の建替えを含めた変遷は、すでに発掘調査50年の成果として報告されていた（宮城県多賀城跡調査研究所　2010、廣谷　2010：図109・図110）が、東日本大震災の後、宮城県多賀城跡調査研究所が2012年に政庁正殿跡の再発掘調査を行い、各時期の変遷が再確認されている。三好（2013）によると、震災直後（Ⅳ-1期）に政庁跡での建替えは、暫定的な掘建柱式の後殿（Ⅳ-2期に本格的に造営：礎石式）と北門だけで、外郭施設では東門と周辺の築地塀、櫓の立替えはあるが、曹司域の実務官衙では地震との関連性はほとんど認められない。多賀城跡では、9世紀になると曹司域の全域で建物が爆発的に増加することが進藤（2010）によって指摘されている。曹司域は、作貫地区や大畑地区等に分かれており、地区ごとに遺構群の変遷が把握されており、Ⅲ期とⅣ期に画期を見出せる状況にはない。

　また、多賀城跡の南東約1.5kmには、創建期：Ⅰ期に多賀城廃寺が造営されている。その調査報告（宮城県教育委員会・多賀城町　1970）によると、瓦は、Ⅰ期の軒丸瓦が85.3％（重弁蓮華文114・120～128等）、軒平瓦が92.2％（重弧文511）と大半を占めており、Ⅳ期の軒丸瓦（細弁蓮華文310B、宝相華文軒丸瓦422・425等）・軒平瓦（均整唐草文721B、連珠文830等）がともに6.4％と少なく、それらのすべてが震災直後の復興に用いられたわけではないため、貞観震災で全面的な瓦の葺替えはなされていないと考えられる。また。これらの瓦の分布は、建物の規模に相応するように寺域に分散化している傾向がみられる。多賀城廃寺は、Ⅲ期の瓦が出土していないことから、伊治公呰麻呂の乱による焼き討ちを受けておらず、岡田（2004）がいうように「主要な堂塔はⅠ期に完成し、屋根などの補修を経ながらもⅣ期末の火災まで命脈を保っていた」のであり、貞観震災に

多賀城Ⅳ期（復興期）

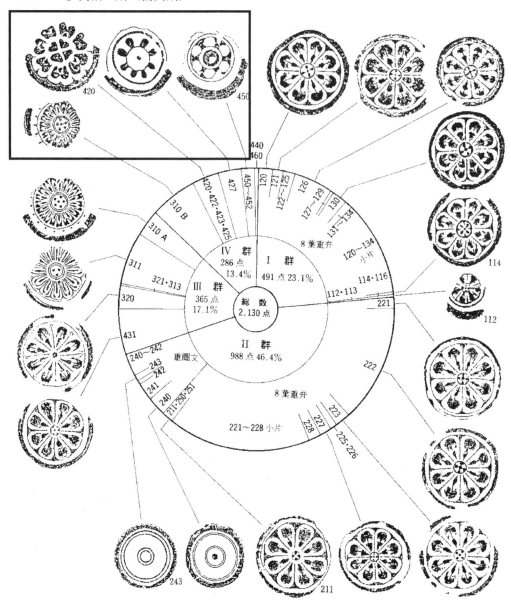

図107　多賀城跡政庁出土軒丸瓦組成図（宮城県多賀城跡調査研究所　1982に一部加筆）

おける地震による被害は、建物の瓦の改修が一部で行われた程度と考えられる。

　これらのことから、貞観震災における多賀城跡については、地震被害を受けていると推定されるが、建物の建替えは限定的であり、それほど大きな影響はなかったと考えられる。また、発掘調査において、貞観震災に伴う地震痕跡を示す地割れ跡等の検出は報告されていない。

（2）市川橋遺跡・山王遺跡

　多賀城跡南面に東西方向に延びる自然堤防には、多賀城Ⅲ期以降、方格地割にもとづく街並みの

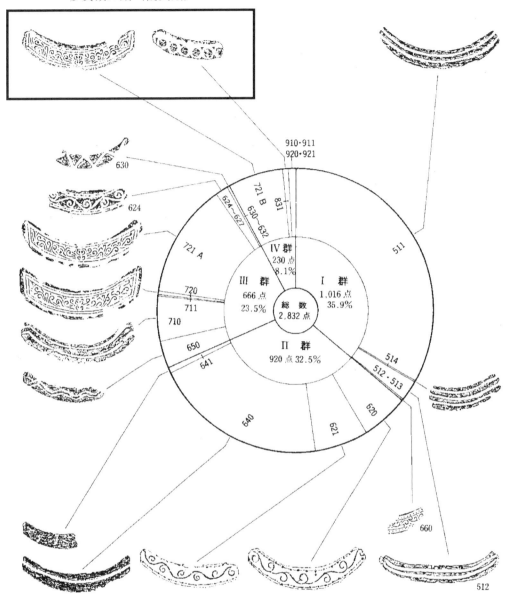

図108　多賀城跡政庁出土軒平瓦組成図（宮城県多賀城跡調査研究所 1982に一部加筆）

形成が確認されている。北東部は市川橋遺跡、南西部から西部は山王遺跡の範囲で、標高は2～3mである。

両遺跡における貞観震災の痕跡研究は、発掘調査に伴って、堆積学・地形学分野が、図111の調査地点図のように、震災前に3地点、震災後に4地点、計7地点の津波堆積物の可能性のある堆積層から、8試料を対象として行った（宮城県教育委員会 2014）。

　SX1779（泥質砂層）：市川橋遺跡　調査位置A（菅原他 2001・2002）多賀城市75集
　SX3072（砂層）：市川橋遺跡　（多賀城市教育委員会 2004a）多賀城市74集

構成区分	遺構期 名　称	第Ⅰ期	第Ⅱ期	第Ⅲ期 第1小期	第Ⅲ期 第2小期	第Ⅳ期 第1小期	第Ⅳ期 第2小期	第Ⅳ期 第3小期
基本的構成要素	正　殿	●	●		○	○	▥	▥
	脇　殿	●	●	●	●	○		○
	南　門	●	●	- - -	●	○		
	築　地	●	●	- - -	●	○		
	広　場		●(石敷)			▥	▥	▥
準基本的構成要素	後　殿					●	▥	▥
	楼		●	(○)	●	▥	▥	▥
付加的構成要素	脇　門	●						
	翼　廊		●					
	北　殿		●					
	東・西殿		●					
	南門前殿	●		●				●
	北東部建物					●		
	北西部建物					●		
	北方建物					●		
	石組溝		●					
	石敷通路		●					
その他	東・西門	◇			◇			●
	北　門	◇(潜門)	●(馬道)	●	◇	●		

●：新設　○：補修（推定）　◇：推定

図109 多賀城跡政庁の建物・施設の変遷（廣谷 2010）

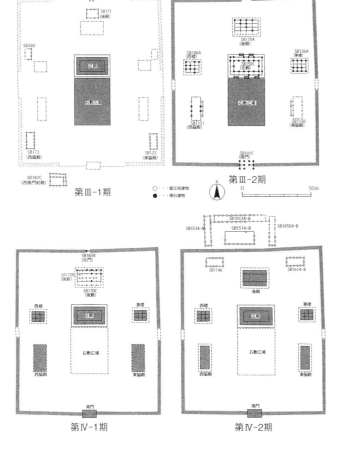

図110 多賀城跡政庁における震災前後の遺構（廣谷 2010より作成）トーンで示した遺構は存続を示す。Ⅳ-1期が震災直後。

SX2451（泥質砂層）：市川橋遺跡　調査位置 B（菅原他 2001・2002）多賀城市75集
　　　SX700（砂層）：市川橋遺跡　Tagamae3-2（箕浦他 2014）
　　　SX10233（砂層）：山王遺跡　Tagamae2-3（箕浦他 2014）
　　　SX10114（砂層）：山王遺跡　Tagamae5-3（箕浦他 2014）
　　　SX10234（砂層）：山王遺跡　Tagamae1-5・Tagamae4-2（箕浦他 2014）・（松本 2014）

　菅原他（2001・2002）の研究対象は、方格地割の基準となる南北大路において、東西大路との交差点（SX2451：調査位置 B）とそこから南北大路を北へ約130m の位置（SX1779：調査位置 A）で有機泥質堆積物中に水害の痕跡として存在する泥質砂層であり、主に細粒砂層から構成されている。関係する層序は、SX1779では、厚さ23cm の泥質砂層の上に厚さ2cm の有機泥質堆積物、その上に厚さ7cm の灰白色火山灰、SX2451では、厚さ5cm の細粒砂層（泥質砂層）の上に厚さ25cm の有機泥質堆積物、その上に厚さ5cm の灰白色火山灰がある。珪藻分析の結果は、「汽水生、海生の珪藻殻は検出されず、陸上環境を示す淡水生の珪藻殻のみ検出された」のであるが、「痕跡とともに発見された泥質砂層の堆積年代が貞観津波の発生年代と一致することを示し、津波が河川を伝播・氾濫することにより砂層を形成された可能性を指摘した」としている（菅原他 2002）。この想定については、SX1779と SX2451の泥質砂層が連続する同じ年代の地層であることおよび泥質砂層が津波堆積物であることの根拠がないため、そこから先へ議論は進まない。また、灰白色火山灰は、延喜15年（915）の十和田 a 火山灰に比定されている（仙台市教育委員会 2000a）が、菅原他（2002）では、871年の鳥海山の噴火あるいは873年の鬼頭火山の噴火によるものとして、それが2層下位の泥質砂層を貞観11年の津波堆積物とする根拠にしている。この点も、他の上下の層の年代測定を行っていないことから、泥質砂層の年代は火山灰の降下以前としかいえないのである。

　箕浦他（2014）の研究対象は、遺跡の調査で検出され、考古学的な編年によって時期幅のある年代が推定された砂層である。それらの年代幅は貞観11年（869）を前後しており、連続する同じ年代の地層と確認されてはいない。

　　　SX700：可能性として、9世紀前半より新しく、9世紀後葉より古い
　　　SX10233：9世紀前半より新しく、9世紀後半より古い
　　　SX10114：9世紀前半より新しく、9世紀後葉より古い
　　　SX10234：9世紀前半より新しく、10世紀前葉より古い

珪藻分析の結果、「いずれの試料も僅かながら海水種を含んでおり、特に Tagamae1-5と Tagamae4-2の試料中には複数個の外洋性完形殻が検出された。この事実は、それらが再食性ではないことから、堆積作用に沖合海水の流入関与が推察される」として、「堆積相から演繹される水理的特性により、河川を流下あるいは遡上した水塊が、人為堰堤あるいは自然堤防を横溢し、現在の場所にかつて存在した閉塞湖沼に流入したと解釈される。……外洋性種殻が比較的保存良好である事実から、海水は津波の遡上によりもたらされたとする解釈も否定しがたい」とする考えを示している。つまり、砂層は河川堆積物なのか、津波堆積物なのかは、判断がつかないのである。

　松本（2014）は、箕浦他（2014）と同じ SX10234の厚さ約20cm の砂層（①上位、②中位、③下位から試料を採取）を研究対象として粒度分析を行い、平均粒径、淘汰度等の検討を行った（図

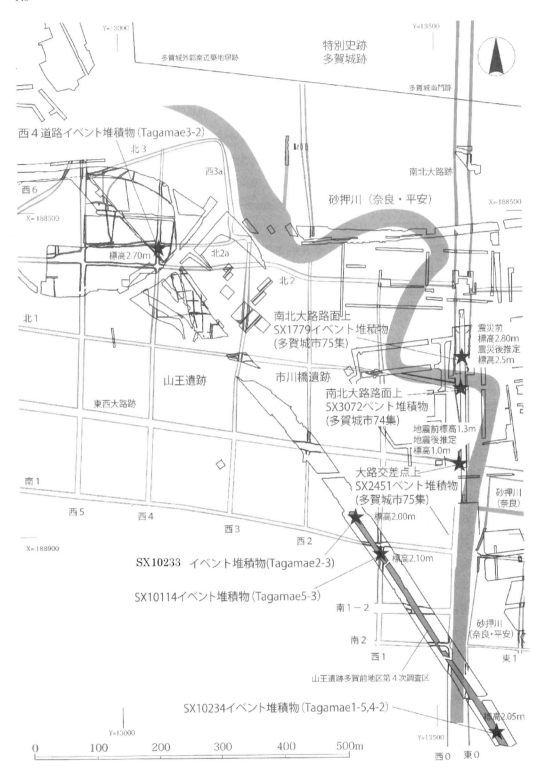

図111 山王遺跡・市川橋遺跡分析試料採取地点図（宮城県教育委員会 2014）

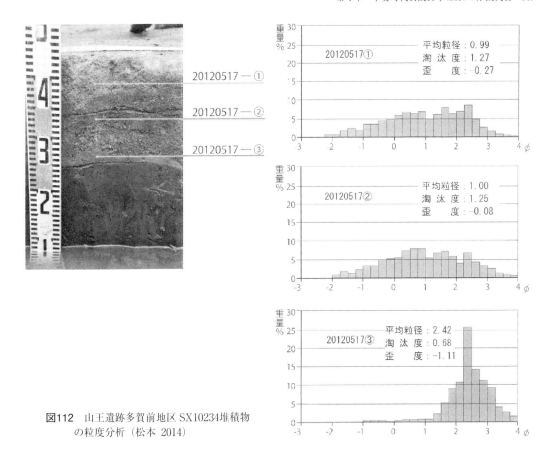

図112 山王遺跡多賀前地区SX10234堆積物の粒度分析（松本 2014）

112)。仙台平野に分布する砂質堆積物は、現生の河成堆積物と海浜堆積物との粒度組成を比較すると、海浜堆積物の平均粒径は2.2～1.2φで2φ付近に集中し、淘汰度は0.7以下であることが多く、河成堆積物の粒径は分散しており、淘汰度は0.7を超えることが明らかにされている（松本 1977・1983）。SX10234の砂層は、①上位と②中位は、粒径が分散し、淘汰度は①上位が1.27、②中位が1.25で、河成堆積物と判断され、③下位は平均粒径2.42φ、淘汰度0.68であった。松本（2014）は、③下位の砂層について、「海浜起源の堆積物である可能性を積極的に否定することはできないが、それに連続して堆積したと考えられる上部の砂層が河成堆積物と判定されることから、これらの層厚20cm余りの砂質堆積物は、河成堆積物と判断され……低湿地が広がる地帯に洪水により河成堆積物が侵入し堆積したと考えられる」と結論づけている。

3．平野北部の津波の遡上距離

沼向遺跡において、後背湿地基本層6層・浜堤列基本層Ⅱb層を堆積させた平安時代の津波では、泥質堆積物は確認されず、砂質堆積物：砂層が、現海岸線から約2.1～2.5km地点にある沼向遺跡に分布が確認され、海岸線に直交する距離は400mに及んでいる。層厚は約1cmで、図63の東日本大震災の津波による砂質堆積物の分布と層厚からすると、層厚1cmほどの面的な堆積は、砂質

堆積物の到達限界付近で確認されており、それより海側では、層厚が厚く、認められていない。そのため、沼向遺跡の立地する第Ⅰ浜堤列の陸側が、砂質堆積物の到達限界にきわめて近い位置にあると考えられる。これは、当時の海岸線が現海岸線から約1km陸側、第Ⅲ浜堤列のやや陸側にあると推定されるため、津波によって、海岸線から約1.5km地点まで砂質堆積物が分布していたことになる。沼向遺跡では、砂質堆積物が、後背湿地だけでなく、より標高が高く海側に位置する浜堤列にも堆積しており、それが、海側からもたらされた連続的な分布を示している。前述の東日本大震災の津波堆積物の分布をもとに、泥質堆積物の堆積域を含めた津波遡上距離を算定すると、砂質堆積物の連続的な分布は海側60%なので、1.5km：60%＝X：100%で、X≒2.5kmとなる。しかし、この推定に関しては、津波堆積物：砂層の分布を示す図49において、遡上距離2.0～2.5km以下の津波では、遡上距離は砂質堆積物の到達限界とほぼ同じで、それを超える程度であることが示されており、沼向遺跡の砂質堆積物の分布が到達限界に近いことからすると、遡上距離は、1.5km強と推定され、最大でも2.5kmと考えられる。

第2節　平野中部の津波災害痕跡

　平野中部の名取市下増田飯塚古墳群で、津波堆積物と被災遺構が検出されている。また、その陸側に位置する鶴巻前遺跡の調査では、津波堆積物と被災遺構は検出されず、9世紀における集落の存続が認められている。

1．下増田飯塚古墳群の調査

（1）調査概要

　遺跡は、宮城県名取市下増田字飯塚、下庚田、熊野、二反田地内に所在する（図58-26、図113）。仙台平野中部の名取川下流域において、増田川の左岸にあり、標高2.0mほどの第Ⅱ浜堤列から、標高0.5mほどの堤間湿地に立地している。遺跡の面積は約18ヘクタールである。名取市教育委員会により、2004年（平成16）から2008年（平成20）にかけて調査が行われ、約4.5ヘクタールが発掘調査され、古墳時代前期から近世の遺構・遺物が検出されている（名取市教育委員会 2012）。

（2）津波痕跡の調査

　B15区北半部で、津波堆積物：基本層⑹層に覆われて廃絶した平安時代の⑺層水田跡が検出されている。⑺層水田跡は被災遺構である。
　B15区は、浜堤列から西側の堤間湿地の移行する位置に立地している。⑺層水田跡は、水路、畦畔、水田区画等によって構成されており、図114のように、水路跡6条、大畦畔3条、小畦畔3条、水口2カ所、水田5区画が検出されている。

図113　鶴巻前遺跡と下増田飯塚古墳群の位置（東日本大震災以前 斎野撮影）

（3）基本層序と津波痕跡

基本層は大別13層、細別14層確認されている。(4)層が延喜15年（915）の十和田 a 火山灰、(5)層の間層を挟んで、(6)層の砂層が津波堆積物、(7)層が水田耕作土である。(4)〜(6)層の層序関係は、水路跡断面でも確認されている（図115）。

(1)層：黒褐色・灰黄褐色のシルト・粘土。現水田耕作土。

(2)層：黒褐色砂質シルト・粘土質シルト。浜堤列と堤間湿地の境界付近に分布。

(3)層：黒色粘土質シルト・粘土。自然堆積層。堤間湿地では泥炭層。

(4)層：灰白色火山灰。層厚約 5 cm。十和田 a 火山灰（延喜15年：915年）

(5)層：褐灰色粘土・粘土質シルト。

(6)層：明黄褐色砂。層厚約5cm。津波堆積物。浜堤列と堤間湿地の境界付近、浜堤列の古代以前の遺構堆積土中に分布。

(7)層：黒褐色粘土。B15区では層厚45cm。平安時代水田耕作土。

(8)層：黄褐色砂質シルト、褐灰色・灰色粘土。

(9)層：浜堤列縁辺では灰黄褐色主体の粘土質シルト。堤間湿地では暗灰黄色・明緑灰色砂。

(10)層：黒色粘土。

(11)層：灰白色粘土。

(12a)層：黒褐色粘土。

(12b)層：オリーブ黒色粘土。

(13)層：浜堤列縁辺ではにぶい黄褐色・黄灰色の粗砂。堤間湿地では明緑灰色砂。

図114　下増田飯塚古墳群(7)層水田跡（名取市教育委員会 2012）

図115　下増田飯塚古墳群(7)層水田跡 SD215水路断面（名取市教育委員会 2012）

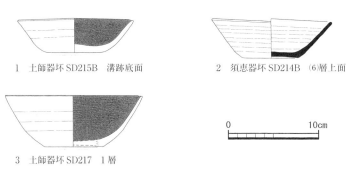

1　土師器坏 SD215B　溝跡底面　　　2　須恵器坏 SD214B　(6)層上面

3　土師器坏 SD217　1層

図116　下増田飯塚古墳群(7)層水田跡水路出土遺物（名取市教育委員会 2012）

（4）時期と年代

　(7)層水田跡では、水田面や耕作土からの遺物の出土はないが、水路跡から土器が出土しており（図116）、年代を推定することができる。図116-2は、SD214B水路跡の(6)層上面から出土している須恵器坏である。口径13.5cm、底径6.2cm、器高4.3cm。底径／口径＝0.46、底部は回転糸切り無調整、器形は内面の底部と体部の境界が屈曲し、体部が直線的に立ち上がる。こうした特徴から、この土器には9世紀後葉の年代が与えられる。土器の出土層位は、津波堆積物の砂層である(6)層上面であることから、その堆積直後の年代を示している。図116-1は、SD215B水路跡の(6)層より下位の底面から出土している土師器坏である。口径13.1cm、底径6.2cm、器高3.7cm。底径／口径＝0.47、底部はナデ調整、器形は内面の底部と体部の境界がやや屈曲し、体部が直線的に立ち上がる。こうした特徴から、この土器には9世紀前葉〜中葉の年代が与えられる。土器の出土層位は、津波堆積物の砂層である(6)層の下位であることから、その上限を示している。図116-3は、SD217水路跡の2層：十和田a火山灰の上層の1層から出土しており、年代は9世紀末葉〜10世紀前半の時期幅がある。

　これらのことから、(7)層水田跡の時期は、(6)層堆積直後を示す図116-2の須恵器坏から9世紀後葉と考えられる。また、(6)層の下位から出土した土師器坏の年代、(6)層より上層に(4)層：十和田a火山灰（915）があり、層序関係においても整合性が認められる。

（5）下増田飯塚古墳群における津波堆積物の分布

　基本層(6)層の砂層は、松本秀明の現地での観察によると、津波堆積物の可能性が高いという指摘がなされている。この砂層は、B15区では調査範囲約1,000㎡に分布しているが、下増田飯塚古墳群の他の調査区（A1〜A18区、B1〜B17区、C1〜C18区、D1〜D9区）において、堤間湿地だけでなく、浜堤列においても、十和田a火山灰（915）・間層・砂層（津波堆積物）の層序関係が古代以前の遺構堆積土中に認められている。その範囲は、東西300m、南北600m、およそ18ヘクタールである。

2．周辺遺跡の調査

（1）鶴巻前遺跡の調査概要

　鶴巻前遺跡は、宮城県名取市下増田字鶴巻前、字鶴巻他に所在する。下増田飯塚古墳群の陸側1kmほどに位置し、自然堤防と第Ⅰ浜堤列に立地している。標高は1.0〜2.4mである。現海岸線からの距離は、3.3km〜4.3kmである。これまでに、発掘調査が2回行われている（14,300㎡）。1990年度〜1992年度の仙台東道路建設に伴う調査（東道路地区：9500㎡）と、2004年度〜2006年度の臨空都市整備に伴う調査（臨空都市地区：4,800㎡）によって、平安時代の9世紀の集落の存在が明らかにされている（名取市教育委員会　1991〜1993・2012）。

図117 鶴巻前遺跡東道路地区平成4年度全体図（名取市教育委員会 1993）

（2）東道路地区の調査

　東道路地区（9,500㎡）は、現海岸線から3.7～4.0km、下増田飯塚古墳群B15区から陸側へ1,000～1,300mに位置する。ここでは、3カ年の調査で、平安時代の9世紀を中心とした居住域の展開が認められている（図117：平成4年度の遺構全体図）。竪穴住居24軒、掘立柱建物跡1棟のほか、溝、土坑、小溝状遺構群が検出されており、一辺7m程の大型の住居もある。遺構の堆積土には、下増田飯塚古墳群のように、十和田a火山灰や砂層の自然堆積は認められていない。十和田a火山灰は、堆積土中や基本層中にブロックで認められている。住居の時期は、9世紀中葉、9世紀後葉、9世紀末葉～10世紀初頭が確認される。遺物は、調査区内、遺構内から多量に出土しており、土師器、須恵器のほか、瓦も認められている。土師器、須恵器には、9世紀前葉から10世紀前半までの時期幅がある。

（3）臨空都市地区の調査

　臨空都市地区のなかで、2004年度に調査されたA区（4,050㎡）は、現海岸線から3.4km、下増田飯塚古墳群B15区から陸側へ700mに位置する。ここでは、図118の全体図・写真のように、住居等はなく、48基の土坑がまとまりをもって検出されている。平面形は隅丸長方形が多く、長軸41～150cm、短軸39～112cm、深さ7～37cmである。堆積土には共通性があり、大別6層、細別12層に分けられている。これらはすべて自然堆積層で、堆積土2層は、十和田a火山灰（915）の一次堆積層である（図119）。遺構の堆積土には、下増田飯塚古墳群のように、十和田a火山灰の下位に間層を挟んで砂層の自然堆積は認められていない。報告者によると、これらの土坑群は、10世紀初頭以前の比較的短い期間の中で一気に構築されたと考えられており、その性格は不明であるが、建物や土壙墓とは異なっているとしている。

（4）震災前後の動向——津波災害痕跡——

　東道路地区と臨空都市地区の調査では、津波堆積物は確認されていない。東道路地区では、居住域の継続性が認められ、貞観11年（869）の津波によって、当時の竪穴住居が廃絶するような災害痕跡は確認されていない。臨空整備地区では、土坑群の堆積層について、大別6層認められる自然堆積層が48基の土坑に共通性があるのは、下増田飯塚古墳群B15区と同様に長期的に静かな堆積環境を示していることから、貞観11年（869）の津波堆積物：砂層が堆積していれば、十和田a火山灰（915）の下層に間層を数cm挟んで存在していると推定される。しかし、それがいずれの土坑にも認められないのは、砂層が土坑群まで到達していないことを示している。

3．平野中部の津波の遡上距離

　下増田飯塚古墳群において、基本層(6)層を堆積させて(7)層水田跡を廃絶させた平安時代の津波では、泥質堆積物は確認されず、砂質堆積物が、現海岸線から約2.4～2.7km地点にある下増田飯塚古墳群に分布が確認され、海岸線に直交する距離は300mに及んでいる。層厚は約5cmであるが、

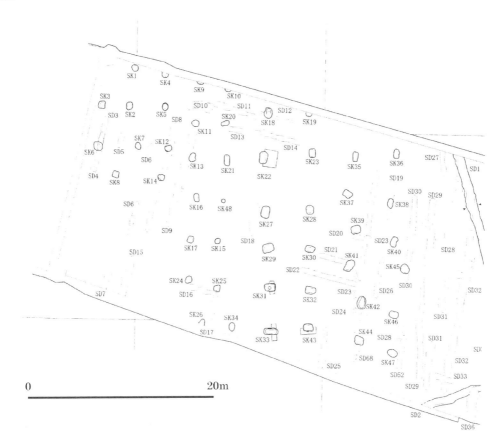

図118　鶴巻前遺跡臨空都市地区土坑群平面図（名取市教育委員会 2012）

第 4 章　平安時代貞観11年(869)の津波災害　155

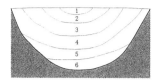

土壙堆積土 模式図

SK土層注記

層	層群	土色	土性	備考
1		10YR2/1黒色	粘土質シルト	黒色土を多く含み、灰白火山灰をわずかに含む
2		10YR7/1灰白色	火山灰	黒色土を斑状に少量含む。黒褐色土を斑状に含む
3		10YR2/1黒色	粘土質シルト	灰白火山灰をわずかに含む
3a		10YR2/1黒色	粘土質シルト	
3b		10YR2/1黒色	粘土質シルト	灰白火山灰を上部に少量含む
4		10YR3/1黒褐色	粘土質シルト	褐色土粒、酸化鉄粒、灰白火山灰をわずかに含む
4a		10YR3/1黒褐色	粘土質シルト	
4b		10YR3/1黒褐色	粘土質シルト	黒褐色土を斑状に多く含む
5		10YR3/1黒褐色	粘土質シルト	褐色土ブロックを斑状に多く含む
5a		10YR3/1黒褐色	粘土	褐色土小ブロックを含む
5b		10YR3/1黒褐色	粘土	5a層よりも褐色土・黒色土の混入具合が少ない
6		10YR3/1黒褐色	粘土	褐色土を少量含む。5層よりもその割合が少ない

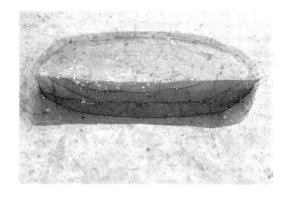
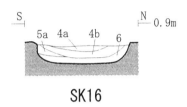

SK16

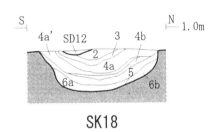

SK18

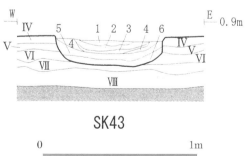

SK43

0　　　　　　　　　　1m

図119　鶴巻前遺跡臨空都市地区土坑群断面・堆積土（名取市教育委員会 2012）

部分的に分布が認められないところもある。これは、当時の海岸線が現海岸線から約1km陸側、第Ⅲ浜堤列のやや陸側にあると推定されるため、津波によって、海岸線から約1.7km地点まで砂質堆積物が分布していたことになる。しかし、下増田飯塚古墳群では、(6)層の砂質堆積物は、堤間湿地だけでなく、より標高が高く海側に位置する浜堤列にも堆積しており、それが、海側からもたらされた連続的な分布を示している。この砂質堆積物の到達限界は不明であるが、西側に位置する鶴巻前遺跡では砂質堆積物は認められていないことから、前述の東日本大震災の津波堆積物の分布をもとに、泥質堆積物の堆積域を含めた津波遡上距離を算定すると、砂質堆積物の連続的な分布は海側60%なので、1.7km：60%＝X：100% で、X≒2.8km となる。しかし、この推定に関しては、津波堆積物：砂層の分布を示す図49において、遡上距離2.0～2.5km以下の津波では、遡上距離は砂質堆積物の到達限界とほぼ同じで、それを超える程度であることが示されており、鶴巻前遺跡臨空整備地区（当時の海岸線から2.4km）には砂質堆積物の分布が及んでいないことからすると、遡上距離は、1.7km強と推定され、最大でも2.8kmと考えられる。

第3節 『日本三代実録』の記事の検討

　六国史のなかで最後の編纂となった『日本三代実録』は、天安二年(858)から仁和三年(887)まで、清和、陽成、光孝三代の治世を対象にしており、その「序」には、「名日 日本三代実録 今之所撰 務歸簡正 君擧必書 綸言遞布 五礼沿革 万機變通 祥瑞天之所祚於人主 災異天之所誡於人主 理燭方策 撮而悉載之」とあり、編纂の方針として、天皇の行為や言葉、国家儀礼、政治、祥瑞、災異などは、すべて記載されている。そこには、この29年間に多くの自然災害があったためか、天人相関思想が明記してあり（傍線箇所）、朝廷が知りうる地震や津波、暴風、大雨、洪水などの記述が確認される。そのなかで、貞観11年(869)5月26日の陸奥国の震災に関わる記事は、『日本三代実録』巻16、巻18にみられる。『日本三代実録』は、原本が確認されておらず、卜部吉田家に相伝された写本を16世紀前半に三条西実隆・公条父子が書写し、その三条西家本を17世紀になって写したいくつかの写本が現存する最古の史料である。写本は、現在30確認されており、それらは一系統と考えられている（遠藤 2005）。寛文13年(1673)には、松下見林が、写本を校訂して版本を刊行し（以下「寛文版本」）、それをもとに、明治時代に「国史大系」が印刷刊行され、さらに、1934年（昭和9）に黒板勝美が「新訂増補国史大系」を刊行し、その第4巻『日本三代実録』が、現在、定本の位置あるといっていい。しかし、ここで対象とする陸奥国の震災に関わる部分を比較すると、寛文版本以降と、それより前の写本の間には、文字の異同があるため、その確認を行ったうえで、ここでは、最古の写本の一つである慶長19年(1614)の写本（以下、「慶長写本」）の巻16から史料A、B、C、巻18から史料D（第4-18～21：史料A～D）として以下に示し、地震・津波に関して、若干の検討をしておこう。なお、本書では、史料A、B、C、Dを除いて、他の引用は、黒板勝美編「新訂増補国史大系」にもとづいた。また、表7には、六国史に見られる地震・津波記事をいくつかの項目に分けて示した。

第4章　平安時代貞観11年(869)の津波災害

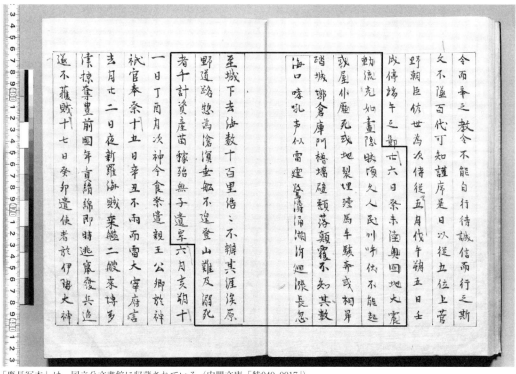

「慶長写本」は、国立公文書館に収蔵されている（内閣文庫「特049-0017」）

図120　史料A：日本三代実録貞観11年(869)5月26日陸奥国震災の記事（慶長写本）

1．史料A―巻16貞観11年5月26日条（ユリウス暦869年7月9日）

①廿六日 癸未
②陸奥國 地大震動 流光如晝隠映
③頃久 人民叫呼 伏不能起
④或屋仆壓死 或地裂埋殪 馬牛駭奔 或相昇踏
⑤城堞倉庫 門櫓墻壁 頽落顛覆 不知其數
⑥海口哮吼 声似雷霆 驚濤涌湖 泝廻漲長
⑦忽至城下 去海數十 百里浩々 不辨其涯涘
⑧原野道路 惣爲滄溟 乗舩不遑 登山難及
⑨溺死者千計 資産苗稼 殆無孑遺焉

　地震・津波と震災被害を伝える記事である（図120）。発光現象を伴う地震⇒地震被害の状況⇒津波の遡上⇒津波被害の状況と、短時間に起こった事象を時系列に編纂している。ここには、直接、体感したり、見たり聞いたりした具体的な内容が含まれており、なかでも、津波遡上の記事は、標高が高く、海岸線や平野を見渡せる場所でしか得られない目撃内容が含まれているため、主に、丘陵上にある多賀城跡における情報にもとづいていると考えられる。

表7 六国史における地震・津波災害記事

No.	文献・天皇	年月日	地域等・時間帯	地震動等		地形変化による被害等	
						地裂	山崩等
1	日本書紀 天武天皇	天武7年12月 678年	筑紫国	大地動之		地裂 廣二丈長三千余丈	崗崩處壓
2	日本書紀 天武天皇	天武13年10月14日 684年	飛鳥浄御原宮 人定（21-23時）	大地震			
			諸国		男女叫唱 不知東西		山崩河涌
			伊予国				湯泉没而不出
			土佐国	地動未曾有			田苑五十余万頃没為海
3	続日本紀 元明天皇	和同8年5月25日 715年	遠江国	地震			山崩壅瓱玉河水為之不流
4	続日本紀 元明天皇	和同8年5月26日 715年	参河国	地震			
5	続日本紀 聖武天皇	天平6年4月7日 734年	畿内七道諸国 （平城京　大地震）	地震		地往々折裂 不可勝数	山崩河壅
6	続日本紀 聖武天皇	天平16年5月18日 744年	肥後国	雷雨地震			山崩二百八十余所 圧死人卌余人
7	続日本紀 聖武天皇	天平17年4月27日 745年	美濃国 （平城京　通夜地震）	（地震）			
8	日本後紀 嵯峨天皇	光仁9年7月 818年	相模武蔵下総常陸 上野下野等国	地震			山崩谷埋数里 圧死百姓不可勝計
9	日本後紀 淳和天皇	天長4年7月12日 827年	平安京	地大震			
10	日本後紀 淳和天皇	天長7年1月3日 830年	出羽国秋田城 辰刻（7-9時）	大地震動		地之割辟 無處不辟	両岸各崩塞 其水氾溢
11	続日本後紀 仁明天皇	承和8年2月13日 841年	信濃国 夜	地震			
12	続日本後紀 仁明天皇	承和8年7月5日 841年	伊豆国	地震			
13a	文徳天皇実録 文徳天皇	嘉祥3年10月16日 850年	出羽国国府	地大震裂			山谷易處 圧死者衆
13b	日本三代実録	嘉祥3年10月16日 850年	出羽国国府	地大震動			形成変改
14	日本三代実録 清和天皇	貞観5年6月17日 863年	越中越後等国	地大震			陵谷易處 水泉涌出
15	日本三代実録 清和天皇	貞観10年7月8日 868年	播磨国	地大震動			
16	日本三代実録 清和天皇	貞観11年5月26日 869年	陸奥国府（多賀城）	地大震動 流光如昼隠映	頃久人民叫呼 伏不能起	地裂 埋殪	
17	日本三代実録 陽成天皇	元慶2年9月29日 878年	関東諸国 （平安京　夜地震）	地大震裂			地窪陥往還不通 百姓圧死不可勝計
18	日本三代実録 陽成天皇	元慶4年10月14日 880年	出雲国 （平安京　地大震）	地大震動			
19	日本三代実録 光孝天皇	仁和3年7月30日 887年	平安京 申時（15-17時）	地大震動			
			五畿七道諸国	大震			

「新訂増補国史大系」と史料Aの異同は、編者の黒板勝美が「多少疑いを存すべきもの」としている2カ所がある。1カ所は、「頃久」の「久」で、「新訂増補国史大系」では「之」とし、「之、原作久、今従印本及類史171」と頭書している。もう1カ所は、「驚濤涌湖」の「湖」で、「新訂増補国史大系」では「潮」とし、「潮、原作湖、今従同上（印本及類史171）」と頭書している。「印本」は寛文版本のことである。「類史171」は「類聚国史巻171災異部5地震」のことであるが、それがどの写本あるいは版本を示すのかはわからない。現存する「類聚国史巻171」の最古とみられている写本（前田育徳会尊経閣文庫編 2001。尊経閣文庫所蔵の古本四巻のうちの一巻）では、この2

震			人・家畜の被害	津波	No
建物と人の被害等					
寺社	官舎	百姓廬舎			
		百姓舎屋			1
		毎村多仆壊			
寺塔寺社	官舎	百姓舎屋	人民及六畜		2
	破壊之類不可勝数		多死傷之		
				大潮高騰海水飄蕩	
				運調船多放失	
		民家百七十余區蔽并苗損			3
	壊正倉卅七	百姓廬舎			4
		往々陥没			
		百姓廬舎			5
		圧死者多			
					6
佛寺堂塔	櫓舘正倉	百姓廬舎			7
	觸處崩壊				
					8
		舎屋多頽			9
四天王寺等	城郭官舎	城内屋仆		秋田河其水涸盡流細如溝	10
	皆悉顚倒	撃死百姓十五人			
		墻屋			11
		倒頽			
		里落不全			12
		人物損傷			
					13a
				海水漲移迫府六里所	13b
				大川崩壊去陸一町余	
		壊民廬舎			14
		圧死者衆			
定額寺堂塔	官舎				15
	皆悉頽倒				
	城郭倉庫門櫓墻壁	屋仆	馬牛駭奔	驚濤涌湖浜洄漲長	16
	頽落顚覆不知其数	圧死	相昇踏	忽至城下去海数十百里浩々 溺死者千許	
		公私屋舎			17
		一無全者			
神社佛寺	官舎	百姓居廬			18
		或顚倒或傾倚損傷者衆			
	諸司倉屋	東西京廬舎			19
		往々顚覆圧殺者衆或有失神頓死者			
	官舎			海潮漲陸	
	多損			溺死者不可勝計　其中摂津国尤甚	

文字は、「久」、「湖」と記されており、寛文版本の校訂が誤っていたと考えられる。「頃久」は「しばらくの間」を意味し、本震の時間の長さをよく伝えている。「驚濤涌湖」は、潟湖が存在する当時の地形環境が、寛文版本の校訂の際に理解されなかったことにもよるが、主語は「驚濤」なので、「涌」の次には、「湖」のように、場所を示す文字が入るのが自然であり、「涌潮」は意味が通りにくい。この記事は、沼向遺跡の報告で推定された当時の地形環境（図104）と一致しており（仙台市教育委員会 2010a）、津波の遡上を知るうえで重要である。

（1）震災の時間帯と発光現象

　震災の時間帯に関しては、古くから発光現象を夜とする説と昼とする説がある。「夜説」は、吉田（1906）によって「……「流光如書蔭映」の語によれば、夜中の事と見えるは宜しいが、……」とあり、「昼説」は、武者（1932）によって「……記す所簡短ではあるが、実況見るが如く、貴重なる資料と云うべきである。天候についての記載のないのが遺憾であるが、普通の電光とは異なるやうに思はれる。また、斯くの如き記述は歴史の編纂者が机上で作り得べきものではないから、決して根拠無き記事ではあるまい」とある。本書では、斎野（2012a）にもとづき「昼説」を支持しており、震災の時間帯は日中であり、その理由として、『日本三代実録』では、夜に起こったことは、「夜」の記述があるが、ここにはその記述がないこと、短い時間のなかで日撃による記事が多くあることによる。その点では、「流光如書隠映」が示す発光現象は、日中でも影ができるほど、非常に明るいと感じるような発光を意味し、「如書」は、「真昼のごとく」と理解される。ここでは、それに関して以下の２点を指摘しておきたい。

１）発光現象

　地震に伴う発光現象は、古くから知られていたが、1965年（昭和40）8月から2年間続いた長野県の松代群発地震によって広く認知されるようになった。そこでは、震央と観察される場所、地震の規模と発光の強さは無関係であると報告されている（泊 2015）。発光現象は海域でも見られ、津波に伴って発生することが文献史料にあり、近年では、その要因が、海底のメタンハイドレードの暴噴による可能性も指摘されている（榎本 1999、榎本・安田 2009）。陸域あるいは空中の発光現象については、1995年（平成7）1月17日の阪神淡路大震災を対象とした聞き込み調査（佃 1995）、アンケート調査（山口他 2001）による報告がある。佃（1995）によると、発光現象にはいくつか要因はあるが、放電が多数を占めると思われ、地下や地上付近の空中における電気の発生を示すという。発光源の高度は比較的低く、地表に近いところでの現象であり、その形態は、a）稲妻（雷のような）、b）山形（中央がやや盛り上がった）、c）扇形（地上から空中へ扇形に広がった）、d）水平形・帯状（水平に広がった）に分類される。発光の明るさは、光源近くでの昼間のような明るさ、上空や遠景のボーッとした明り等、さまざまな表現がなされている。また、山口他（2001）の調査結果によると、発光の時間帯は85％が「地震動到達の前後数分間」（22件／26件）、発光の継続時間は84％が「一瞬～数十秒」（16件／19件）で、その内訳は、一瞬：6件、数秒：7件、数十秒：3件であった。発光の形態は、a）細長い光の帯状：3件、b）地面から立ち上がる幕（霧）状：1件、c）その他：17件（空に広がった光、閃光、雷の稲妻状、空中や雲が光った）、発光の明るさは、地震発生日には、「まぶしいくらい」・「かなり明るい」など強い光であったとする回答が多く（16件中11件）、時間帯が日の出前の暗闇だとしても、相当に明るい光であったと報告されている。

　この阪神淡路大震災を引き起こした兵庫県南部地震は、断層を震源とする直下型地震で津波は発生しておらず、貞観11年（869）の地震とメカニズムは異なるが、これらのことを参考にすると、「流光如書隠映」が示す発光現象は、「流光」が発光の形態として「水平に広がった帯状」あるいは「細長い光の帯状」を表現している可能性が考えられる。また、「隠映」は、その視認に数秒あるいは数十秒の強い発光を要することも、実際に起こった現象として理解することができる。

表8 『日本三代実録』の光に関する主な天文異常記事

No.	年月日	記事
1	天安2年(858)9月29日	夜有流星 自東南行西北 星所落之處 有声聲如雷
2	貞観元年(859)10月15日	天東南有異雲 中有赤色 如電光激
3	貞観2年(860)7月24日	夜有流星 出自東北 入於西南 光照地
4	貞観2年(860)8月27日	夜有流星 出自南方 入於西北 光照地
5	貞観5年(863)2月19日	自十六日至十八日 日初昇 白無光 月初出 赤如丹 今日並復舊
6	貞観5年(863)8月11日	晨日無光
7	貞観5年(863)8月12日	晨日無光 少選復本
8	貞観6年(864)7月23日	星有 出自營室 入羽林東 赤黄無光
9	貞観6年(864)10月7日	夜 北山有光 如電 又朱雀門前見赤光 長五尺許
10	貞観9年(867)10月17日	晝有流星 東南行 光照地
11	貞観11年(869)5月26日	陸奥国地大震動 流光如晝隐映 頃久 人民叫呼 伏不能起
12	貞観14年(872)7月9日	晝有大流星
13	貞観14年(872)9月16日	日赤無光 即日宿在氐
14	貞観15年(873)7月1日	日蝕無光 虧炁如月初生 自午至未乃復
15	貞観16年(874)4月18日	申時日赤無光 此夜 月有蝕之
16	貞観16年(874)6月15日	是日酉時日未入 流星出自織女西邊 入大陵卷舌間 色赤有光
17	貞観17年(875)6月3日	日少光 星月並晝見
18	貞観18年(876)1月3日	日色変元 西京三條 降霧陰蒙 往還之人 不弁其形 湏臾開霽 日色復常
19	元慶2年(878)5月9日	亥時有大流星 出自氐南 入軫翼間 其尾二許丈 色赤有光 衆星随行
20	元慶8年(884)8月4日	自戌至子 小星四方流散 殞墜如雨
21	元慶8年(884)8月5日	自日没至人定 流星東西南北分散殞如雨
22	元慶8年(884)9月3日	寅時有大流星 長一丈許 自東南行西北 遂殞於地 其聲如雷
23	仁和元年(885)5月22日	酉時日色変黒 光散如射
24	仁和2年(886)4月14日	此夜 自子至丑 月黒無光 寅時自下端 稍成光
25	仁和2年(886)8月4日	安房国言上 去五月廿四日夕 有黒雲 自南海群起 其中現電光 雷鳴地震 通夜不止

※およその時間帯は、子：23-1時、丑：1-3時、寅：3-5時、卯：5-7時、辰：7-9時、巳：9-11時、午：11-13時、
　未：13-15時、申：15-17時、酉：17-19時、戌：19-21時、亥（人定）：21-23時
※この表には、「光」に関する天文異常を示す記事を掲載した。それに、いくつかの「流星」を含む記事を加えた。

地震に伴う発光現象の科学的な研究は、一致したメカニズムの理解は得られていないが、時間帯は、主に夜間で、日中にも確認されている（山中 2015）。これは、日中の地震に伴う発光現象がないのではなく、見えにくいためと考えられる。武者（1932）が気にしていたように、貞観11年（869）の震災の日は、日中でも確認しやすい天候だったのではないだろうか。

2）光に関する天文異変記事

『日本三代実録』には、編纂の方針にあるように、流星や雷光、星、日光、月光の異常等、天文異変も記されている（細井 2007）。そのなかで、自然の光に関する主な記事を表8に示した。これらは、a）昼の記述、b）昼夜の記述、c）夜の記述に分けられるが、光を「流光」とする表現は、貞観11年（869）の地震に伴う現象だけである。

a）昼の記述

「無光」or「少光」（No.6、No.7、No.13、No.15、No.17）：日光が弱い

「流星」or「星」（No.8、No.10、No.12、No.16）：流星

「日蝕」or「日色変黒」or「日色変赤」（No.14、No.22、No.18）：日蝕

「流光」（No.11）：地震発光

雲の中の「電光」（No.2、No.25）：地震発光 or 雷

b）昼夜の記述

日光が弱く、月が赤い（No.5）

「流星」群（No.21）

c）夜の記述

「流星」＋雷のような音（No.1、No.22）：隕石

「流星」＋「尾」（No.18）：彗星

「流星」群（No.20）

「流星」（No.3、No.4）

「月黒無光」（No.24）：月蝕

山に「電光」（No.9）

夜の記事は、現在でも通常見られる現象——隕石、彗星、流星、流星群、月蝕——がほとんどで、他に「電光」が１件あるが、昼の記事は、現在では、通常見られない現象——日光が弱いこと、流星群、流星・星が見えること——が多い特徴があり、他に「日蝕」、「流光」、「電光」がある。

これらのなかで、主体を占めているのは「大流星」、「流星」、「星」の記述で、ほとんどは夜の記事で、そのうち「光」に言及した記事は表８に示した６例（夜：No.3、No.4、No.18、昼：No.8、No.10、No.16）だけである。「光照地」の記述がNo.10の昼の「流星」にも見られ、昼の「大流星」がNo.12にもあり、そうした現象の要因には、「流星」が見えやすい空の条件があったのだろう。留意すべきは、日光が弱いとする記述が６例あることで、No.17では月と星が並んで見えるほど、通常とは空の明るさが異なっていたことが推定される。このNo.17の記述は、日蝕を示すとする解釈もあるが、日蝕はNo.14、No.22のように、太陽の変化が記述されており、No.14では「日蝕」とある。No.11の「流光如晝隠映」日の気象はわからないが、そうしたなかで理解していく必要もあると考えられる。「隠」は「覆われて見えないさま」あるいは「影」であり、「映」は「日光によって明暗の境目や形が生じること」あるいは「照らす」意味であり、流星において「光照地」とあることから、それとは異なり、「影」のない状態から、「影」が見える状態になったことを示しており、はっきりと明暗が生じるほど明るい光であったことを「如晝」と表現している。

記事は、この「流光」と長い地震動に人びとは叫び声をあげ、伏して起きることができなかったと伝えており、「伏」の用例としては、「伏願」、「伏奉」、「伏聴」、「伏望」、「伏待」等の他、「伏地恐之」、「伏隠草中」があり、本来、体を起こしている状態から、「伏す」状態への動作を示している。ここで「伏す」動作の要因は、地震の揺れが大きく、体を起こしていることや立っていることができなかったことにあり、多くの人びとの伏す行為が目撃されたことがわかる。それは、地震が、夜に起きたのではなく、日中に起きたことを示しているのである。

（２）「數十百里」と「去海數十 百里浩々」

史料Ａの「數十百里」には、これまでにいくつかの理解がなされてきた。ここでは、「去海數十百里浩々」とするのが適切であることを指摘する。

１）『日本三代実録』の数量表記

史料Ａには、数量を示す「数十」、「百」、「千」が用いられている。これらの単位は、「里」、「人」であるが、『日本三代実録』には、里の場合、具体的な実数の記述はほとんどなく、小さい方から順に「一二許里」、「二三里」、「三四許里」、「數里」、「六里」、「數十里」、「卅許里」、「百餘里」、「二

百餘里」、「數百里」、「千里」、「數千里」、「万里」がみられ、「數十百里」という用例はない。しかし、「數十」の用例は比較的多く、その単位には、「里」のほかに、「數十家」、「數十事」、「數十年」、「數十巻」、「數十人」、「數十字」があり、単位を後ろにつけない「其巻數十」、「株鮮數十」の用例もある。そのため、この記事は、「數十百里」とする見方もあるが、「數十（里）」と「百里」を分け、津波の浸水域を、海岸線に直交する距離（遡上距離）の「去海數十（里）」と、海岸線に平行する距離の「百里浩々」で示し、「數十（里）」は、「数里よりは長い距離」、「百里」は、目撃した場所から、南方、「遠くまで」という意味で使われていたと理解すべきである。

『日本三代実録』では、実数の表記には、「十」、「百」、「千」、「十万」の位の前に「二〜九」と同様、「一」をつけることがあり、数値が10、100、1000ちょうどの場合には、その傾向がみられる。以下に示すように、「一十」、「一百」、「一千」がさまざまな単位に用いられており、「百里」、「千里」、「千計」とは区別して扱うべきであろう。その点では、「千計」も、「多くの人」という意味で、実数ではないと考えられる。

「新錢一十二万五千文」、「貞観錢一千一百十貫文」、「新錢一千貫文」、「鐵一千廷」、「各錢百貫鐵百廷」、「各錢卅貫鐵卅廷」、「各錢廿貫鐵廿廷」、「各錢十五貫鐵十五廷」、「新錢十文」

「二千戸」、「一千戸」、「一百戸」

「一千僧」、「一千餘人」、「一百人」、「一百五人」

「絹一百冊五疋」、「綿一千二百廿五屯」、「綿千百五十二屯」、「絁一十疋」、「穀一千斛」

「地一十町」、「山十町」、「地十五町」、「田地一百六十四町」

「箭一十隻」、「甲冑一百一十」

２）『菅家文草』との関わり

『日本三代実録』を編纂した菅原道真は、昌泰３年(900)に、自ら書いた漢詩文等を編集した『菅家文草』を醍醐天皇に献上しており、両者の関連性も考えておく必要がある（川口校注 1966）。『菅家文草』には、以下のように、五言、七言の漢詩文の句のなかに数量の記述がある。

「千万人家一世間」、「一人開口万人喧」、「望鶴晴飛千万里」

「程去三千里」、「況復千餘里外投」、「無堪落涙百千行」

「千悶消亡千日醉　百愁安慰百花春」

「離家三四月　落涙百千行　万事皆如夢　時々仰彼蒼」、「波勢百千層」

「十里百里又千里」、「二三里外出尋山」

ここには、具体的な実数の表記はなく、「十」、「百」、「千」、「万」の位が用いられており、史料Ａと通じるとこもあるが、二つの位を大小逆に並べた「千万」、「百千」といった特徴的な表記がみられる。単位には「人」、「里」、「行」、「層」があり、「多くの」、「たくさんの」、「遠くまで」といった意味で使われている。『日本三代実録』には認められていないが、留意すべき点として、前述の「數十百里」との関係を考えておこう。「千万」、「百千」は単位を並べることで数量の多さを表しており、それより数量の少なさを表す場合は「十百里」となる。これには、「數」がつくことはなく、「千万」、「百千」ほどの意味をもたせることはむずかしい。そのため、「數十百里」は成立しないと考えられる。むしろ、史料Ａには、当時の文章に一般的に用いられていた四六の句法がみられ、それぞれ

四字からなる「去海數十」と「百里浩々」とすることで文体も整うのである。なかでも、「浩々」には、六国史において、以下の用例がある。

『続日本後紀』嘉祥元年(848)8月5日

　「辛卯　洪水浩々　人畜流損　河陽橋断絶　僅殘六間」

『文徳天皇実録』天安2年(858)5月22日

　「壬午　大雨　洪水□溢　河流盛溢　水勢滔々　平地浩浩　橋梁断絶　道路成川」

いずれも水害による記事で、目の前に広い空間が広がっている様子が表現されていること、四六の句法において、四字の前二文字に「洪水」、「平地」、後二文字に「浩々」、「浩浩」があることは、「百里浩々」と共通性が高く、無理がない。これらのことからも、「去海數十」は、「數十」の単位を省略したとするのが妥当なのである。

（3）六国史における津波災害記事

六国史には、表7に示したように、震災記事が19件あり、そのうち以下の5件に津波災害の記述がある。

- №2　天武13年(684)10月14日：人定（21:00-23:00）に起った地震に伴う土佐国の津波被害が記されている。夜間のため、地震時の人々の叫び声が記され、津波遡上の目撃情報が記されていない。運調船や田畑の津波被害は、翌朝、確認されたことである。
- №10　天長7年(830)1月3日：辰刻（7:00-9:00）に起った地震の後、引き波によって秋田河の河口付近の水がなくなる現象が記されている。出羽国の城柵である秋田城からの目撃情報と考えられる。その後に起ったであろう押し波による被害は記されていない。
- №13　嘉祥3年(850)10月16日：（日中）時刻の記述はないが、地震の後、津波が遡上し、国府に迫ったことが記されている。出羽国の国府である城輪柵からの目撃情報と考えられる。
- №16　貞観11年(869)5月26日：（日中）時刻の記述はないが、津波が遡上し、平野が浸水する様子が記されている。陸奥国の国府である多賀城からの目撃情報と考えられる。
- №19　仁和3年(887)7月30日：申時（15:00-17:00）に起った地震の後、津波が遡上し、摂津国の被害が最も大きかったと記されている。

これらの記事には、震災が夜間に起った№2土佐国に津波遡上の記述はないが、震災が日中に起った№10・13・16・19には津波目撃情報の記述が共通して認められる特徴がある。海岸から離れた平安京等の宮都では、津波目撃情報はきわめて貴重であるため、遠く離れた№10・13・16のような城柵官衙からの報告も編纂の対象になったと考えられる。それぞれの目撃記事に伴う報告は、津波災害の一部始終を伝えていたのであろうが、編纂の過程で簡潔にまとめられている。そこで重視されたのが、目撃情報にもとづいた津波の記述なのであり、津波があったことがわかるように記されている。

（4）読み下し

多賀城跡の地震被害は、②〜④行目に記されているが、実際の被害は、この記事より小さかった

と考えられる（斎野 2012a）。今回の検討もふまえて津波遡上の記事を読み下すと「海口は哮吼し、声、雷霆に似る。驚濤、涌に涌き、泝廻、長く漲り、忽ち、城下に至る。海を去ること数十、百里浩々として、その涯涘を辨えず。原野、道路、惣て、滄溟と為る。舩に乗るに遑なく、山に登ること及び難し」となる。注釈を入れて現代語訳をすると、「（図104で推定した潟湖と外洋をつなぐ）潮口（海口）の方で大きな音がした。その音は、（おそらく津波が七ヶ浜半島に到達した衝撃音で、）雷鳴のようだった。（多賀城跡から潮口は見えないが、その方角：東方へ目をやると、右手遠方に、津波が遡上するのが見えた。）津波は、（浜堤列を越え、）潟湖に達すると、驚くような波を湖面に涌き上がらせた。津波は、勢いをもって（海岸線に平行して、七北田川下流域の潟湖や陸地、名取川下流域、さらに平野の南方、遠くまで）長く伸びて遡上し、（眼前では、）忽ち、（その先端が）城下に達した。（津波による浸水域は、）海岸線からは、数里よりは長い距離で、（平野における南方への広がりは、）百里を越えて、遥か遠くまで及び、その範囲はわからないほどである。（七北田川下流域では、潟湖を含む沿岸部の）原野とそこに続く道路が浸水域となった。（潟湖沿岸に居住していた人びとは、津波が到達する前に、）船に乗ろうとしたが間に合わず、（潟湖北岸に居住していた人びとは、）背後の丘陵に登ろうとしたが難しかった」となる。

　史料Aの一連の記事は、震災時における多賀城跡とその南面の方格地割施工域における地震の揺れの様子と地震被害、主に多賀城跡から見た津波遡上の光景と津波被害を簡潔にまとめており、なかでも、臨場感のある具体的な津波遡上の記事は、編纂の根拠となった報告の信頼性の高さを示している。おそらく、この記事のもとになったのは、朝廷への震災の第一報であり、余震が続くなか、多賀城とその周辺で知りうる情報が伝えられたのだろう。陸奥国分寺のある名取川下流域など、陸奥国の他の地域の具体的な情報が含まれないのは、そのためと考えられる。

２．史料B—巻16貞観11年9月7日条（ユリウス暦869年10月15日）

①七日辛酉（中略）
②以従五位上行左衛門権佐兼因幡権介 紀朝臣春枝
③為検陸奥國地震使 判官一人 主典一人

　検陸奥国地震使として紀春枝の派遣を伝えている（図121）。この記事に「新訂増補国史大系」との異同はない。

（１）最初の復興策

　当時、平安京から陸奥国までの移動にどの程度の日数を要したのか、天長7年（830）、出羽国で起きた大地震の知らせが、25日後、朝廷に駅伝奏された記事からすると、検陸奥国地震使一行が陸奥国に到着し、すぐに帰京するだけでも、2ヵ月以上の期間が想定される。しかし、その派遣の約1ヵ月後には、詔として被災者救済策：史料Cが示されているため、検陸奥国地震使の目的は、救済策を講じるための視察ではなく、他にあることになる。

　推定されるのは、派遣後に存在が知られる陸奥国修理府と、過去に木工寮の木工頭の任にあった

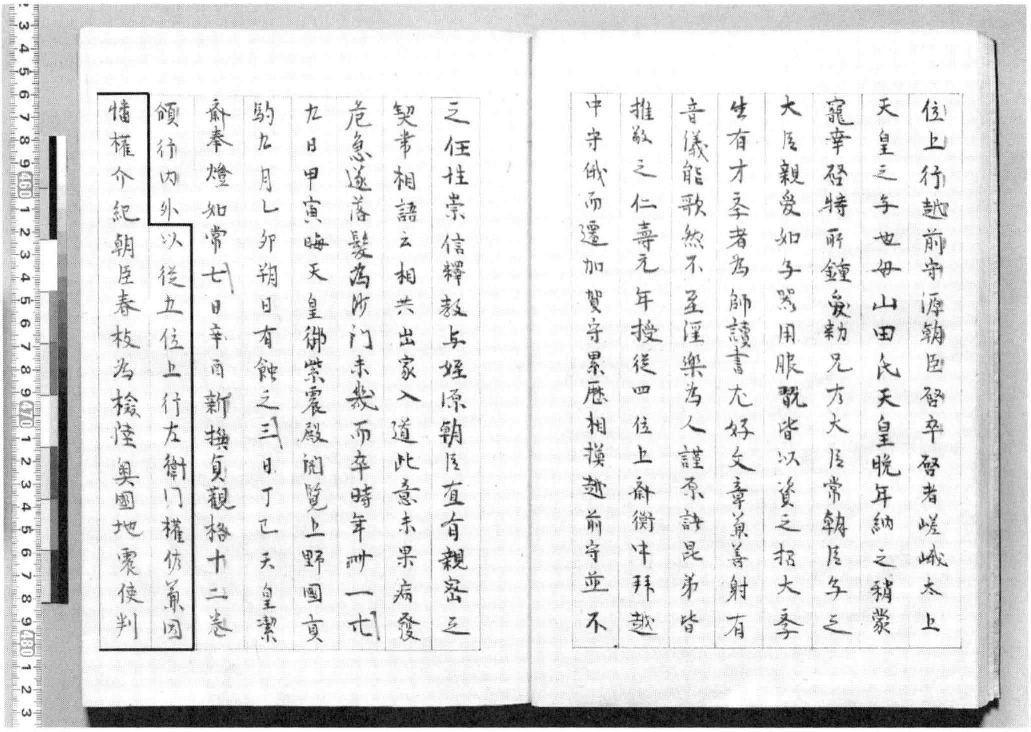

佐上行越前守源朝臣啓辛啓者嵯峨太上
天皇之子世母山田氏天皇晩年納之鍾蒙
寵幸啓特所鍾愛勅兄方大臣常朝居子之
大臣親愛如子罵用服說皆以資之招大季
生有才丞者為師讀書尢好文章莫善射有
音儀能歌然不至淫樂為人謹愿許昆弟皆
推敬之仁壽元年授從四位上齋衡中拜越
中守俄而遷加賀守累歷相摸越前守並不

官一人主典一人
祿不登起也十日甲子申勢卿三品爽行大宰
師諫元老親王抗表請賜胃子姓言臣聞破
家為國穀薔之嘉歎忌己利公賢威之茂閣
中謝臣才非兩獻茂謝雙河荷恩於丘山恥
身劾於滒碟令兒息漸衆祿賜居多為善未
聞捜公旅信靜而念之棟懃無限臣素之高
人之行猶係報國之志此年每聞官倉不贍

之任桂崇信繹教與姪原朝居宜有親密之
契帯相語云相共出家入道此意未果病發
危急遂落髮為沙門未幾而卒時年卅一廿
九日甲寅晦天皇御紫宸殿閲覽上野國貢
駒九月乙卯朔日丁已天皇親
齋奉燈如常七日辛酉新撰貞觀格十二卷
領行內外以從五位上行左衛門權佐藤原
惟權介紀朝臣春枝為檢陸奧國地震使判 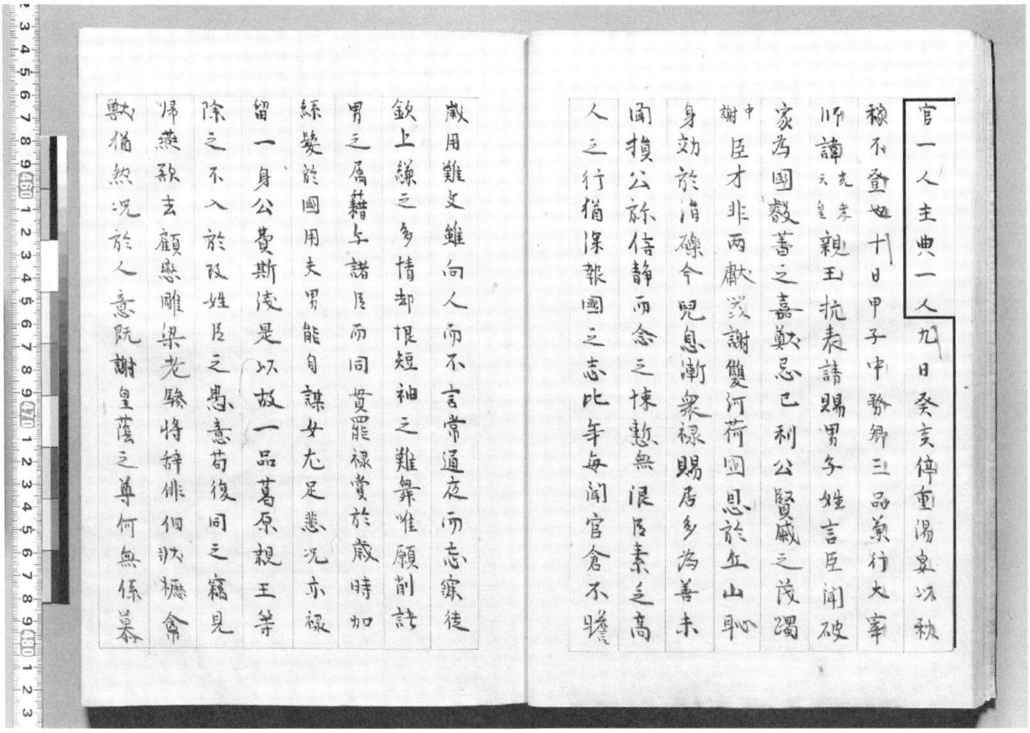
官

獻用難文雖向人而不言常通庭而忘寰徒
欽上繰之多情却退短袖之難舞唯願削詁
胃之屬籍與諸臣而同賁罷祿賞於歲時加
縣髮於國用夫男能自讓女尢足悲況赤祿
留一身公費斯浚是以故一品葛原親王等
除之不入於政姓臣之愚意苟後同之竊見
歸燕歎去顧恩雕梁老驥待辭俳佪狀樞舍
獸猶然況於人意既謝皇蔭之尊何無係慕

「慶長写本」は、国立公文書館に収蔵されている（内閣文庫「特049-0017」）

図121　史料B：日本三代実録貞観11年（869）9月7日検陸奥国地震使の記事（慶長写本）

紀朝臣春枝との関連性である。紀春枝は、宮内省に属する木工寮に長く務めた官人で、斉衡3年(856)に木工助、天安2年(858)に木工頭になり、9年間の長きにわたってその任にあり、貞観9年(867)に任を解かれ、このときにはすでに前々任者となっていた[11]（斎野 2012a）。木工寮は、造営事業の行政面における主要な機関として成立し、労働力全般の徴発と、その後の工人支配・運用をも職掌としており（十川 2007）、天長3年(826)には修理職を併合して組織が大きくなり、この頃には、建築、土木、修理を一手に掌り、配下に、木工、土工、瓦工、轆轤工、檜皮工、鍛冶工、石灰工などの職工が所属している。そのため、紀春枝の派遣は、木工頭の実績があった官人が、令外の臨時職である検陸奥國地震使として、官衙・寺院などの施設再建・修理のために、判官、主典などを伴って下向したと理解すべきであろう。一行の主たる目的は、それらの被災状況の確認と、陸奥国修理府における作業の準備と考えられ、朝廷が最初に示した震災復興策といえる[12]。また、その目的の一つは、三等官制の組織を下向させて震災復興にあたらせる朝廷の意向を、陸奥国へのルート上の諸国に示すことにもあったのであろう。

(2) 検陸奥国地震使と史料Cの「使者」との関係

検陸奥国地震使については、史料Cの「使者」と同じ官人であり、その派遣は、任官から1カ月以上経ってからとする見解もある（石井 2012）。たしかに、派遣された日の記載はないが、史料Cの「使者」には建築土木事業による復興の任務はなく、他の震災の事例において「使者」が派遣された嘉祥3年(850)の出羽国地震や仁和3年(887)の五畿七道に及ぶ地震の救済策でも同様である。検陸奥国地震使のように、施設再建・修理に関わる任官の類例としては、史料Bの1年後およびそれ以降に、以下の「検河内国水害堤使」と「築河内国堤使」の記事がある。

『日本三代実録』巻18

　　貞観12年(870) 7月2日条「従五位上行少納言兼侍従 和気朝臣彝範 為検河内国水害堤使 判官一人 主典二人」

　　貞観12年(870) 7月4日条「従五位上右中辨 藤原朝臣良近 為築河内国堤使長官 散位従五位下橘朝臣時成 従五位下賀茂朝臣峯雄 並為次官 判官四人 主典三人」

　　貞観12年(870) 7月22日条「是日 遣朝使築河内国堤 恐成功未畢重有水害也」

『日本三代実録』巻27

　　貞観17年(875) 2月9日条「以正五位下守右中辨兼行丹波権守 橘朝臣三夏 為築河内国堤使長官」

河内国の築堤事業は古くから行われている（川内 2011）が、貞観12年(870)に新たに任官された官人の職歴をみると、木工寮に在職していたのは、検河内国水害堤使の和気彝範だけであり、貞観2年(860)に木工大允、貞観3年(861)に木工権助（〜869）と、10年間、木工寮の要職を務めている。築河内国堤使は、堤を造成して復興事業を行う四等官制の組織であり、それに先行して任じられた検河内国水害堤使の役割は、水害被害の状況を現地で確認し、その対策として堤を造成する防災計画の立案等にあり、和気彝範は、紀春枝と同様、木工寮における実績から選任されたのであり、「検使（けみするつかい）」は、対象をよく調べて対策を講じるのが職務と考えられる。そのため、検

河内国水害堤使が最初に派遣されるのであり、7月22日の朝使は和気彝範の可能性が高く、派遣は任官20日後で、水害対策の復興事業を任務としていると推定される。

これらのことから、ともに令外の臨時職である検河内国水害堤使と検陸奥国地震使は、その役割は同じと考えられ、検陸奥国地震使に、検河内国水害堤使の「堤」のように、具体的な対象が記されていないのは、復興事業が多岐にわたり特定できなかったためで、任官の記載がその後の派遣を意味することになったのであろう。つまり、天人相関思想にもとづいて一刻も早く天皇の徳政が示される必要があった状況で、朝廷は、第一に、復興事業を担う適材を検陸奥国地震使に任じて、ほどなく派遣し、その進展によって政情の安定を保つ方策を実施したのであり、検陸奥国地震使は、史料Cの「使者」と異なる扱いをすべきである。むしろ、史料Cの「使者」は、別に朝使として派遣し、検陸奥国地震使と同様、諸国を通りながら陸奥国へ達することで、朝廷の被災地への救済策を広く知らしめる役割を担ったと考えられる。

（3）震災復興における修理事業の主体

河内国の水害被害からの復興事業は、陸奥国の震災復興事業と時期が重なる。災害の大きさにもよるが、検河内国水害堤使と築河内国堤使の令外官の設置は、災害からの復興が、朝廷の主導によって、築堤事業を計画と施工に分けて組織的に行われたことを示している。そのため、陸奥国においても、検陸奥国地震使とともに、築河内国堤使と同様な組織が設置されていたと考えるべきであり、後述の史料Dにある「陸奥国修理府」が相当する。河内国では、復興期間には、国司である河内守、検河内国水害堤使、築河内国堤使長官がおり、それらの官位は従五位上である。陸奥国は、河内国と同じ大国なので陸奥守の官位は従五位上で、検陸奥国地震使と同じであり、陸奥国修理府にも同格の任官があったと推定される。陸奥国では、河内国の築堤事業にもとづくと、震災復興における修理事業の主体は朝廷から派遣された令外官が担い、計画：検陸奥国地震使と施工：陸奥国修理府に分けて組織的に行っていたと考えられる。

3．史料C─巻16貞観11年10月13日条（ユリウス暦869年11月20日）

①十三日丁酉 詔曰（中略）
②如聞 陸奥國境 地震尤甚
③或海水海暴溢而爲患 或城宇頻厭而致殀
④百姓何辜罹斯禍毒 憮然媿懼 責深在予
⑤今遣使者 就布恩煦 使与國司
⑥不論民夷 勤自臨撫 既死者盡加収殯
⑦其在者詳崇振恤 其被害太甚者 勿輸租調
⑧鰥寡孤窮不能自立者 在所斟量 原宜支済
⑨務盡矜恤之 俾若朕親覩焉

震災による被害の概要が述べられた後、天人相関思想（寺内 1982）にもとづいて、その責任が

天皇の不徳にあることを詫びたうえで、多賀城へ使者を遣わし、国司へ、公民・蝦夷を分け隔てせず、死者への心配りや、鰥寡孤独を含めて、被災者への賑恤、税の減免措置の実施等、徳政を施す救済方針を表明し、丁寧な対応姿勢などの指示をしている。朝廷が、検陸奥国地震使の派遣に次いで示した震災復興策である（図122）。このなかで、「陸奥國境」の「境」には、「範囲」の意味があるので、「地震尤甚」の地域を他の国との境界付近と考えなくともよい。

　「新訂増補国史大系」との異同は、史料Cに1カ所あり、それは、津波に関わる「或海水海暴溢而為患」（③行目）における「海水海」を、「新訂増補国史大系」では、頭書もなく、寛文版本に倣い、「海水」としている点である。この「海水海」の記述は、慶長写本のほかに、近世の写本：昌平坂学問所旧蔵本でも確認できる[(13)]。「水海」は史料Aの「湖」と同じで、湖の存在を示しているが、寛文版本の校訂で、史料Aと同様、誤りとされたのである。慶長写本では「あるいは、海・水海暴かに溢れて患いとなり」と読み下され、史料Aに示された被災地の地形、津波被害の状況をふまえていることがわかる。「水海」の用例（下線）は、『日本三代実録』では、富士山の噴火に関連して、貞観6年(864)5月25日条に「大山西北 有本栖水海 所焼岩石 流理海中 遠卅許里 廣三四許里 高二三許丈 火焔遂属甲斐國堺」、巻8貞観6年(864)7月17日条に「甲斐国言 駿河国富士大山忽有暴火（中略）埋八代郡本栖並剗両水海 水熱如湯（中略）両海以東 亦有水海 名日河口海」とある。なお、5月25日条には、焼けた岩石の広がった範囲を「遠卅許里 廣三四許里」と二方向の距離で示す記事があり、史料Aで津波の浸水域の範囲を「去海數十(里) 百里浩々」とした理解に通じる。

（1）「湖」・「水海」の存在と「城下」

　史料A、史料Cから、七北田川下流域には、当時、「湖」あるいは「水海」が存在していたことが知られ、これは、図104に示したように、沼向遺跡の報告（仙台市教育委員会 2010a）で推定された埋没潟湖と考えられる。ここでは、津波は、海岸から第Ⅱ浜堤列、第Ⅰ浜堤列を越え、潟湖に達すると、驚くような波を湖面に涌き上がらせ、勢いをもって湖面を遡上し、忽ち城下に達している。名取川下流域では、潟湖の存在は推定されておらず、第Ⅰ浜堤列より陸側では、陸上を遡上しているが、両下流域における津波の先端が長く連なって見えたのは、湖上でも陸上でも遡上速度がそれほど大きくは違っていない可能性を示している。では、津波による浸水域はどこまで及んだのだろうか。史料Aでは、七北田川下流域において、津波が到達した「城下」は、原野の広がるところで、道が通っており、避難の対象となった人びとは、船をもっていること、あるいは居住地の背後に丘陵があることがわかる。その場所は、潟湖とその北岸の一部を含む沿岸域と推定され、陸域と水域の境がなくなったとする記事と符合する地形的条件を備えている。『日本三代実録』には、「城下」の用例として、元慶2年(878)4月28日条「出羽国守（中略）飛駅奏言（中略）城下村邑 百姓廬舎 為賊所焼損者多」、元慶2年(878)7月10日条「出羽国飛駅奏日（中略）又秋田城下賊地者 上津野 火内 榲淵 野代 河北 腋本 方口 大河 堤 姉刀 方上 焼岡十二村也」の記事があり、この場合、「城下」は、城柵が支配する地域という意味で用いられており、「忽至城下」は、七北田川下流域の平野部への津波の侵入が、国府多賀城へ及ばなかったことになる。また、「城」には、「施設名のみを指す場合」と、「その施設を含めた一定の広がり」である「一種の行政区画」とする意味が

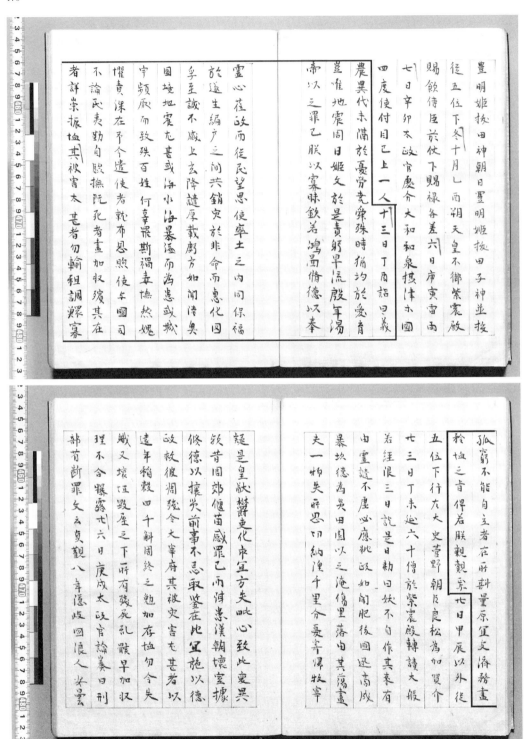

図122 史料C：日本三代実録貞観11年（869）10月13日朝廷の救済策の記事（慶長写本）

「慶長写本」は、国立公文書館に収蔵されている（内閣文庫「特049-0017」）

ある（平川 1982、熊谷 2011）が、ここでは、前者をより広い意味でとらえ、この時期には、9世紀初頭以降、蝦夷政策の転換により、丘陵上の多賀城跡における実務官衙の増加、その南面の山王遺跡東半部・市川橋遺跡における方格地割の施工による都市景観の整備により、両者が一体となって形成された国府：政治都市（熊谷 2000）の範囲と理解される。つまり、「忽至城下」は、「忽ち津波は陸奥国府域の付近まで及んだ」のであり、「城下」は、地理的な位置関係として、具体的には、方格地割施工域の南端以南で、潟湖とその周辺域とすべきであろう。

（2）墓域の形成

さまざまな救済の施策のなかで、発掘調査で検出された遺構との関連では、⑥行目「既死者盡加収殯」に関して、多賀城跡外郭南西角の西方外側、方格地割の北側に位置する市川橋遺跡中谷地地区で検出されていた墓域（宮城県教育委員会 2003）が、被葬者は方格地割内に居住した都市住民であり、貞観11年の震災を契機として出現した可能性が高いと推定されている（図123：柳澤 2012b）。この墓域の調査では、南北90m、東西60mの範囲から、平面形が隅丸長方形を主体とする土葬墓（木棺墓・土壙墓）93基、土器埋設遺構（合口土器棺墓）9基、計101基の墓が検出されており、土葬墓は、副葬品（土器）があって時期がわかる墓は12基と少ないが、他時期の遺構との重複や十和田a火山灰との層位的な関係から、9世紀後半を中心とする頃に営まれたと報告されている。しかし、多くの墓は時期不明で、土葬墓同士で4例の重複が認められ、なかには9世紀中葉のSK192とそれより古いSK201の関係があるなど、時期幅が存在しており、短期間に多数の墓が長軸方向を合わせて縦列あるいは並列するような傾向もない。また、副葬品の土師器坏・須恵器坏（図124）は、底径／口径比が0.45～0.35と比較的小さく、底部から体部にかけて内面の屈曲がなく、底部は回転糸切り無調整（底部が磨滅した図124-3を除く）で、後述する図131のⅢd期（9世紀末葉～10世紀初頭）の年代が与えられる。これらのことから、墓域は9世紀中葉以前から10世紀初頭にかけて営まれており、墓域形成の契機を震災の救済策に求めるのはむずかしい。この墓域の形成は、都市としての多賀城における方格地割の段階的な整備過程（鈴木 2010）のなかに位置づける必要があろう（斎野 2013b）。

（3）震災復興における救済事業の主体

資料Cの⑤～⑨は、救済事業の具体的な内容を示している。その主体は、⑤に「使与國司」とあることから、このために派遣された使者と陸奥国司である。朝廷から一緒に救済事業を行うように指示されていることから、使者は、国司と同等の官位にあり、復興期間中、陸奥国に滞在していると考えられる。両者の救済事業における役割は、⑥～⑧にあるように、公民・蝦夷に対する行政的な業務が中心であり、前述の修理事業とは異なっている。そのため、陸奥国の震災復興は、修理事業と救済事業に大きく分けられ、修理事業は検陸奥国地震使と陸奥国修理府、救済事業は陸奥国司と使者が、それぞれ分担して行われたと考えられ、朝廷が深く関与していることが知られる。

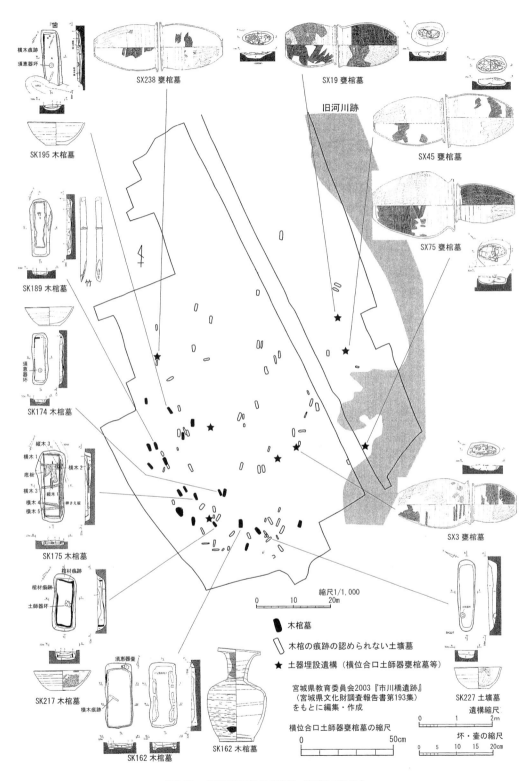

図123 多賀城跡南面の墓域（柳澤 2012b）

第4章　平安時代貞観11年(869)の津波災害　173

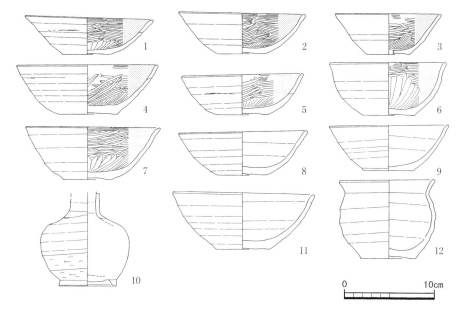

1～7・12：土師器　8～11：須恵器　1～9：坏　10：壺　11：甕／1：SK146・底面　2：SK148・1層
3：SK149・底面直上　4：SK217・2層　5：SK222・2層　6：SK227・底面直上　7：SK246・底面直上
8：SK147・2層　9：SK174・棺底面　10：SK192・底面直上　11：SK195・棺底面　12：SK246・底面直上

図124　多賀城跡南面の墓域出土土器（宮城県教育委員会 2003）

4．史料Ｄ─巻18貞観12年9月15日条（ユリウス暦870年10月13日）

①十五日甲子
②遣新羅人廿人 配置諸国
③清倍鳥昌南巻安長全連 五人於武蔵国
④僧香嵩沙弥傳僧關解元昌巻才 五人於上総国
⑤潤清果才廿參長焉才長眞平長淸大存倍陳連哀 十人於陸奥国
⑥勅 潤清等處於彼国人 掠取貢綿之嫌疑 須加重譴以粛後来
⑦然肆眚宥過 先王之義典 宜特加優恤
⑧安置彼国沃壤之地 令得穏便 給口分田營種料 幷湏其等事一依先例
⑨至于種蒔秋獲 並給公粮 僧沙弥等安置有供定額寺
⑩令其供給 路次諸国 並給食馬随身雑物 充人夫運送 勤存仁恕 莫致窘苦
⑪太政官宣 新羅人大宰貢綿盗取 潤清等廿人同此疑處
⑫湏其由責勘 法任罪給有 罪免給身矜給 安所量給 清倍等五人武蔵国
⑬元昌等五人上総国 潤清等十人陸奥国 退給宣
⑭潤清長焉眞平等 才長於造瓦 預陸奥国修理府料造瓦事 令長其道者相從傳習

貞観11年 (869) 5月22日に博多津で起こった新羅の海賊による豊前国年貢絹綿掠奪事件に共謀の嫌疑をかけられた新羅人20人を、陸奥国などへ移配する記事である（図125）。「新訂増補国史大系」との異同は、史料Dに2カ所ある。それは、新羅人「真午」を「新訂増補国史大系」では「真平」としていること、「太宰」を「新訂増補国史大系」では「大宰府」としていることである。

（1）陸奥国修理府と新羅人

　記事の内容は四つに分かれる。最初に、編者が武蔵、上総、陸奥の三国への配置を述べ（②〜⑤行目）、次に、勅によって新羅人の嫌疑を許し、先例に従って移配地で口分田・営種料を与えて生活を保護する徳政が記されている（⑥〜⑩行目）。そして、太政官がこれまでの経過と天皇の徳政、三国への配置人数を宣する（⑪〜⑬行目）が、その後、陸奥国への移配に一部変更があり、最後に、編者が一文を加えている（⑭行目）。変更の内容は、当初の10人のうち、潤清、長焉、真平等が「造瓦」に長けているため、「陸奥国修理府」で瓦造りに従事するようになったことである。この点については、「預陸奥国修 - 理府料造瓦事」として陸奥国修理府の存在に疑問を呈する見方がある（青森県 2001）。六国史では「修 - 理A料B」は、通常、Aは修理の対象施設、Bはその費用あるいは財源が記されており、一例として、『日本三代実録』には「出挙修 - 理官舎道橋料貞観銭六十貫文」（巻28貞観18年 (876) 2月10日）があり、⑭行目でBに相当する「造瓦事」は費用や財源でなく用法が異なっている。また、後述するように、この時期には、軒丸瓦に限っても瓦当文様の同じ瓦が多賀城跡のほかに陸奥国分寺跡等でも出土しており、他の瓦を含め、新羅人の関わった瓦の供給先が国府多賀城に限定されていたとは考えにくい。むしろ、文脈からは、新たに瓦造りの技術を見込まれた新羅人を、従事する機関に預けて保護し、そこでも生活の糧を得られるように措置した徳政の記述が重視され、そのうえでの⑭行目「令長其道者相従伝習」と理解されるのであり、ここは「預⌒陸奥国修理府料造⌒瓦事⌒」あるいは「預⌒陸奥国修理府⌒料⌒造⌒瓦事⌒」とすべきであろう。この点は、前述のように、朝廷の震災復興への関与において、修理事業に令外官を設置したことと整合する。なお、市川橋遺跡からは「修理所」の記述のある木簡（8世紀後葉〜9世紀前葉）が出土しており、「修理所」は多賀城に設置されていた機関であり、「修理府」と関連する可能性もある（註12参照）ことから、今後の出土文字資料の増加に期待しておきたい（斎野 2013b）。

（2）復興瓦：棟平瓦・鬼瓦

　陸奥国修理府で新羅人が「造瓦事」に携わった記事は、仙台市与兵衛沼窯跡の調査で、その関連性を示す発見があった（仙台市教育委員会 2010c）。与兵衛沼窯跡の1号窯跡と3号窯跡から、日本列島では、多賀城跡の他に例のない「棟平瓦」が出土し（図126）、その供給関係と、類例が韓半島の新羅の遺跡で認められることから、陸奥国修理府と史料Dの新羅人との関連性を具体的に示すことになったのである。

　与平沼窯跡では、復興瓦を生産し、多賀城や陸奥国分寺などへ供給した窯跡が5基発見されている。2基が平窯（1号・3号）で、3基が窖窯（4号・5号・6号）である。窖窯は、それ以前からの地域の伝統的な技術で作られている。平窯は平安京の官窯と同じ構造であり、両者の規模を比

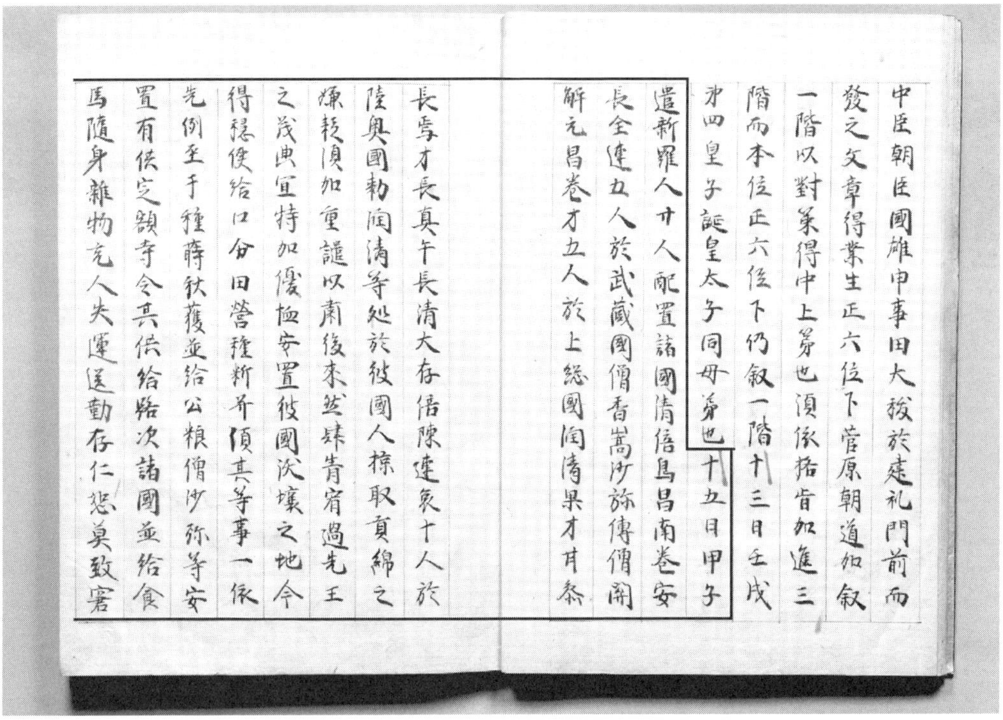

中臣朝臣國雄申事田大發於建礼門前而
發之文章得業生正六位下菅原朝道加叙
一階以對策得中上第也須依格旨加進三
階而本位正六位下仍叙一階十三日壬戌
第四皇子誕皇太子同母弟也十五日甲子
遣新羅人廿人配置諸國清倍鳥昌南巻安
長全連五人於武蔵國僧香嵩沙弥傳僧關
解元昌巻才五人於上総國潤清果才甘参
長焉才長真午長清大存倍陳連衆十人於
陸奥國勅潤清等処於彼國人掠取貢綿之
嫌疑須加重譴以粛後来然肄青宥過先王
之義典宜特加優恤安置彼國沃壌之地令
得穏便給口分田營種料并須其等事一依
先例至于種蒔秋獲並給公粮僧沙弥等安
置有供定額寺令其供給路次諸國並給食
馬隨身雜物充人夫運送勤存仁恕莫致害

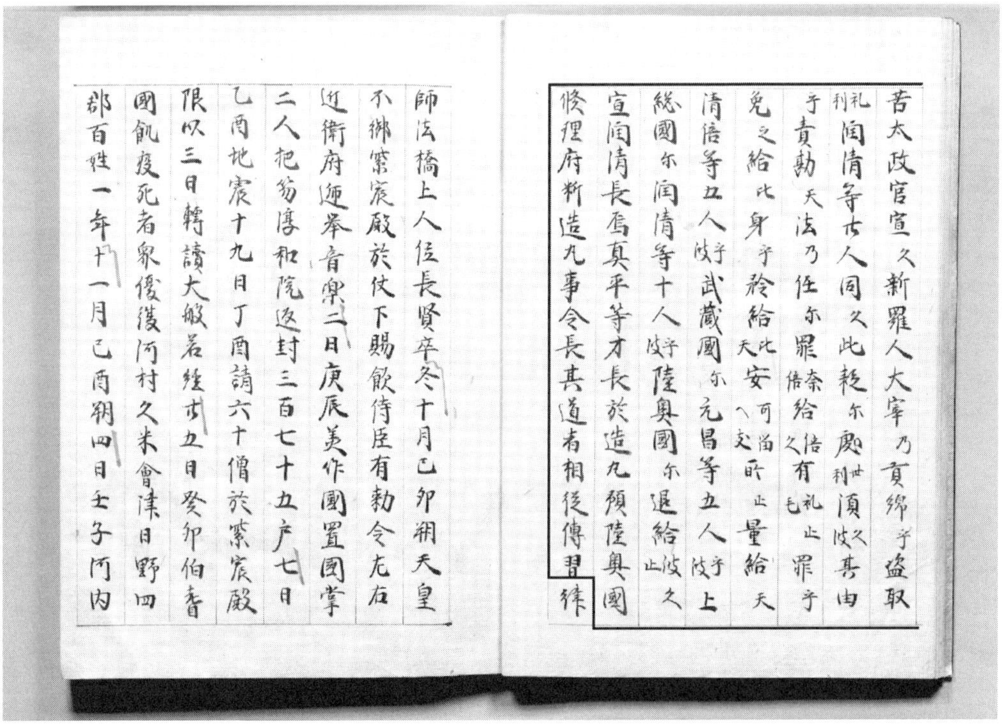

昔太政官宣久新羅人大宰乃貢綿乎盗取
利礼潤清等廿人同久此疑尓處利世須久其由
乎責勘天法乃任尓罪奈倍給久倍有礼止罪乎
免之給比身乎矜給比天安可留へ之所止量給天
清倍等五人波乎武蔵國尓元昌等五人波乎上
総國尓潤清等十人波乎陸奥國尓退給波止宣久
宣潤清長焉真平等才長於造瓦預陸奥國
修理府料造瓦事令長其道者相從傳習焉
師法橋上人位長賢卒冬十月己卯朔天皇
不御紫宸殿於仗下賜飲侍臣有勅令左右
近衛府逓奏音楽二日庚辰美作國置國掌
二人把笏准和院返封三百七十五戸七日
乙酉地震十九日丁酉請六十僧於紫宸殿
限以三日轉讀大般若経廿五日癸卯伯耆
國飢疫死者衆優復河村久米會津日野四
郡百姓一年十一月己酉朔四日壬子河内

「慶長写本」は、国立公文書館に収蔵されている（内閣文庫「特049-0017」）

図125　史料Ｄ：日本三代実録貞観12年(870) ９月15日陸奥国修理府と新羅人の記事（慶長写本）

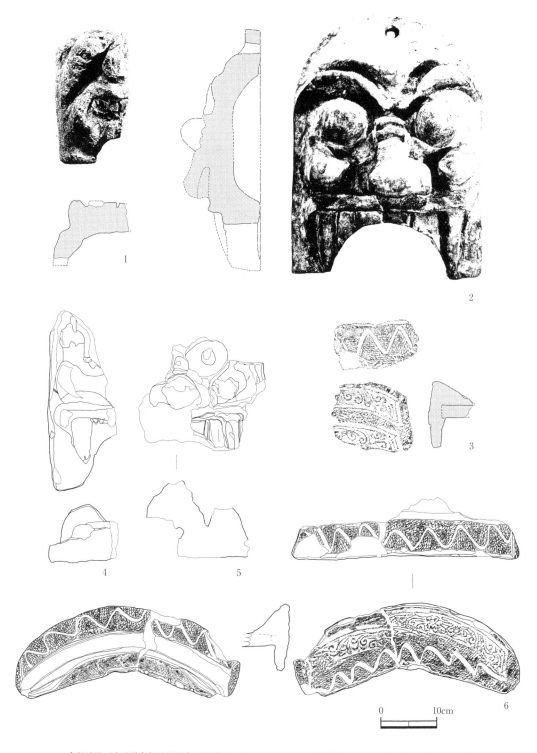

1〜3：多賀城跡（宮城県多賀城跡調査研究所 1980）　4〜6：与兵衛沼窯跡（仙台市教育委員会 2010c）
1.2.4.5：鬼瓦　　3.6：棟平瓦

図126　多賀城跡・与兵衛沼窯跡出土鬼瓦・棟平瓦

べると、全長が与兵衛沼4.3m～4.8m、平安京5m。焼成部奥行が与兵衛沼1.1m～1.2m、平安京1m。焼成部幅が与兵衛沼2.1m～2.2m、平安京2m。分焔柱が与兵衛沼6列、平安京6列とほぼ同じであり、最新の技術が直接もたらされていることが知られる。これは、瓦の生産を職掌とする木工寮との密接な関連性を示している。

　これらの5基の窯跡から出土した瓦は、平瓦と丸瓦がほとんどを占めるが、その他に、数は少ないながら、平窯2基を中心として道具瓦の棟平瓦と鬼瓦が破片として出土している。なかでも、棟平瓦は、3号窯跡の燃焼部左右の壁面に、1点ずつ瓦当面を燃焼部側に向けて埋め込まれており、新羅人が棟平瓦の一連の生産工程に関わっていることを教えてくれる。この棟平瓦は、鬼瓦とともに多賀城跡政庁で出土しており、組み合わされて、政庁正殿等の大棟の両端、降棟・隅棟の先端を飾ったと考えられる。兵衛沼窯跡の棟平瓦には、大きさに2種類があることから、棟の大きさに合わせて造り分けられていた可能性がある。(14) しかし、多賀城跡政庁では、前述のように、軒丸瓦、軒平瓦の組成率が低く、すべての葺替えは行われておらず、建物の建替えも限定的である。想定される復興事業は、軒丸瓦、軒平瓦、丸瓦、平瓦は補修され、棟の先端は、棟平瓦と鬼瓦で葺替えられたと考えられる。なお、3号窯跡からは、後述する図131のⅢc期の須恵器坏（底部回転糸切り無調整）が出土しており、遺構の時期が9世紀後葉であることが確認される。

（3）陸奥国分寺の復興

　陸奥国分寺跡の震災被害は、いずれの堂塔も建替えはなく、瓦の葺替えなどの修理がなされており、工藤（1965）は、軒丸瓦・軒平瓦の出土数量が、それぞれ創建期とほぼ同じであることを明らかにしている。それを、報告書の数値をもとに出土地点別でみると、塔跡、塔回廊跡、塔南瓦溜、塔北瓦溜から多く出土し、軒丸瓦で73.7％、軒平瓦で67.4％を占めている。その点では、主要な堂塔の建替えがなく、瓦の補修も少なかった多賀城廃寺跡の瓦の出土数量が、建物ごとに分散化している状況とは異なっており、陸奥国分寺跡では、塔跡の被害が比較的大きく、瓦の葺替えの主体であったと推定される。この塔跡の周辺からは、顎面に赤色顔料の痕跡のある復興期の軒平瓦が出土している（図127）。これは、茅負を彩色するときに、刷毛状の工具が顎面に触れたことを示している。塔跡は、軒丸瓦、軒平瓦は葺替えられ、丸瓦、平瓦は補修され、建物は彩色されており、復興のシンボルとして刷新された。

　また、陸奥国分寺跡の南東側に位置する薬師堂東遺跡（図128）では、復興のために金属製品を生産する工房が作られた。ここからは、複数の遺構と数多くの遺物が見つかっており、銅製品の一連の鋳造作業、金細工、金属加工等を行っていたことが判明している（仙台市教育委員会 2016b）。梵鐘を含む銅製品に関しては、燃料の生産、原材料の精錬、溶解炉（コシキ）の製作、鋳型の製作、鋳込みまでの鋳造行程がある程度復元される。(15) なかでも、梵鐘は鋳造遺構が検出されており、一辺2m四方の方形の竪穴の中心に、円形の底型を造り、その上に鋳型を載せて鋳込んでおり（図129）、堆積土からは、内型、外型　素焼外型、乳、龍頭等の鋳型の破片（図130）が出土している。鋳造された梵鐘の大きさは、高さ110～115cm（うち龍頭高25～30cm）、口径65cmと推定されている。これらの遺構群は、震災以前にはなく、貴重な原材料の管理から高度な鋳造技術までを担って

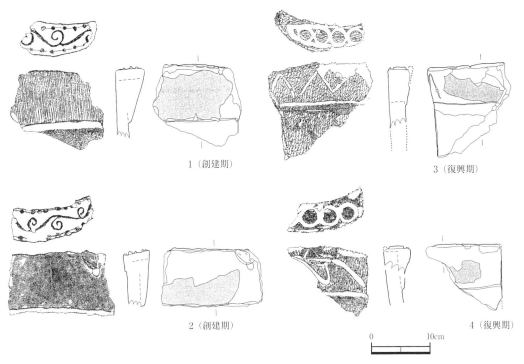

図127　陸奥国分寺跡出土軒平瓦（トーン部分が赤色顔料の見られる範囲：仙台市教育委員会 2014d）

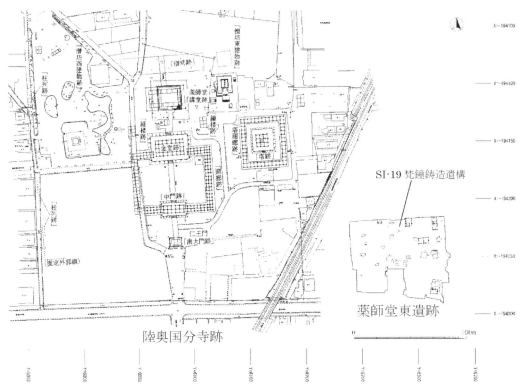

図128　陸奥国分寺跡と薬師堂東遺跡の位置関係（仙台市教育委員会 2016b に一部加筆）

図129　薬師堂東遺跡 SI-19梵鐘鋳造遺構（仙台市教育委員会 2016b）

1：長さ11.1cm　幅6.7cm　　　　2：長さ14.0cm　幅10.7cm
図130　薬師堂東遺跡 SI-19梵鐘鋳造遺構出土龍頭鋳型（仙台市教育委員会 2016b）

いる点で専門集団の関与があることから、木工寮との直接的な関係が考えられ、短期的な陸奥国分寺の復興事業と位置づけられる。

第4節　集落動態と津波災害の実態

　沼向遺跡第1～3次調査の報告以降、仙台平野で行われたこの時期の調査事例から、津波堆積物の識別、年代・時期の推定、地形・海岸線の復元がなされてきた。ここでは、津波の規模の推定、津波の波源の推定を行い、津波を前後する集落動態から、社会の変化を考えていく。

1．津波の規模と波源の推定

　仙台平野の平安時代貞観11年(869)における地震に伴う津波の規模と波源は、第2章第2節の「調査研究方法」にもとづいて、以下のように考えられる。

（1）津波の規模
　津波の規模は、遡上高や浸水深、遡上距離等を数値化して示されるが、過去の津波規模を数値化する痕跡として有効なのは、これまで対象とされてきたように、同じ単位沿岸域における津波堆積物にもとづく推定である。
　仙台平野では、2011年の東日本大震災の津波堆積物には砂質堆積物と泥質堆積物があることがさまざまな自然科学分野の野外調査で明らかにされ（松本 2011、後藤・箕浦 2012）、平安時代の津波災害痕跡に関して、二つの点で、それまでの研究を大きく進展させることになった。一つは、遡上距離2.5km以下の場合、砂質堆積物がそれに近い位置まで分布すること、二つは、砂質堆積物の分布から遡上距離の推定が可能となったことである。
　平安時代の砂質堆積物の面的な分布は、平野中北部において、自然科学分野の地点的なボーリング調査成果の再検討が行われ、沼向遺跡、下増田飯塚古墳群の発掘調査成果によって確認・推定されてきた経緯がある。
　これらの調査から、平野中北部では、平安時代の砂質堆積物の分布は、現在の海岸線から2.5～2.7km、当時の海岸線から1.5～1.7kmであることが知られる。平安時代の津波遡上距離は、砂質堆積物の分布（1.5～1.7km）をやや超える程度に分布すると推定される。

（2）津波の波源
　津波の波源はさまざまであるが、過去の津波の波源を示すのは、列島周辺の海域を震源とする地震に伴う痕跡である。それには、地滑り跡、地割れ跡、液状化跡等があり、津波による被災遺構との時期・年代の整合性が求められる。
　仙台平野では、『日本三代実録』に記された平安時代貞観11年(869)の地震記事に相当する地震痕跡は検出されていないが、それに伴う津波記事に相当する津波災害痕跡の時期を出土遺物から推定し、両者の整合性を確認している。これらの記録・調査から、平野中北部では、平安時代の地震は

列島周辺の海域で発生し、それに伴う近地津波が平野を遡上したと考えられる。

2．仙台平野の津波災害

　平安時代の津波は、算定した遡上距離から、仙台平野の地形区分において、地帯ⅢA、地帯ⅢBを浸水域としたと推定される。ここでは、その時期を前後する集落動態を、奈良時代から平安時代にかけて、遺跡の分布と消長から考えてみたい。

（1）時期区分と遺跡の消長

　対象とする時期は、土師器の編年では、国分寺下層式土器の時期から表杉ノ入式土器までの時期である。その時期区分は、奈良時代をⅠ期（国分寺下層式期）、奈良時代末葉から平安時代初頭をⅡ期（国分寺下層式期〜表杉ノ入式期）、平安時代をⅢ期（表杉ノ入式期）に大別し、さらに細別する。この時期の土器編年は、土師器（氏家1967、桑原1969、吾妻2004）、須恵器（岡田・桑原1974）の編年研究をもとに、七北田川下流域において、多賀城跡出土土器によって組まれた多賀城編年（白鳥1980、A群土器からF群土器）を基本として、その後、良好な資料をもとに編年の細分がなされる（宮城県多賀城跡調査研究所1995・1998など）とともに、F群土器以降の編年も進められている（宮城県多賀城跡調査研究所2007）。また、名取川下流域では、南小泉遺跡第22次調査報告（仙台市教育委員会1994）において、多賀城編年の細分が検討されており、ここでは、図131のように、Ⅰ期〜Ⅲ期を、地帯Ⅱにある南小泉遺跡とその周辺遺跡の住居跡出土土器によって、以下のように時期区分し、表9には、流域と各地帯に分けて遺跡の消長を示した。なお、沼向遺跡で検出された津波痕跡の時期は、Ⅲc期（9世紀後葉）である。

　　Ⅰa期　　8世紀前葉（多賀城A群土器）
　　Ⅰb期　　8世紀中葉〜後葉（多賀城A群土器）
　　Ⅱ期　　　8世紀末葉〜9世紀初頭（多賀城B群土器）
　　Ⅲa期　　9世紀前葉（多賀城C群土器）
　　Ⅲb期　　9世紀中葉（南小泉22次ⅢA期の土器）
　　Ⅲc期　　9世紀後葉（多賀城D群土器）
　　Ⅲd期　　9世紀末葉〜10世紀初頭（多賀城E群土器・南小泉22次ⅢB期の土器）
　　Ⅲe期　　10世紀前葉〜中葉（多賀城E群土器）

（2）平野北部：七北田川下流域

　対象とする時期には、地帯ⅠA北部に、平野に面して多賀城跡、多賀城廃寺跡があり、その南面の地帯ⅢAに市川橋遺跡、山王遺跡が位置する。そのほか、地帯ⅠA北部には、高崎遺跡、硯沢窯跡、大沢窯跡、大貝窯跡、地帯ⅠA西部には、燕沢遺跡、大蓮寺窯跡、与兵衛沼窯跡、五本松窯跡など、地帯ⅢBの浜堤列には沼向遺跡がある。図104には、平安時代初頭の七北田川下流域の地形環境と遺跡の分布を示した。地帯ⅢAに潟湖が広がる地形環境は、この時期には、海水準

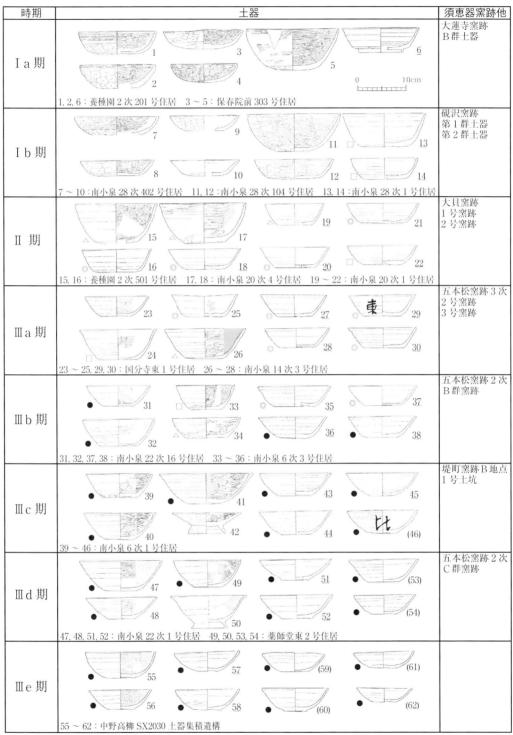

図131 南小泉遺跡とその周辺遺跡における奈良・平安時代の坏形土器他（斎野 2012a）

表9 奈良時代～平安時代の遺跡の消長（津波痕跡の時期はⅢc期）

流域	地帯	時代	奈良		奈良-平安	平安					主な遺跡
		時期	Ⅰa期	Ⅰb期	Ⅱ期	Ⅲa期	Ⅲb期	Ⅲc期	Ⅲd期	Ⅲe期	
七北田川下流域	地帯Ⅰ	北部	◎	◎	◎	◎	◎	◎	◎	◎	多賀城跡　高崎遺跡　郷楽遺跡　硯沢窯跡
		多賀城政庁	Ⅰ期	/Ⅱ期	/Ⅲ期				/Ⅳ期		
		西部	○	○	○	○	○	○	○	○	燕沢遺跡　与兵衛沼窯跡　五本松窯跡
	地帯ⅢA	北部	◎	◎	◎	◎	◎	◎	◎	◎	山王遺跡　市川橋遺跡
		多賀城南面	区画施設（古・新）/道路跡Ⅰ期					/道路跡Ⅱ期	/道路跡Ⅲ期		（区画施設・方格地割施工域）
		西部	+	+	+	+	○	○	+	◎	鴻ノ巣遺跡　洞ノ口遺跡　新田遺跡　今市遺跡
		南部		+			+		◎	○	中野高柳遺跡
	地帯ⅢB		◎	◎	◎	◎					沼向遺跡
名取川下流域	地帯Ⅰ	西部	○	○	+	○	○	+	○		北前遺跡　山田上ノ台遺跡　上野遺跡
	地帯Ⅱ	広瀬川左岸	◎	◎	◎	◎	◎	◎	◎	+	陸奥国分寺跡　南小泉遺跡　保春院前遺跡
		河間低地	◎	◎	◎	◎	◎	◎	◎	+	郡山遺跡　長町駅東遺跡　下ノ内遺跡　山口遺跡
		名取川右岸	◎	◎	◎	◎	◎	◎	◎		中田南遺跡　清水遺跡　安久東遺跡
	地帯ⅢA	名取川左岸	+	+	+		+	○	+		中在家南遺跡　高田B遺跡　今泉遺跡
		名取川右岸					○	◎	+		中田畑中遺跡　戸ノ内遺跡　鶴巻前遺跡
	地帯ⅢB	名取川左岸	○				+	○			藤田新田遺跡　下飯田遺跡

「+」：遺物少量　「○」：包含層遺物少量あるいは遺構少数　「◎」：包含層遺物多量あるいは遺構多数

の上昇傾向が推定され、それが、地下水位と連動し、集落動態に影響を及ぼしていることも明らかにされている（仙台市教育委員会 2010a）。

1）Ⅲb期以前の集落

多賀城Ⅰ期からⅢ期の時期である。地帯ⅠAの多賀城跡周辺では、郷楽遺跡、高崎遺跡など、Ⅰa期から継続して居住域が確認される。地帯ⅢAの多賀城跡南面の市川橋遺跡では、Ⅰ期に、溝と柱列による区画施設で、南、西、東を囲われた空間が、2時期（区画域古・新）にわたって設定されている。区画域内には、方向をそろえた掘立柱建物跡が複数認められ、区画溝SD180からは、軍団に関わる内容を記した木簡や戸口損益帳、具注暦の断片が漆紙文書として出土しており、官衙としての性格が考えられる。この区画域は、Ⅱ期に消滅し、代わって、図132のように、多賀城跡外郭南門から南へ延びる南北大路、それと多賀城跡外郭南辺と平行して交わる東西大路を基軸とした方格地割が、山王遺跡東半部までの広がりをもって施工されるようになり（道路跡Ⅰ期）、南北大路には橋を架け、その南側は砂押川が大路と平行するように改修工事をしている。この空間には、主に、道路跡と方向をそろえた掘立柱建物跡が検出され、国司の館や図133に示した遣り水状の遺構の存在、工房や住居などもあることから、官衙の機能も合わせもつ都市としての性格が考えられ、9世紀初頭以降の国府多賀城を特徴づけている。地帯ⅢA西部では、鴻ノ巣遺跡、岩切畑中遺跡で、継続的な遺構が確認され、Ⅰa期からⅢb期までの土器も出土している。また、地帯ⅢBでは、古墳時代後期から継続してきた沼向遺跡（標高0.6～1.5m）の集落が、Ⅲa期まで存続するが、古墳時代前期以降、住居床面や遺構底面の標高の上昇がみられ、それが地下水位の上昇に伴うことから、居住環境の悪化によって廃絶し、Ⅲb期以降は、近世まで、集落の営みは途絶える。

2）Ⅲc期の集落

地帯ⅠAの多賀城跡はⅢ期の終わりからⅣ期の初めの時期で、地帯ⅢAの多賀城跡南面の方格地割施工域は道路跡Ⅰ期の終わりからⅡ期の初めの時期である。Ⅱ期の道路跡は、震災復興を契機

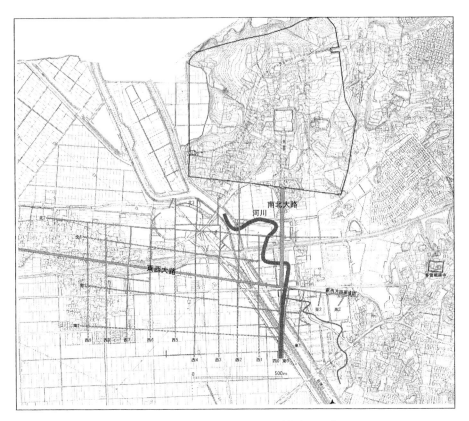

図132 多賀城跡南面方格地割（鈴木 2010）

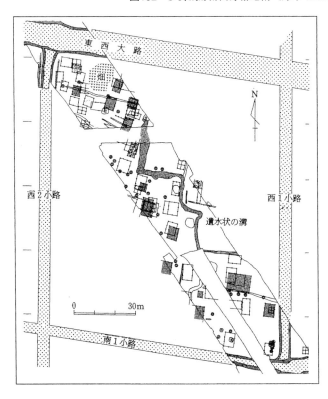

図133 多賀城跡南面鑓水遺構（鈴木 2010）

として整備が進められ、路面の整地に基本層とは異なる砂質土が用いられる特徴がある。この砂質土は、方格地割施工域において、路面上や道路側溝に類似した砂層の堆積が多く認められ、「陸奥国大地震による河川氾濫や洪水などで生じた自然堆積層と考えられ」ている（宮城県教育委員会 2009）。しかし、砂層の起源や、地震との関連性は明らかにされておらず、課題とされる。方格地割施工域南端部では、畑から水田への土地利用の転換がみられる。また、多賀城跡政庁の建物の修理、一部の建物の建て替え、多賀城廃寺跡の修理に必要な瓦の生産が、地帯ⅠA北部の大沢窯跡、硯沢窯跡、地帯ⅠA西部の台原・小田原窯跡群の与兵衛沼窯跡、安養寺中囲窯跡などで行われた。地帯ⅠA西部の燕沢遺跡では、Ⅲc期から遺構が増加しており、台原・小田原窯跡群と多賀城跡の中間に位置し、瓦の運搬に関してだけでなく、交通の要衝としての重要性も考えられる。集落は、地帯ⅠA北部の郷楽遺跡、地帯ⅢA西部の鴻ノ巣遺跡、今市遺跡などに展開している。地帯ⅢA東南部には潟湖が広がっており、一部、自然堤防が陸域を形成しているが、集落の居住域は確認されておらず、潟湖東岸にあった沼向遺跡の集落は、すでにない。このように、七北田川下流域では、津波の時期の地形環境は図104とほぼ同じであるが、集落は、地帯ⅢA・ⅢBにおいて、当時の海岸線から、距離にして4kmほどの範囲には認められていない。しかし、地帯ⅢBの沼向遺跡でも、土器などの遺物が、数はきわめて少ないながら地点的に出土しており、潟湖を生産域とした漁撈活動や、浜堤列を含めた狩猟活動に伴う可能性があり、潟湖沿岸に小規模な居住域あるいは短期的な拠点が存在していた可能性がある。

3）Ⅲd期以降の集落

　地帯ⅠAの多賀城跡はⅣ期、地帯ⅢAの多賀城跡南面の方格地割施工域は道路跡Ⅱ期・Ⅲ期の時期である。道路跡Ⅱ期には、方格地割が最も広く施工され、道路の改修も行われている（鈴木 2010）。集落は、地帯ⅠA北部の郷楽遺跡、地帯ⅢA西部の鴻ノ巣遺跡、今市遺跡などに継続して展開している。また、Ⅲd期には、地帯ⅢA南部の中野高柳遺跡に生産域が形成され、水田跡と畑跡が検出されている(宮城県教育委員会 2006)。この生産域は、延喜15年(915)の灰白色火山灰：十和田a火山灰に覆われて放棄されるが、その上層で、Ⅲe期の遺構が検出されており、集落の新たな形成が推定される。

（3）平野中部：名取川下流域

　対象とする時期には、Ⅰa期に、広瀬・名取河間低地の地帯Ⅱに郡山遺跡Ⅱ期官衙に後続する遺構群が認められ、Ⅰb期に、広瀬川左岸の地帯Ⅱに陸奥国分寺、陸奥国分尼寺が創建され、その後、継続して営まれる。西部の地帯ⅠBには、上野遺跡や山田上ノ台遺跡、地帯Ⅱでは、広瀬川左岸の南小泉遺跡、薬師堂東遺跡、河間低地の長町駅東遺跡、富沢遺跡、下ノ内遺跡、名取川右岸の中田南遺跡、清水遺跡、地帯ⅢAでは、名取川左岸の中在家南遺跡、高田B遺跡、名取川右岸の戸ノ内遺跡、中田畑中遺跡、地帯ⅢBでは、名取川左岸の藤田新田遺跡、下飯田遺跡などがある。これらの遺跡は、陸奥国分寺跡、陸奥国分尼寺跡とそれに隣接する遺跡を除いて、弥生時代や古墳時代に農耕集落が形成されており、従来、農地に適した土地条件を備えている。陸奥国分寺跡、国分尼寺跡の選地には、農地に適しておらず、寺域設定可能な土地が確保できること、想定される東山道

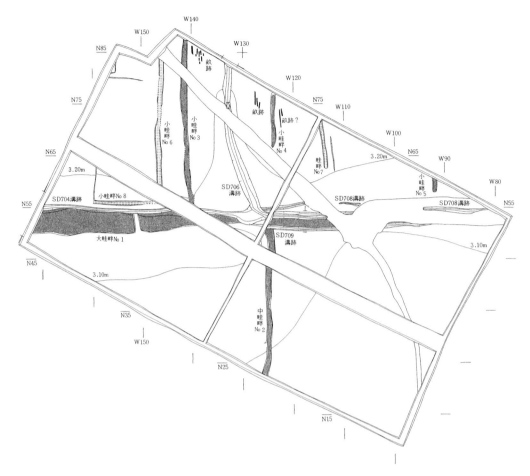

図134　高田B遺跡平安時代水田跡（宮城県教育委員会　1994a）

に近い位置にあることが理由として考えられ、それによって、名取川下流域に広がる安定した農耕集落群の編成が保持されたことも重視されてよい。

1) Ⅲb期以前の集落

　地帯Ⅱの扇状地性の地形面を中心として集落が安定して形成されている。広瀬川左岸では、保春院前遺跡、南小泉遺跡、神柵遺跡などで継続した居住域の存在が知られ、広瀬・名取河間低地では、富沢遺跡の水田跡に条里型土地割が施工されており、ここを生産域として、南側の下ノ内遺跡、山口遺跡などを居住域とする集落が継続して営まれている。名取川右岸では、中田南遺跡、清水遺跡などで、継続的な居住域が認められる。Ⅰ期～Ⅱ期に、地帯ⅠB、地帯ⅢA、ⅢBでは、地点的に集落の形成は認められるが、継続性はなく、Ⅲb期から、地帯ⅢA東半部の高田B遺跡、今泉遺跡、中在家南遺跡などを中心として新たに集落が形成される傾向が認められる。このうち、高田B遺跡では、水田跡が検出されている（図134、宮城県教育委員会　1994a）。この水田跡は、十和田a火山灰をブロック状に含む層に覆われていることから、廃絶の時期はⅢe期以降であり、開田の時期は、耕作土や水路出土土器から、Ⅲb期あるいはⅢc期であり、その間の継続性が推定される。

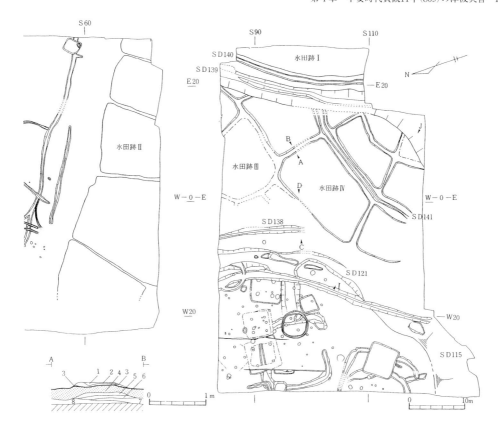

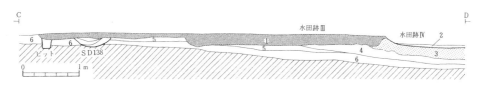

図135　藤田新田遺跡平安時代水田跡（宮城県教育委員会 1994b）

2）Ⅲc期の集落

　被害の大きかった陸奥国分寺跡、陸奥国分尼寺跡の修理に必要な瓦の生産が、地帯ⅠA西部の台原・小田原窯跡群の堤町窯跡、五本松窯跡、安養寺中囲窯跡などで行われた。集落群は、地帯Ⅱ、地帯ⅢAを中心として、継続して営まれている。地帯ⅢAでは、名取川左岸の高田B遺跡、今泉遺跡、押口遺跡、名取川右岸の中田畑中遺跡、戸ノ内遺跡、地帯ⅢBでは、名取川左岸の藤田新田遺跡で集落が形成される。藤田新田遺跡では、河川跡から、Ⅲc期からⅢe期の土器が出土しており、集落の継続性が推定されるとともに、廃絶時期の異なる水田跡、水田跡Ⅲ・水田跡Ⅳが検出されている（図135、宮城県教育委員会 1994b）。水田跡Ⅳは、耕作土（断面図の3）が十和田a火山灰（断面図の2）に覆われており、Ⅲd期まで存続していたが、水田跡Ⅲは、耕作土（断面図の1）に十和田a火山灰をブロック状に含んでおり、水田跡Ⅳを復旧し、Ⅲe期まで存続したと考えられる。

3）Ⅲd期以降の集落

 地帯Ⅱ、地帯ⅢAを中心として、海側に地帯ⅢA、山側に地帯ⅠBを含めた集落群の展開は、Ⅲd期からⅢe期にかけて継続している。この間には、十和田a火山灰の降灰が広く認められ、水田が火山灰で覆われたが、名取川下流域では、地帯Ⅱの山口遺跡や地帯ⅢBの藤田新田遺跡水田跡Ⅲのように、基本的に復旧され、Ⅲe期にかけて集落は存続する。

（4）津波前後の集落動態の理解

 七北田川下流域では、Ⅲc期の集落は、多賀城跡と南面の方格地割施工域の周辺を中心として、地帯ⅠAの北部・西部、地帯ⅢAの北部・西部に展開しており、地帯ⅢA南部の潟湖周辺、地帯ⅢBの沼向遺跡などに、農耕集落は形成されていなかった。この傾向はその後も継続し、地帯ⅢA南部では、Ⅲd期に水田域と畑域による生産域が形成されており、津波は、集落動態にそれほど影響を与えてはいない。これは、津波による主たる浸水域が、地帯ⅢA南部の潟湖周辺、地帯ⅢBで、そこに集落がなかったことに起因していると推定される。地帯ⅢAの集落において、潟湖北岸の水田域が津波による被害を受けた可能性もあるが、これまでに検出されてはいない。

 名取川下流域では、Ⅲc期の集落群は、地帯Ⅱおよび地帯ⅢAを中心として、地帯ⅠBにも展開し、地帯ⅢBにも新たな集落が形成される。この傾向は、その後も継続するとともに、水田域が、地帯ⅢAでは、Ⅲb期～Ⅲc期以降、地帯ⅢBではⅢc期以降に形成されており、津波は、集落動態にそれほど影響を与えてはいない。これは、津波による主たる浸水域が地帯Ⅱに及んでおらず、地帯ⅢAにおいても、より陸側の自然堤防までは及ばず、地帯ⅢBの第Ⅰ浜堤列までの被害が小さかったことを考えさせる。地帯ⅢA・ⅢBでは、津波被害によって廃絶された水田や畑が存在した可能性もあるが、検出されてはいない。

3．津波災害と社会

 平野北部の七北田川下流域では、沼向遺跡で発掘調査された津波痕跡から、その遡上距離は、前述のように、当時の海岸線から1.5km強と推定された。この距離からすると、図104では、潟湖北岸の湖岸線の位置は、当時の海岸線から約2.5～4.0kmに位置にあり、津波は、第Ⅰ浜堤列を海側から越えて、その西方に広がる潟湖の湖面を進み、一部は北岸に達したが、市川橋遺跡や山王遺跡が立地し、方格地割が施工されていた自然堤防までは達しなかったと考えられる。七北田川下流域では、津波が遡上し、被害が生じた9世紀後葉における農耕集落は、地帯ⅢBには存在しておらず、地帯ⅢAでも、潟湖に北から延びる自然堤防には確認されていないため、潟湖沿岸の津波による農耕への被害は、それほど大きくはなかったと考えられる。

 平野中部の名取川下流域では、下増田飯塚古墳群で発掘調査された津波痕跡から、その遡上距離は、前述のように、当時の海岸線から1.7km強と推定された。ここでは、9世紀の中葉から、徐々に地帯ⅢAの東部、地帯ⅢBへ集落が展開していく傾向がみられる。津波は、遡上距離を七北田川下流域で算定した数値とすると、地帯ⅢBの第Ⅱ浜堤列をやや超えるところまで達し、地帯ⅢAの

東部、地帯ⅢBにおいては、生産域すなわち水田域は、浸水域に含まれ、自然堤防や浜堤列に形成されていた居住域にもある程度の被害が及んだと推定される。しかし、それは、地帯ⅢAの西部、地帯Ⅱに、津波による被害がほとんどなかったことを示している。なかでも、地帯Ⅱは、弥生時代以降、この地域の安定した食糧生産域と位置づけられ、震災以降も、その役割を果たしたと考えられる。集落動態からは、9世紀中葉以降、10世紀初頭にかけて、地帯ⅢAの東部、地帯ⅢBへの農耕集落の進出は継続しており、震災による変化は認められない。

こうした津波被害の推定に対して、史料A～Dの内容は、どの程度整合するのだろうか。

(1) 史料A

津波被害に関しては、「溺死者千計 資産苗稼 殆無孑遺焉」とする記事がある。対象とされた場所は、文脈からすると、七北田川下流域の浸水域であり、平野全域ではない。「溺死者千計」は、前述のように、実数ではなく、溺死者数が多かったことを示し、当時の潟湖沿岸域、なかでも地帯ⅢA東部、地帯ⅢBには集落が認められないため、実数と「千」には開きがあるのだろう。また、「資産苗稼 殆無孑遺焉」となった地域は、農地を含むことから、七北田川下流域では地帯ⅢAの埋没潟湖北岸域の一部、あるいは潟湖の中央にある自然堤防の可能性がある。しかし、これらは津波の遡上限界に近いため、財産や作物がまったくなくなるような被害が生じるのか、疑問が涌く。地帯ⅢBにあった沼向遺跡の集落が存続していれば、こうした大きな被害を受けたと思われるが、すでに集落はなく、農耕をできない環境になっており、被災した農地の範囲を想定するのもむずかしい。このように、集落動態からすると、津波による被害は、名取川下流域の地帯ⅢA東部と地帯ⅢBを含めても、平野全体からすると限定的であり、史料Aの最後に示された被害状況の部分は、実態とはやや離れた内容を含んでいるとみられる。

また、建物等の被害についても、多賀城跡や陸奥国分寺跡では限定的であることが知られている。六国史の震災記事（表7）を見てもわかるように、建物被害の記述項目は、大きく、寺社、官舎、百姓盧舎に分けられており、その程度は、「不可勝数」、「皆悉」、「衆」、「多」等が用いられている。そこでは実数の記載は限られており、大きな被害があったことを伝えているのである。史料Aにおいても同様であり、震災被害の記事内容は、事実を過大視していると考えられる。

(2) 史料B

検陸奥国地震使の派遣策は、天人相関思想にもとづく天皇の詔による被災者救済策（史料C）に先行しており、その理由として、陸奥国の被災状況と政情から、施設の復興が優先されたと考えるべきである。その後、陸奥国修理府の存在が示されるため、それらの時系列は、

　　貞観11年5月26日　地震・津波：史料A
　　　　　9月7日　検陸奥国地震使の派遣：史料B
　　　　　10月13日　詔（被災者救済策）：史料C
　　貞観12年9月15日　陸奥国修理府の存在を示す記事：史料D

となる。震災後、陸奥国からの第一報は、6月下旬～7月上旬には朝廷に届いていたと推定され、[17]

史料Aに、その内容の一部が含まれているのであろう。その後の続報、情報収集、他の地域からの情報などをもとに、数カ月の間に復興の施策を決定し、最初に行ったのが検陸奥国地震使の派遣なのである。その下向により、道中の諸国、陸奥国に、朝廷の震災対応の姿勢を示すとともに、被災地では、官衙・寺院等の被災状況を直接確認し、具体的な復興作業を陸奥国修理府で行うことが、緊急の課題と判断されたのだろう。一行は、紀春枝、判官、主典と、専門工人を含めた集団とみられ、警護などに兵士の存在も想定すべきであろう。修理府の復興事業は多方面に及んだと推定されるが、主な対象として知られるのは、多賀城、多賀城廃寺、陸奥国分寺、陸奥国分尼寺など、官衙や寺院である。それは、震災復興に際して、陸奥国修理府に瓦工が存在しており、この時期に製作・供給された多賀城Ⅳ期の瓦がそれらの遺跡から出土することで裏付けられる（工藤1965、宮城県多賀城跡調査研究所1982、古窯跡研究会2009）。多賀城政庁や寺院の被災要因には老朽化もあるが、陸奥国分寺七重塔の修理からも知られるように、目に見える復興事業の進行が、政権の安定を民夷に意識づける効果が期待されたのとともに、官衙の実務機能の回復がはかられたのである。

（3）史料C

　農耕に関する被害は、浸水域の推定範囲や、集落の分布からしても、平野中北部は、それほど大きくなかったとみられたが、異なる見方もある。保立（2011）は、この震災被害について、「仙台平野を中心とした南部では、この年の耕作はできなかった。そして灌漑施設の破壊のみでなく、地盤沈下と塩害の影響は長く続いただろう」、その4年後の貞観15年（873）3月20日に「廿日甲申　陸奥國頻年不登　賑給之」とあり、「津波の翌年、870年、871年、872年の作付と収穫が不調であったことは確実である」とする見解を示している。これは文献史学からの一つの理解であるが、これまで述べてきたように、考古学的・地形学的に推定される津波被害の範囲（浸水域）からすると、震災の年においても平野全域で水田や畑の耕作ができなかったとはいえないだろう。貞観11年（869）には、史料Cに「其在者詳崇振恤」とあるように、賑恤（「賑給」と同義）が行われており、貞観12年（870）と貞観13年（871）の収穫に関しては、それぞれ賑給（寺内1982）は行われておらず、貞観15年（873）の賑給が震災への対応であれば、貞観12年（870）にも行われ、復興が進むのに連れて行われなくなると予測されるが、それとは異なっている。貞観11年（869）以降、津波による浸水被害を受けた沿岸部では塩害などが残った可能性はあるが、「陸奥國頻年不登」は、貞観12年（870）あるいは貞観13年（871）から貞観14年（872）の陸奥国が、全体として不作であったことを示しており、貞観11年（869）から14年（872）まで、仙台平野で農耕ができない状況にあったわけではないのである。つまり、震災があった貞観11年（869）の賑恤が被災地を対象としていたのに比べると、貞観15年（873）の賑給のほうが深刻な事態であった可能性が考えられる。

（4）史料D

　与兵衛沼窯跡と多賀城跡における棟平瓦の存在と、造瓦に長じた新羅人の陸奥国移配記事から、貞観11年（869）の震災復興が、朝廷・木工寮・陸奥国修理府・多賀城の連携によってなされたことが確認された。史料Cの検陸奥国地震使として派遣された紀春枝が、判官、主典の役割がそこに

はあったのであろう。また、陸奥国分寺の復興事業として、七重塔の修理とともに、薬師堂東遺跡で確認された梵鐘や金属製品の製作には木工寮に関わる専門工人の存在が明らかとなっている。ここにも同じような組織の連携が推定されるが、陸奥国の講師との関わりも検討されるべきであろう。

復興瓦の製作は、台原・小田原窯跡群で行われ、東北東方8〜10kmの多賀城跡、多賀城廃寺跡、南方3〜4kmの陸奥国分寺跡、陸奥国分尼寺跡へ供給されている。そのなかで、新羅人が関わる棟平瓦は、鬼瓦とともに多賀城跡政庁で出土しており、その供給関係が明らかであるが、瓦当文様には、多賀城跡では均整唐草文を上下に施文（図126-3）、与兵衛沼窯跡では上に均整唐草文（図126-6）、下にヘラ描き波状文が施文されている違いがあり、検討していく必要がある。

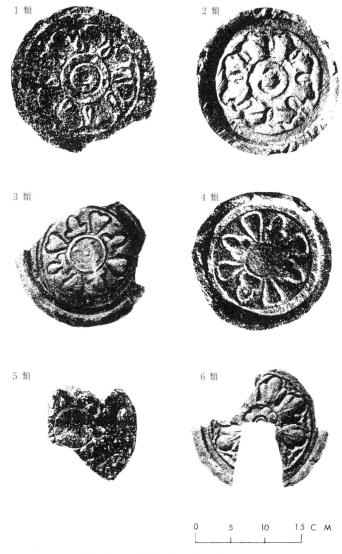

図136 宝相華文軒丸瓦（工藤 1965）

また、新羅人との関わりを示す「造瓦事」に関して、多賀城Ⅳ期の瓦には陸奥国分寺跡と共通する瓦があり、そのなかで宝相華文軒丸瓦と連珠文平瓦の組合せについて、工藤（1965）は、韓半島の新羅の遺跡、列島の九州、東北出土の宝相華文軒丸瓦の比較検討をもとに、新羅人が従事した瓦造りとの関連性に言及。仙台平野周辺の宝相華文軒丸瓦は、陸奥国分寺跡では5種類、1類〜5類が認められ、その他に仙台市燕沢遺跡に1種類があり、これを6類とし、それらの瓦当文様は、6類⇒1類（多賀城422）⇒2類（多賀城423）の順に簡略化されていることを指摘している（図136）。6類は、陸奥国分寺跡、陸奥国分尼寺跡、多賀城跡、多賀城廃寺跡では出土しておらず、燕沢遺跡で4点認められ、仙台市神明社窯跡2号窯跡から多賀城Ⅲ期の瓦と出土しており、時期と供給関係が把握されている。そのため、6類は、多賀城Ⅳ期に陸奥国分寺跡や多賀城跡等に供給された瓦ではなく、宝相華文軒丸瓦の出現と史料Dの新羅人とは無関係と考えられる（佐川 2001）。

図137　平安時代貞観震災前後の遺跡の継続性

（5）史料A～Dと社会の実態

　史料Aの震災を伝える記事では、地震・津波による被害が事実を過大視していると考えられた。津波被害に関しては、平野の全域には及んでおらず、沿岸部に限定的であり、浸水域は平野北部では第Ⅰ浜堤列をやや超えた範囲（当時の海岸線から1.5km強）まで、平野中部では第Ⅱ浜堤列をやや超えた範囲（当時の海岸線から1.7km強）までと推定された。

　貞観11年(869)を前後する9世紀中葉～10世紀初頭の集落動態は、北部では湿地の広がりに伴い集落は移動し、中部では沿岸部への集落の進出によって特徴づけられ、律令制の土地所有形態の変化に伴う新たな方向性、すなわち地域社会の土地利用の意図を示している可能性がある。津波被害によって下増田飯塚古墳群の水田跡は廃絶するが、図137のように、当時の海岸線から3.3～4.3kmの名取市鶴巻前遺跡、3.5kmの仙台市今泉遺跡・高田B遺跡、3.5～4.5kmの仙台市押口遺跡・中在家南遺跡などにあった集落は存続が確認されており、ほぼ同じ浸水域を推定できる。このように、中部で9世紀中葉から始まる沿岸部への集落の進出という動態は、沿岸に近い生産域の一部が津波被害を受けるが、10世紀初頭にかけて大きな影響を受けずに進行しており、津波を前後する集落動態からは、津波被害による変化を読み取れず、古墳時代前期以降の自然観、資源観に変更がないこ

とが知られる。

　こうした地震・津波被害と集落動態は、朝廷の震災復興策が、史料Ｃ：被災者救済策よりも、史料Ｂ：検陸奥国地震使派遣を優先したことと関連していると考えられる。その復興事業の主な対象として史料Ａ～Ｄと遺跡調査事例から知られるのは官衙・寺院で、具体的には多賀城跡政庁と、陸奥国分寺跡である。

　多賀城跡政庁では、建物の瓦の改修、補修がなされている。出土した瓦の組成比から、軒丸瓦、軒平瓦は復興瓦で補修しており、全面的な葺替えは行っていないが、大棟、降棟、隅棟のある建物は、その端部を新たに新羅人が関わって製作した棟平瓦、鬼瓦によって修理されている。2種類の瓦は、鬼瓦の上に、凸面を上にして棟平瓦を載せて組み合わせる方法がとられたと推定されている。多賀城跡では、鬼瓦に鬼面文が用いるのは復興期からということもあり、政庁の建物の屋根は、最も目立つ部分が一新されたのである。

　陸奥国分寺跡では、七重塔を主として、彩色、瓦の葺替え、補修がなされている。出土した瓦の組成から、丸瓦、平瓦は復興瓦で補修しており、軒丸瓦、軒平瓦は復興瓦で全面的な葺替えが行われている。また、七重塔に新たに彩色が施されている。陸奥国分寺跡は、その創建において、国府から約10km離れた平野中部の西端の土地を選地しており、その理由の一つとして、標高15mの寺域に建てられた七重塔（推定高57m）が、平野の多くの集落からよく見えることと、多賀城や海上を航行する船舶からも見えることが意図されている。そのため、震災後の七重塔の改修、補修事業は、その進展が広く平野から見守られて、復興のシンボルとなっていたと考えられる。こうした堂塔の復興とともに、薬師堂東遺跡では梵鐘を含む金属製の仏具の製作が行われており、陸奥国分寺を中心として仏教政策が強化されていることが知られる。

　こうして復興に伴って陸奥国で進められたのは、国府と国分寺の施設の修理と、仏教活動の推進であり、その目的は、震災による社会不安を払拭し、民衆が、仏教をよりどころとして安定した生活を送れるようにすることにあった。また、震災に伴って、陸奥国で重視されたのは、蝦夷対策と仏教政策の強化であり、震災の4年半後、

『日本三代実録』巻24
　　貞観15年(873)12月7日条「先是陸奥國言　俘夷満境　動事叛戻　吏民恐懼　如見虎狼　望請准武蔵
　　国例　奉造五大菩薩像　安置国分寺　肅蠻夷之野心　安吏民之怖意　至是許之」

とあるように、仏教政策は継続されて陸奥国分寺に五大菩薩像が安置されても、震災とは異なる社会不安が生じており、朝廷や陸奥国による統治政策の強化が必要とされていた政情が推測される。

註
（1）　原図は仙台市教育委員会（2010a）の第9分冊第36章第3図「沼向⑩Ｂ期（平安時代初頭）」（p602）である。これを松本秀明氏の了解を得て一部改変、仙台市教育委員会の許可を得て掲載した。
（2）　宮城県内で灰白色火山灰（山田・庄子 1980）として認識されていた火山灰は、研究の進展により（古環境研究所 1990、早田 2000など）、広域火山灰の十和田ａ火山灰であることが明らかになっている。その降下年代に関して、白鳥（1980）による多賀城編年では、陸奥国分寺跡で、灰白色火山灰層（白土層）の下層から多賀城Ⅳ期の瓦が出土していることにより、上限を、『日本三代実録』の記事にもとづき、

陸奥国修理府が設けられた貞観12(870)年とし、陸奥国分寺七重塔の焼土層に灰白色火山灰層が覆われていることから、下限を、『扶桑略記』の記事にもとづき、七重塔が焼失した承平4年(934)閏正月15日としている。上限の年代は、宮城県多賀城跡調査研究所 (1998) が、年輪年代法によって伐採年が907年とされた秋田県払田柵跡外郭線C期角材列存続期間以降とし、その後、912年まで降るとする報告もある (赤石他 2000) が、現状では、『扶桑略記』延喜15年7月13日 (ユリウス暦915年8月26日) 条の「出羽国言上　雨灰高二寸　諸郷農桑枯損之由」の「灰」とする考えが有力であり (町田・新井 1992、小口 2003)、この記事を裏付けるように、当時の出羽国に位置する秋田県本荘市横山遺跡 (秋田県教育委員会 2003) で、基本層IV層：十和田a火山灰に覆われて廃絶したV層水田跡とSI45竪穴住居跡などが検出されており、降灰被害の実態が明らかとなっている。

(3) 遠藤 (2005) によると、この慶長写本は、徳川家康が書写させたもので、底本となった三条西家本は、当時の武家伝奏であった三条西実枝が提供した。慶長写本は、現在、国立公文書館に所蔵されている (内閣文庫「特049-0017」)。

(4) 柄 (1995) よると、三条家によって書写された日本三代実録全50巻には、巻によって、完全な本文と省略された本文があり、ここで対象とする記事が含まれる巻16は、完全な本文が書写されている。

(5) 史料Aには、以下の誤字がある。「垂」は「乗」、「計」は「許」、「子」は「才」である。

(6) 類聚国史は、文化12年 (1815) に仙石正和が校訂した版本が刊行され、『新訂増補国史大系 第5巻・第6巻類聚国史』(黒板勝美編) の底本となっている。

(7) 「湖」を「潮」とした寛文版本の校訂の誤りは、すでに伊藤 (1996) によって指摘されていたが、小口 (2003) が反論している。これには、伊藤一允が推定した「湖」が、十和田湖であったこともある。しかし、ここで指摘したように、「湖」が、七北田川下流域に形成されていた埋没潟湖であれば、問題は解決する。

(8) 日中の影のない状態は、通常、曇天あるいは雨だった可能性もあるが、地震に伴う日月異常が起こっていた可能性もある。地域も異なり、年代は遡るが、地震・津波に関心が高かった古代ギリシアでは、アリストテレスによると、地震前に雲もないのに太陽に霧がかかって薄暗くなることや、日中または日没間もないうちに、晴れた空にあたかも注意深く引いた直線のような小さな輝いた雲の縦縞が現れるという (泉・村松訳 1969)。

(9) 「浩々」は、六国史において、『続日本後紀』承和14年 (847) 3月15日「従彼浩々之権」に初めて見られるが、他の用例は本文中の3例だけである。その原典に関しては、承和5年 (838) に日本に伝えられた『白氏文集』(内田 1968) の漢詩文の一節に「海漫漫　風浩浩」があり、可能性が考えられる。『白氏文集』が、菅原道真をはじめとして、当時、数多くの人びとに愛読されていたことからすると、『日本三代実録』の編纂にも参考にされていたのではないだろうか。

(10) 『類聚国史』天長7年 (830) 1月28日条「(正月廿八日) 癸卯 出羽國驛伝奏云 鎮秋田城國司正六位上行介藤原朝臣行則今月三日酉時牒偁 今日辰刻 大地震動」出羽国で起きた大地震の知らせが、25日後の1月28日に、朝廷に駅伝奏された記事がある。

(11) 紀春枝任官の理由が木工寮における実績にあったとする指摘 (斎野 2012a) は、後に、柳澤 (2012a) も追認している。

(12) 市川橋遺跡第45次調査で、SX3100北2道路跡南側側溝 (SD3099・2層) から「修理所」の記載のある木簡が1点 (第120号木簡) 出土している (多賀城市教育委員会 2005)。残存長357mm、幅69mm、厚さ7mm。019形式。解読した廣瀬 (2005) によると、この木簡は、文書木簡で送り状であり、20名の兵士が「馬庭」の修理・造作にあたるために、差出者の「修理所」から派遣され、かつ、参集者は照合され、合点が付されている。年代は、側溝出土土器と、木簡に「大伴」の名があることから、8世紀後葉以降、大伴氏が伴氏と改姓する弘仁12年 (821) 以前と考えられている。この「修理所」の存続期間はわからないが、木簡の内容からすると、20人の兵士の動員のために設置された機関とは思われない。また、『日

本三代実録』貞観12年(870)9月15日条の「潤清 長馬 眞平等 才長於造瓦 預陸奥國修理府④造瓦事 令長其道者相従傳習」にみえる「修理府」とは、「所」と「府」の違いがあり、「修理府」には、朝廷から、直接、人員を預け置かれており、両者の性格は異なると考えられる。

(13) 現在は、国立公文書館に所蔵されている（内閣文庫「特137-0167」）。

(14) 『雁鴨池』の報告（大韓民国文化部文化財管理局：西谷他訳 1993）では、この棟平瓦は、棟の先端の鬼瓦の上に設置されたのではないかと考えられている。図126のように、棟平瓦には大きさに2種類あり、棟の大きさに合わせて鬼瓦に組み合わされていた可能性がある。また、韓国では、「棟軒平瓦」とする考えもある。

(15) 報告書刊行後に資料を実見した吉田秀享から、銅精錬の行程や溶解炉（コシキ）の形態などの復元が可能であり、梵鐘鋳型の中子、外型と素焼外型が確認される等、貴重な成果とであるとのご教示をいただいた。

(16) 南小泉遺跡第22次調査の報告（仙台市教育委員会 1994）では、多賀城編年をもとに、それまでに南小泉遺跡で検出された住居跡出土土器を対象にして、ここに示したⅡ期からⅢd期の土師器坏・須恵器坏の時期別変遷、年代の検討が行われている。また、Ⅲe期は、延喜15年(915)の灰白色火山灰：十和田a火山灰降下以降の時期で、多賀城E群土器の時期の後半とした。この時期は、南小泉遺跡周辺に良好な資料がなかったため、七北田川下流域に求めた。以下に、Ⅲa期～Ⅲe期の坏の属性変化の概略を示した。

1) 底部の切離し方法：須恵器は、Ⅰ期：回転ヘラ切りあるいは静止糸切りののち再調整（回転ロクロナデ、回転ヘラケズリ）主体、Ⅱ期：回転ヘラ切りののち再調整（回転ヘラナデ、ナデ）主体、Ⅲa期：ヘラ切り無調整主体、Ⅲb期：回転糸切りが増加、Ⅲc～Ⅲe期：回転糸切り無調整主体となる。ロクロ土師器は、Ⅱ期～Ⅲb期に、回転ヘラ切りあるいは回転糸切りの後に、無調整のものと、手持ちヘラケズリを行うものがあり、Ⅲc期以降は糸切り無調整主体となる。赤焼土器（須恵系土器）は、Ⅲc期以降、糸切り無調整である。

2) 底径／口径比：岡田・桑原(1969)によって、すでに指摘されているように、須恵器は、徐々に小さくなる変化がある。およその数値は、Ⅰ期：0.8～0.5、Ⅱ期：0.7～0.5、Ⅲa期：0.6～0.5、Ⅲb期：0.55～0.45、Ⅲc期：0.5～0.4、Ⅲd期：0.45～0.35、Ⅲe期：0.4～0.3である。Ⅰ期からⅡ期にかけて、底径／口径比の大きな皿形の器形が減少し、Ⅲ期は坏形を主とする。ロクロ土師器はⅡ期以降、赤焼土器（須恵系土器）はⅢc期以降、同様の傾向がある。

3) 内面の底部と体部の屈曲：須恵器、ロクロ土師器、赤焼土器（須恵系土器）とも、屈曲のあるa種主体から、屈曲のないb種主体への変化がある。Ⅲc期にb種が増加し、Ⅲd期以降はb種主体となる。

4) 赤焼土器（須恵系土器）の組成：Ⅲc期に組成され、その後増加し、Ⅲe期に小型坏（口径12cm前後以下、器高4cm以下）の一群が組成される。

(17) 前述のように、天長3年(830)の出羽国の大地震の駅伝奏は、地震が起きてから25日を要しており、陸奥国はそれよりやや短い可能性はあるが、9世紀の駅伝制が変質している（森 1995）ことから、やや幅をもたせた。

第5章　江戸時代慶長16年(1611)の津波災害
——複数史料による研究——

　仙台平野における津波を伴う震災記録は、最も古い貞観11年(869)以降では、次に慶長16年(1611)10月28日に発生した地震・津波に関する複数の文献史料がある。仙台平野に関する主な史料は以下の通りである。

　　『駿府記』・『駿府政治録』：駿府における徳川家康に関する記録（1611～1615年）
　　『貞山公治家記録』：仙台藩初代藩主伊達政宗（貞山公）に関する記録（1564～1636年）
　　『金銀島探検報告』：スペイン人探検家ビスカイノの報告に関する記録（1611～1613年）

　また、それを示す津波災害痕跡は確認されていないが、沿岸部では、以下の遺跡の発掘調査が行われている。

　　岩沼市高大瀬遺跡
　　仙台市沼向遺跡
　　仙台市和田織部館跡

　本章では、発掘調査の現状を確認し、その後、基本的な文献史料の検討を行い、今後の津波災害痕跡研究の基盤としたい。

第1節　高大瀬遺跡と周辺遺跡

　平野南部の第Ⅲ浜堤列に立地する高大瀬遺跡で、慶長16年(1611)の津波堆積物の可能性のある砂層が発掘調査で検出されている。

1．高大瀬遺跡の調査

（1）遺跡の概要

　遺跡は、岩沼市下野郷高大瀬、新菱沼、中西に所在する（図38）。仙台平野南部の阿武隈川下流域において、地帯ⅢBにあり、第Ⅲ浜堤列から堤間湿地にかけて立地している。標高は0.9m～0mである。岩沼市教育委員会によって2013年(平成25)と2014年(平成26)に発掘調査が行われている（川又他 2014、川又 2015）。

　2013年の調査は、海岸線に直交方向に9ヵ所の調査区を設定して行われた。海岸線からの距離は、およそ1.0km～1.3kmである。堤間湿地の第6・7・9調査区では、東日本大震災の津波堆積物

の下層に、2時期の津波堆積物の可能性がある堆積層が確認された。

（2）基本層序と津波堆積物の可能性

第7調査区の基本層序（図39）は以下のとおりである（岩沼市教育委員会 2013）。

　　第1層：東日本大震災津波堆積物層
　　第2層：震災前の水田耕作土
　　第3層：18～19世紀以降の耕作土
　　第4層：津波堆積物の可能性がある砂層（16～17世紀）
　　第5層：泥炭層
　　第6層：灰白色火山灰（10世紀前半）
　　第7層：泥炭層
　　第8層：津波堆積物の可能性がある砂層（8～9層）
　　第9層：砂層
　　第10層：粘土層
　　第11層：浜堤を形成する砂層

過去の津波堆積物の可能性があるのは、第4層と第8層である。

第4層には、上層の第3層が江戸時代後期以降の水田耕作土であること、形成時期が放射性炭素年代測定によって15世紀後半から17世紀前半であることが推定されている。そのため、第4層に、慶長16年(1611)の津波堆積物の可能性が考えられている。上下の層相との関係は、第3層の耕作等によって第4層本来の層厚は減じているが、5層の泥炭層は自然堆積層であり、湿地的な環境において第4層の砂層が堆積している。

第8層は、直下層の第10層との境界は凹凸が著しく、第8層中には3～8cmほどの粘土塊が点在している。上層の第6層の灰白色火山灰は、10世紀初頭(915)降灰の十和田a火山灰であること、形成時期が放射性炭素年代測定によって5世紀から9世紀後半であることが推定されている。そのため、第8層に、貞観11年(869)の津波堆積物の可能性が考えられている。

ここで対象とするのは、第4層であるが、現状では可能性の指摘であり、その検討は、この調査の本報告書刊行後に行っていく。

2．周辺遺跡の調査

高大瀬遺跡の周辺には、第Ⅰ浜堤列に立地するにら塚遺跡がある。この遺跡では、平安時代の製塩土器の出土が注目されているが、近世の遺構、遺物は検出されておらず、高大瀬遺跡との関連性は不明である。

第2節　沼向遺跡と和田織部館跡の調査

　仙台平野における近世の沿岸部の遺跡分布は、貞山堀（運河）の開削との関係に留意する必要がある。貞山堀は、海岸線に平行して0.5～1.0km陸側に開削された運河で、近世には七北田川と松島湾をつなぐ「舟入堀」と、名取川と阿武隈川の間の「木曳堀」があった。

　沿岸部の発掘調査事例には、七北田川下流域において「舟入堀」の陸側に位置する沼向遺跡と和田織部館跡がある（図138）。

1．沼向遺跡の調査

　現海岸線から2.5km陸側の第Ⅰ浜堤列に立地している。この遺跡は、近世の遠藤館跡としても知られていた。発掘調査では、中世における居住の痕跡は認められず、検出された近世の遺構群は、沼向⑫期：17世紀中葉～末葉、沼向⑬期：18世紀、沼向⑭期：19世紀初頭～後葉、に分けられ、居住域、生産域（水田域・畑域）から構成される集落の継続性と変遷が明らかにされている（図139：仙台市教育委員会　2010a）。

　また、これに関わる文献史料としては、18世紀後半に仙台藩が編集した『風土記御用書出』（宮城県史編纂委員会　1946）があり、宮城郡中野邑の「小名五ツ」のなかの「沼向」に「沼向屋敷

図138　沼向遺跡と和田織部館跡の位置（写真：仙台市教育委員会）

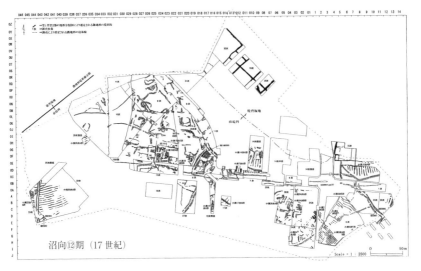
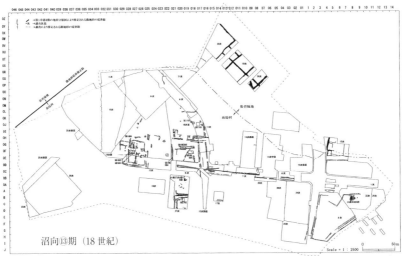
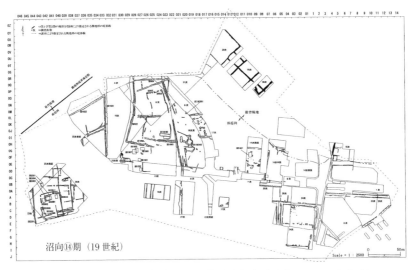

図139　沼向遺跡近世遺構群の変遷（仙台市教育委員会 2010aより作成）

九軒」の記載が認められる。この中野邑の御用書出の年代は安永3年(1774)で、ほぼ同じ頃に編纂された『封内風土記』(平編 1975)には「中野邑　戸口凡八十　公族畠中雅樂大町平治頼泰釆地」とある。この畠中氏、大町氏については、寛政4年(1792)の『伊達世臣家譜　巻之四』(仙台叢書刊行会 1937)によると、畠中氏は元和年中(1615～1624)から新田開発を行っており、大町氏については具体的な新田開発に関する記述はないが、寛政4年(1792)以前から中野邑に居住していたことが知られる。また、『仙台藩家臣録　第四巻』(佐々監修 1978)には、中野邑に関わる遠藤氏が1軒あり、寛永15年(1638)以降に新田開発を行っていたことが知られる。沼向遺跡の遺構群が遠藤館跡として認識されるのは沼向⑬期・⑭期であるが、⑫期から遠藤氏が居住していたと考えられる。

このように、17世紀の中野邑沼向では、畠中氏は元和年中(1615～1624)以降、遠藤氏は寛永15年(1638)以降に新田開発を行っており、遠藤氏については、沼向遺跡の遺構群の変遷と整合性が認められる。

2．和田織部館跡の調査

現海岸線から約2.0km陸側の第Ⅰ浜堤列に立地している。この遺跡は、近世において、伊達家家臣の和田氏の館跡として知られていた。発掘調査では、中世における居住の痕跡は明確ではなく、検出された近世の遺構群は、17世紀中葉～後葉と、17世紀後葉以降の2時期に分けられている。このうち、17世紀中葉～後葉の遺構群は、館跡北西部を区画する土塁と溝跡であり、館跡の成立時期を示している (図140：仙台市教育委員会 2015e)。

また、文献史料からは、和田新田は、寛永年間(1624～1644)に和田為頼、織部房長父子が開発を進めたところだと伝えている (斎藤 2001)。この年代は、和田氏が当地を在所として拝領し、入部した年代と重なる。

その後、寛文4年(1663)に、和田房長が佐々木伊兵衛とともに七北田川の付替えと、舟曳堀、舟入堀の普請を命じられ、寛文13年(1773)3月には、房長が祈願成就の石灯籠を塩竈神社に寄進し、普請終了を祝っている (佐藤 2007)。これによって、平野北部の低湿地の新田開発が進むことになる。

第3節　文献史料の研究の現状

慶長16年(1611)の津波災害研究は、津波痕跡が明確に確認されないなかで、2011年の東日本大震災以降は、文献史料の再評価が積極的に震災と関連づけてなされる傾向もあるが (蛯名 2013)、そこには、何でも震災に結び付ける「震災史観」といってもよいような考えがみられ、その広がりに懸念が示されている (菅野 2013・2014)。ここでは、こうした現状をふまえ、主な文献の史料批判を行い、その評価をより慎重に考えておきたい。

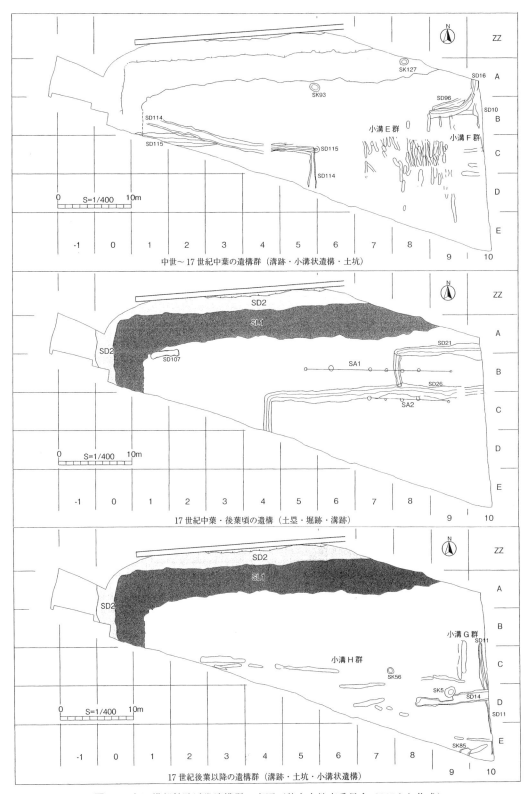

図140　和田織部館跡近世遺構群の変遷（仙台市教育委員会 2015より作成）

1.『駿府記』・『駿府政事録』

　徳川家康が、将軍職を委譲し、慶長12年(1607)に駿府に移り住んだ後、その周辺の出来事を慶長16年(1611)8月から元和元年(1615)12月まで記録した史書である。両書はほぼ同じ内容である。
　仙台平野の津波災害記録は、慶長16年(1611)11月晦日条にある。

　　晦日　松平陸奥守政宗　献初鱈　就之　政宗領所　海涯人屋　波濤大漲来　悉流失　溺死者五千人　世日津波云々　本多上野介言上之　此日政宗為求肴遣侍二人　則此者駆漁人　将出釣舟　漁人云　今日潮色異常　天気不快　難出舟之由申之　一人者應此儀止之　一人者請主命不行　誣其君者也　非可止　而終漁人六七人強相具之　出舟数十町時　海面滔天　大浪如山来　失肝失魂之處　此舟浮彼波上不沈　而後至波平處　此時静心開眼見之　彼漁人所住之里邊　山上之松傍也　<u>是所謂千貫松也</u>（傍線箇所：割注）　則繋舟於彼波濤退去後舟在松梢其後　彼者漁人相共下山至麓里　一宇不残流失　而所止之一人　所残漁人無遁者没波死　政宗聞此事　彼者與捧録　政宗語之由　後藤少三郎　於御前言上之　仰曰彼者依重其主命而　免災難退得福者也　云々　此日南部津軽　海邉人屋　溺失而　人馬三千余死云々（『駿府記』）

　記録の内容は、日付の後、本多正純が言上した①政宗初鱈献上の件と②政宗の話（仙台藩の津波による被害状況）⇒後藤光次が言上した③政宗の話（津波に関わる逸話）⇒④逸話に対する徳川家康の感想⇒⑤編者による南部藩と津軽藩の津波による被害状況、である。
　①の政宗が初鱈を献上した日については、後述する『ビスカイノ金銀島探検報告』によると、11月晦日、政宗は江戸でビスカイノやソテロと面会していると記録されており、『駿府記』によると、家康は22日までは駿府におらず、23日に駿府に帰っていることから、23日以前で、晦日より10日ほど前、家康が駿府にいなかった日とする指摘がある（岩本 2013）。この解釈は、政宗が家康へ初鱈を直接献上した記述はなく、文脈から妥当と考えられ、晦日は、初鱈献上に際して政宗が話した事柄をもとに、本多と後藤が、それぞれ家康に伝えた日と理解される。
　②の仙台藩は「海涯」つまり海際の集落に津波被害があり、5000人が溺死したとある。地震があったとは記されていない。なお、この記録は、「津波」の初出として重視されている。
　③の逸話では、津波のあった日に政宗の命を受けて肴を求めに漁村にいった家臣二名が、「潮色異常」で船を出せないという漁師に、一人は納得し、もう一人は納得せず無理に船を沖に出させたところ、大津波に遭ってしまうが、気づくと、漁師の住む村の山上の松（割注で「是所謂千貫松也」）近くに漂っていたので松に船をつないで助かり、後に政宗から褒美をもらうことになり、船を出させなかった家臣は津波で亡くなったという。
　④の家康は、逸話を後藤光次から聞いて、災難を免れて福を得るには主命を重んじることが大切であると述べている。
　⑤の南部藩と津軽藩の被害は、「海邉」すなわち海際の集落に津波被害があり、人馬3000余りが死んだとある。ここにも地震があったことは記されていない。
　以上が晦日条の概略であるが、この記事は、政宗が初鱈を献上した日の記述と、11月晦日にそれ

が家康に伝えられた記述が分けられておらず、南部・津軽両藩の津波被害の日付の記述もないため、全体が編集されて、10月28日の津波被害を主題としながら、逸話と家康の感想を中心としていることが知られる。その理由は、政宗の初鱈献上を逸話によって意味づけし、家康がそれに賛意を表したことで、両者の主従関係を強く印象づけることにあったと考えられる。後に、この史料が仙台藩にも知られることからすると、幕府と仙台藩との関係を示すことにもなり、幕府側のある種の意図が含まれている可能性もある。

また、逸話で留意すべきは、割注の「是所謂千貫松也」の記述である。「所謂」とあることから、「千貫松」は特定の地名を示す名詞ではなく、千貫に値するというような松という一般的な価値観を示している。これは編者が、逸話の文中にある「山上之松」を「所謂千貫松」と理解して編纂の過程で追記したのであり、「千貫松」という地名は逸話になかった可能性も考えられる。

2．『貞山公治家記録』

「治家記録」は、伊達家の正史であり、初代藩主政宗（貞山公）に関する記録が『貞山公治家記録』である（平 1972・1973a,b・1974）。この書の完成は、元禄16年（1703）で、震災から100年近くが経過している。編纂には、『真山記』・『記録抜書』・『政宗君記録引証記』などが用いられた。[1]

『貞山公治家記録』によると、慶長16年（1611）10月28日条と11月晦日条に、津波災害が記されている。

10月28日条には、仙台藩領で「巳刻（午前10時）過キ、御領内大地震、津波入ル。御領内ニ於テ千七百八十三人溺死シ、牛馬八十五人溺死ス。」と記されている。この出典は『記録抜書』である。

11月晦日条では、『駿府政事録』を引用して、前述の津波災害と逸話等を含めて紹介しているが、仙台藩領の溺死者は「五十人」となっている。そして、この条に関する編者の考えが後段に示されている。

> 此一段政事録ヲ以テ記ス。千貫松ト云ハ一株ノ松ノ名ニ非ズ。麓ヨリ峯上數千株一列ニ並立テリ。終ニ山ノ名トナル。名取郡ニアリ。逢隈河ノ水涯近ケレハ、海潮ノ餘波、此河水ニ入テ泛濫シ、麓ノ松ニ舟ヲ繋ク事モ有ルヘキ歟。傳テ云フ、往古此山上ノ杉ニ舟ヲ繋タリト、今其老杉アリ。

ここでは、①千貫山の名称は千貫松にもとづいており、名取郡にあること、②そこは逢隈河（現阿武隈川）の岸に近いことから川を遡上した津波が溢流して麓の松に舟を繋ぐこともあったのではないかということ、③津波のときに山上の杉に舟を繋ぐ伝承があり、それを示す老杉の存在が述べられている。

①の「千貫松」が記された津波の逸話に関しては、『記録抜書』において「手前ニ而者委細不存候」と、仙台藩では預かり知らぬことであると記されてはいるが、千貫松の場所は、名取郡の岩沼にある千貫山であったという考えを示している。その理由として、現在、一般的に「千貫山」と呼ばれている岩沼西部丘陵には、18世紀前半に仙台藩士の佐藤信要がまとめた『封内名蹟誌』（寛保元年：1741）において、南長谷邑に、稜線の高低に沿って「嶺上青松萬株」とされた「千貫松」が明記さ

図141　千貫山と阿武隈川（東日本大震災以前 斎野撮影))

れていることがある。

　　千貫松　名跡志日　上有新山叢祠　山下有寺　日深谷山真珠院　嶺上青松萬株　随山勢之高低而相連數十町　有屈曲有平直　交翠排青　商舶漁舟汎于滄溟者　或有泛泛而失東西　則杳望此嶺松而得其方隅詳其邑落　於是有大安其意者　賤劣之心以為縱價以千貫而當之亦未為過多焉故掉郞舟子貴重嶺松而所為標準相稱乃名以北鄙稱也（『封内名蹟誌』）

　名蹟とされたのは、「商舶漁舟」が海上の位置を知るための目印として「千貫松」が重視されていたためであり、千貫山南東端にある千貫神社は、漁船守護の神として主に海岸部の集落から崇敬され、かつてはその神事が行われており、その起源は、延暦年間（782〜806）に遡るという。この名称の成立時期はわからないが、『記録抜書』（完成は貞享元年：1684）、『貞山公治家記録』（完成は元禄16年：1703）には認められるが、『封内名蹟誌』の「千貫松」には、津波の逸話も山上の老杉の伝承もまったく触れられていない。佐藤信要が『封内名蹟誌』の作成にあたって『貞山公治家記録』を見ていないはずはなく、伝承も主たる対象とされており、千貫山の麓にある「東平王塚松」には、「名跡志日　千貫松嶺以東山下有　古塚栽青松十二株　相傳異邦人東平王客死于茲……」とある。想定されるのは、佐藤信要が津波の逸話を評価しなかったことであり、当時、千貫山周辺にそうした逸話がなかったことを物語る。

　②の津波の逸話が実際に起こった事実にもとづくとした場合、阿武隈川に近いことから、川を遡上した津波が周辺に溢流して千貫山の麓に及び、舟を麓の松に繋いだ可能性が考えられている。ここでは、山上まで津波が及んだということは想定されておらず、麓にある「東平王塚松」にも津波の逸話に関する記述はまったくない。図141に示すように、千貫山は海岸線から7kmほど離れており、標高は191mである。東日本大震災の津波は、阿武隈川を6kmほど遡上しているが、溢流

はしていない。この点については、護岸堤防が整備されていなかった近世初期では、より海岸に近い位置で周辺に溢流したこと、岩沼の集落に津波被害の記録がないことから、津波は沿岸部に限定的で、千貫山までは遥かに及んでいない。また、逸話の内容に関しても、千貫山とは結びつかないところがある。それは、逸話にもとづくと、沖へ向かった舟は津波によって出港した漁村の山に戻ってきていることである。仙台平野において、城下に近く、山のある漁村は、七ヶ浜半島の沿岸部であり、阿武隈川左岸にある南長谷邑とはまったく方向が異なり、そこには海に面する漁港はない。

③の津波のときに山上の杉に舟を繋いだという伝承は、前述の津波の逸話と共通するところもあるが、より古くから知られており、樹木の種類が異なっている。同じような伝承は、福島県相馬市の諏訪神社に知られる。この神社は、現海岸線からの距離は8kmで、千貫山と同様、通常、津波の浸水域にはならない位置にある。ここには、「境内に杉の大木がありますが、これは大昔大津波のあった時、そのいただきに舟をつないだということで大層有名であります」と伝えられる「繋船伝説」がある（岩本 2013）。これらの太平洋沿岸に伝わる伝承は、政宗の頃に存在しており、樹木の種類は異なっているが、津波の逸話と関連している。晦日条には、南部藩・津軽藩の津波被害を記述しているように、幕府は仙台藩の津波被害も知っていたと思われ、政宗が初鱈献上に駿府を訪ねれば、津波被害の話になることを予測して、津波被害よりも初鱈献上の意味を家康に伝えるために創作した可能性がある。逸話において、この時期、舟を数十町沖へ出して求めた肴が初鱈なのかもしれないのである。こうしたことからも、逸話の「千貫松」を、『封内名蹟誌』（寛保元年：1741）にある「千貫松」に比定することはむずかしいといえる。

この逸話が『駿府記』に掲載された理由は、関ヶ原の戦いから10年、未だ政権の安定しない幕府について、家康への臣下の礼をとる政宗との関係を印象づけることにあったと考えられる。

3．『ビスカイノ金銀島探検報告』

スペイン人探検家セバスティアン・ビスカイノは、ヌエバ・エスパーニャ（現在のメキシコ）副王の命によって、1611年（慶長16）6月、日本列島沿岸における交易・避難に適した良港の調査および測量図作成と、『東方見聞録』以降、日本近海に存在したと信じられていた黄金の島「金銀島」の探索を目的として来日した。ビスカイノの調査・探索の結果は『ビスカイノ金銀島探検報告』として、1615年、メキシコで提出されており、1867年にスペインで公にされた。ビスカイノの調査は、その目的から、砂浜海岸が広がる石巻平野や仙台平野は除かれており、仙台藩領の三陸沿岸と、相馬藩領等の福島県太平洋沿岸部が対象とされていた。その中に、仙台藩領の三陸沿岸の測量中、ビスカイノが船上で慶長16年（1611）10月28日に津波に遭遇したときの様子や、沿岸の村々の被害状況等が記されている。また、幕府や仙台藩、相馬藩の動向もみられることから、このときの津波災害を知るうえで貴重な史料となっている。津波を前後する10月から11月のビスカイノの行程は、陸路で仙台に到着し、伊達政宗の許可を得て塩釜から出航して測量を行い、震災を経て測量終了後、陸路で三陸から仙台城下へ、そして福島県沿岸部を通って江戸に戻っている(2)（図142）。

図142 ビスカイノの行程関連地

（1）越喜来村（三陸）の津波被害

　10月28日、越喜来湾に到着する前に、ビスカイノは、地震後の津波を恐れて避難する人びとをサン・フランスコ号の船上から目撃している。その後に起こった越喜来村の津波被害は、以下のように具体的に記されている。

> 此地に於て一時間継続せし大地震の為め海水は一ピカ（三メートル八九センチ）餘の高さをなして其境を超え、異常なる力を以て流出し、村を浸し、家及び藁の山は水上を流れ、甚しき混乱を生じたり。海水は此間に三回進退し、土人は其財産を救ふ能わず、又多数の人命を失ひたり。此海岸の水難に依り多数の人溺死し、財産を失ひたることは後に之を述ぶべし。此事は午後五時に起りしが我等は其時海上に在りて激動を感じ、又波濤合流して我等は海中に呑まるべしと考へたり。我等に追随せし舟二艘は沖にて海波に襲はれ、沈没せり。神陛下は我等を此難より救ひ給ひしが、事終りて我等は村に着き免かれたる家に於て厚遇を受けたり。（村上訳註 1941）

　この村では、津波被害を受けた家と受けなかった家があり、ビスカイノは、その日、後者の家で厚遇を受けている。津波の発生時刻が「午後五時」とあるのは誤りで、仙台平野と同様、「巳刻（午前10時）過ぎ」なのであろう。この季節の越喜来村では、午後5時には陽が暮れており、さまざまな目撃情報は得られないからである。地震被害の具体的な記述はなく、余震の記述もない。

（2）根白村（三陸）の津波災害

10月29日、越喜来から北上し、根白に到着した。根白村は、高台にあったので津波被害を受けておらず、ビスカイノは十分な給与を受けている。三陸沿岸の測量調査は根白までとして仙台へ引き返すことにする。

この村では、津波被害を受けた家はない。地震被害の具体的な記述はなく、余震の記述もない。

（3）今泉村（三陸）の津波災害

10月30日、途中、今泉へ寄港。ここでは、津波被害によって家はほとんど流出し、50余名が溺死していた。翌日、陸路で仙台へ向かう。

この村では、津波被害をほとんどの家が受けており、溺死者数が記されている。その数は明確ではないものの、今泉のような立地にある他の村でも同じような被害が想定されることから、『貞山公治家記録』に記された仙台藩領の津波による溺死者数「五十人」は誤りであることが知られる。地震被害の具体的な記述はなく、余震の記述もない。

（4）仙台の地震被害

11月5日、ビスカイノは仙台に到着する。この時、伊達政宗は江戸へ出立した後だった。ビスカイノは、仙台でそれまでに調査した港や湾の測量図を作るために12日まで滞在し、13日に陸路で相馬藩の中村に向けて出立する。

この記録から、10月28日の震災から6日後には、すでに政宗が江戸へ向かっていることが知られる。しかし、この理由は、震災の被害報告にいったわけではなく、嫡男の虎菊丸の江戸城での元服が12月に行われるからと考えられている（菅野 2013）。実際に、仙台藩領の震災被害が全体としてどの程度なのかはわからないが、仙台城下では、地震被害について具体的な記述はなく、余震の記述もない。むしろ、滞在中は、「此数日は此市に於て愉快に過し、司令官（ビスカイノ）は長官を招待し、彼も亦其家に於て饗宴を開き、我が国風の肉を沢山に供したり」とあるように、仙台藩要職との親交は深められており、大きな地震被害があったとは思えない。それは、この地震に伴う仙台城の修理が行われていないことからも知られる。おそらく、政宗の江戸への通行を妨げるや道路の寸断や広域的な浸水等、地震や津波による被害もなく、その経路上に位置する岩沼にも津波被害の記録はない。

（5）福島県太平洋沿岸部の津波被害

11月15日、相馬藩の中村に到着する。

11月16日、相馬藩主相馬利胤は、城門においてビスカイノと面会し、領内の通行と交易を許している。その際、「城は破損し再築中なるを以て城内に迎えざるを謝し、同市も海水の漲溢に依り海岸の村落に及ぼしたる被害の影響を受けたり」といっている。

11月17日、ビスカイノは、相馬藩領の海岸と二つの入江（新沼浦および松川浦）を測量している。ビスカイノは、その後、陸路でいわき市域まで海沿いに南下していくが、震災被害に関する記述

はない。相馬藩領は、現在の福島県新地町から大熊町までの太平洋沿岸部であり、南北50kmの海岸線が南北方向に延びている。沿岸の村々は、利胤によると津波被害を受けているのであるが、震災から20日も経たないうちに、ビスカイノにその海岸の測量を許している。この津波被害に関しては、『利胤朝臣年譜』に「海辺生波ニ而相馬領ノ者七百人溺死」とあり、海岸にはガレキや津波堆積物が残されていたと想定されるが、対象となった海岸や入江に、測量を妨げるような被害状況は記されていない。

また、城の工事は、地震被害と復旧を示すとする見方と、相馬藩が居城を小高城から中村城に移すための工事とする見方があり、慶長16年(1611)12月2日条には、「小高城ヨリ宇多郡中村ノ城江御移、此年七月ヨリ中村ノ城新成、同冬御普請成就、御在城ヲ被移」とあることから、時期も一致しており、「城の破損と再築中」は完成間際の城の説明としては不自然であり、近年の新たな日本語訳では「あまり処理が進んでおらず、城内では建築工事が行われている」(国立歴史民俗博物館 2014、蝦名・高橋 2014)とあるように、地震とは関連性がない。

第4節　発掘調査成果と文献史料の取扱い

仙台平野とその隣接地域における慶長16年(1611)の地震・津波について、発掘調査、文献史料の研究の現状を検討してきたが、災害痕跡として、津波堆積物、被災遺構は検出されておらず、遡上距離や災害の実態は不明であり、その解明が課題とされている現状が確認された。文献史料は、数多くあるが、ここでは、信頼性の高い史料を、これまでの研究成果をふまえて、一つずつ検討を行い、より慎重な取扱いが必要なことを確認した。

1．発掘調査成果

仙台平野における近世初頭の遺跡調査からは、明確な津波痕跡は確認されておらず、岩沼市高大瀬遺跡の本報告書の刊行を待つ必要がある。また、震災を前後する沿岸部の集落動態は不明であるが、平野北部の調査事例から新田開発に伴う沿岸部の集落形成は17世紀中葉以降に始まり、17世紀後葉に舟入堀(貞山運河)が完成したことで耕地化が進展していく。この点については、文献史料の研究(菅野 2014)から、平野中部の七郷地区において新田開発が進展するのは17世紀中葉〜後葉と判明しており、共通性がある。そのため、17世紀初頭における沿岸部の集落は、新田開発も行われていたが、その規模は小さく、主に漁村によって構成されていたと考えられ、人口は少なかった可能性がある。

なお、地質学や堆積学による地点的なボーリング調査が行われ、慶長津波の堆積物が検出されたとする調査事例もあるが、本書の研究方法からすると、面的な広がりや年代的な整合性、高潮堆積物との区別等、津波堆積物と識別するのはむずかしいと考えられる。

2．文献史料

　この震災では、地震被害の具体的な事例が認められず、従来、「津波地震」といわれるような地震の規模に比べて津波の規模が大きな震災と考えられている。その中で、文献から津波被害を推定するうえで重視されるのは、三陸沿岸におけるビスカイノの報告である。この報告については、信憑性に疑問も示されているが、集落の立地によって、津波被害の程度に違いが以下のように認められる。

　　越喜来村（現大船渡市域）：平野が狭く、流失した家と流失しなかった家がある。
　　根白村（現大船渡市域）：高台にあり、流失した家はなかった。
　　今泉村（陸前高田市域）：平野が広く、ほとんどの家が流失した。

　これらの村は、およその位置を確認できるため、東日本大震災における津波浸水域を見てみると、越喜来では狭い平野に限定的で、根白にはなく、今泉では平野全域に広がっており、慶長16年（1611）の津波とは規模に違いはあるとしても、立地と整合する傾向がみられる。より具体的な被害の推定には、被災遺構の検出が必要ではあるが、そこで史料の検証がなされることを期待したい。

3．災害の実態解明

　現状では、文献史料で想定される津波災害は、三陸沿岸に限られており、他の地域では「海涯」や「海邉」といった海際において人や家畜の被害があったことが記されているだけで、仙台平野や福島県太平洋沿岸部では、具体的な地名等は明らかではない。しかし、文献史料には、沿岸部の新田開発の記録が残されているため、津波災害の実態解明には、地中に残された痕跡調査を継続的に行い、それらとの整合性を確認していくことが求められる。

註
（1）『真山記』は、伊達政宗の右筆などを務めた真山正兵衛俊重が晩年に記したと推測される記録である。『記録抜書』は、貞享元年(1684)に、幕府の命を受けた仙台藩が、織田信長、豊臣秀吉、徳川氏との関係を中心に伊達氏の歴史をまとめた全6巻の史書である。『政宗君記録引証記』は、『治家記録』編纂資料を集めた記録集である。
（2）日程の概略：慶長16年10月4日（1611年11月8日）陸路で仙台着⇒11日（15日）仙台発・塩釜着⇒12日（16日）海路で塩釜発・松島着⇒14日（18日）大塚着⇒15日（19日）宮戸着⇒16日（20日）小竹→月浦→清水田→大原着⇒17日（21日）敷島→大原着⇒18日（22日）女川着⇒19日（23日）雄勝着⇒21日（25日）折立着⇒22日（26日）歌津着⇒23日（27日）気仙沼着⇒25日（29日）今泉着⇒26日（30日）盛着⇒27日（12月1日）盛逗留⇒28日（2日）越喜来着⇒29日（3日）根白着⇒11月1日（4日）今泉着⇒2日（5日）陸路で仙台へ向かう⇒5日（8日）仙台着・逗留⇒13日（16日）仙台発⇒15日（18日）中村着⇒17日（20日）小高着⇒18日（21日）熊川着⇒19日（22日）富岡着⇒20日（23日）平着⇒23日（26日）松岡着⇒27日（30日）江戸着⇒30日（1612年1月2日）政宗と江戸で面会
　ビスカイノは、その後も各地で測量を続けたが、船が破損したため、1613年、伊達政宗が派遣した慶長

遺欧使節の乗るサンファン・バウチスタ号に同乗して帰国した。
（3）江戸時代の仙台城に大きな被害を与えた地震は、記録に残るだけでも以下のように11回あるが、慶長16年（1611）には地震被害の記録は認められない（仙台市博物館 2014）。

　　　元和2年（1616）7月28日　　石壁・櫓などが大きく破損。
　　　正保3年（1646）4月26日　　大手門や本丸所々の石垣が数十丈崩れ、本丸の三階櫓3棟が崩壊
　　　寛文8年（1668）7月21日　　本丸や中の門付近の石垣が変形したり、崩れた。
　　　延宝6年（1678）8月17日　　城内の祠堂などが破損。
　　　宝永7年（1710）8月20日　　本丸西門西脇の石垣が崩れ、二の丸北の千貫橋の石垣が変形した。
　　　享保2年（1717）4月3日　　 城内各所の石垣や土手、二の丸各所が崩壊。
　　　享保16年（1731）9月7日　　本丸大広間の壁、二の丸塀などが破損。
　　　元文元年（1736）3月20日　　城内各所の石垣が変形したり、崩れた。建物の瓦や屋根が破損。
　　　天保6年（1835）6月25日　　本丸懸造が破損し、石垣が崩れた。
　　　安政2年（1855）8月3日　　 石垣、塀などが破損。
　　　文久元年（1861）9月18日　　城が被害を受けたため、幕府より3万両の借金をする。

この他、仙台城の被害の記録はないが、1793年（寛政5）2月17日、三陸から銚子にかけて津波被害をもたらした地震があった。仙台領では、家屋の損壊1060棟以上、死者12人以上、津波で流失した家屋が、三陸の綾里（大船渡）で70〜80棟、気仙沼で300余、鮫（牡鹿半島）で10程度、と記録されている（安田 2014）。

第 6 章　総合化による津波災害痕跡の調査研究

　これまで、津波災害痕跡研究の現状を確認し、調査研究方法を提示し、仙台平野における弥生時代中期、平安時代貞観11年(869)、江戸時代慶長16年(1611)の津波災害痕跡・記録の確認と検討を行ってきた。ここでは、それらの津波災害について、2011年の東日本大震災の津波痕跡調査をふまえた津波規模の比較から確認し、今後、津波防災だけではなく、他の自然災害の防災へも貢献していくうえで、総合化による痕跡調査研究の必要性を提起する。

第 1 節　仙台平野の津波災害痕跡研究の現状

　仙台平野の津波災害痕跡研究は、1990年代初頭に平野中部で行われた坪掘りおよびボーリングによる自然科学分野の調査で津波堆積物の存在が指摘された（阿部他1990、Minoura and Nakaya 1991）ことに始まる。

1．津波災害痕跡研究の現状

（1）弥生時代　中期中葉中段階
　2000年前を前後する津波堆積物の存在は、2000年代の自然科学分野の調査でも確認されていたが、津波災害痕跡は、2007〜2008年(平成19〜20)に行われた沓形遺跡の第1次発掘調査によって初めて確認された（仙台市教育委員会 2010b）。以下は、それを含めた研究の経緯である（遺跡における考古学と関連分野の連携による成果は「○」、自然科学分野の成果は「◇」とした）。
　　1990年(平成3)：◇平野中部で2000年前の津波堆積物の存在が初めて指摘される。
　　2007〜2008年(平成19〜20)：○沓形遺跡第1次調査で初めて津波災害痕跡を確認、津波堆積物
　　　　が当時の海岸線から2.5km分布すると報告される。
　　2010年(平成22)：○沓形遺跡第2次調査で津波災害痕跡が確認される。
　　2011年(平成23) 3月11日：東日本大震災が起こる。◇直後から、自然科学分野の津波堆積物調
　　　　査が各地域で行われる。
　　2011年(平成23) 6月〜8月：○沓形遺跡第3次調査で津波災害痕跡を確認、東日本大震災の痕
　　　　跡調査から、津波遡上距離が当時の海岸線から4.2kmと指摘される。
　　2012年(平成24) 8月〜12月：○中筋遺跡で津波災害痕跡が確認される。

2013年（平成25）3月：○中在家南遺跡（1996報告）の堆積層に津波痕跡（海生珪藻）が指摘される。

2013年（平成25）4月〜7月：○荒井南遺跡第1〜2次調査で津波災害痕跡が確認され、津波堆積物の分布範囲が判明する。

2013年（平成25）5月〜7月：○荒井広瀬遺跡で地震と津波が連動した災害痕跡が確認される。

2013年（平成25）7月：○中在家南遺跡（1996報告）の河川跡に地震痕跡が指摘される。

2014年（平成26）7月〜12月：○杏形遺跡第4〜6次調査で津波災害痕跡が確認される。

2015年（平成27）2月〜3月：○荒井南遺跡第3次調査で津波災害痕跡が確認される。

2016年（平成28）3月：○富沢遺跡（1987報告）の水田跡に地震痕跡が指摘される。

(2016年3月まで)

　一連の研究は、主に平野中部の名取川下流域で行われており、ここ10年で、遺跡の発掘調査によって大きな進展がみられる。その特徴は、2007〜2008年（平成19〜20）の杏形遺跡の調査において推定された津波災害の実態が、東日本大震災の津波痕跡調査、発掘調査事例の増加、過去の発掘調査事例の再評価によって、より明らかになってきていることである。要因としては、面的な発掘調査と関連する多くの分野との連携によって検証可能な客観性が確保されていることがある。

　主に検討されてきた事項は、以下の4点である。
- 津波災害痕跡確認事例の面的拡大による津波堆積物到達範囲の把握
- 東日本大震災の津波痕跡調査にもとづいた津波堆積物の確認および津波遡上距離の推定
- 地震痕跡と津波痕跡の連動性の確認による震源と波源の推定
- 過去の遺跡調査報告の再検討による地震痕跡・津波痕跡の確認

　新たな遺跡の調査事例が、それまでの成果と整合的で、それが実態解明を進めてきており、本稿で提起した調査研究方法の有効性を示している。

　これらの調査研究の成果から、弥生時代中期中葉の津波は、平野中北部において、集落動態に大きな変化を及ぼし、沿岸部の集落を廃絶させ、それ以降、古墳時代に移行するまで、長く農耕集落が営まれなくなることが明らかにされている。その理由は、台風や洪水とは規模の異なる被害を受けて、自然観を変更したことによるが、狩猟や漁撈活動などに伴う土地利用は弥生時代を通して認められている。一方、弥生時代になって水田稲作適地を加えた資源観は変更されず、水田稲作技術体系は、やや陸側の低地を中心として再編成された集落群の生業基盤として存続していく。

　こうした弥生時代中期の調査研究は、文献史料がないなかで、発掘調査で検出された被災遺構にもとづいて、関連分野と連携して総合化をはかっており、有効な方法といえる。

（2）平安時代　貞観11年（869）5月26日

　この時期の津波災害痕跡研究は、2000年代後半に、自然科学分野によって積極的に行われるが、東日本大震災以降は、遺跡における調査研究が進み、津波堆積物の分布範囲に二つの考えが認められるようになる。以下は、それを含めた研究の経緯である（「○」と「◇」は先と同様）。

1990〜1991年（平成3〜4）：◇平野中部で貞観11年（869）の津波堆積物の存在が初めて指摘さ

2000年（平成12）3月：○沼向遺跡第1～3次調査報告で基本層に貞観津波の堆積物の存在が指摘される。

2001年（平成13）3月：○市川橋遺跡の9世紀の水成堆積物が貞観津波と関わる可能性が指摘される。

2005年（平成17）：◇文部科学省「宮城県沖地震における重点的調査観測」が始まる[1]（～2009）。

2005～2006年（平成17～18）：◇上記観測の仙台平野における津波堆積物調査が行われる。

2007～2008年（平成19～20）：◇上記観測の仙台平野における津波堆積物調査の報告がなされ、津波堆積物が当時の海岸線から3～4km分布すると指摘される。

2010年（平成22）3月：○沼向遺跡第4～34次調査報告で基本層に貞観津波の堆積物の存在が指摘される。

2011年（平成23）3月11日：東日本大震災が起こる。◇直後から、自然科学分野の津波堆積物調査が各地域で行われる。

2011年（平成23）：震災直後から、日本三代実録の貞観震災記事が広く紹介される。

2012年（平成24）3月：○発掘調査の成果等から津波堆積物が当時の海岸線から1.5km分布と指摘、日本三代実録の貞観震災記事は事実を過大視していると推定。

2012年（平成24）3月：○当時の海岸線から約1.5km離れた下増田飯塚古墳群の津波災害痕跡が報告される（2005年調査）。

2012年（平成24）5月：○津波堆積物が当時の海岸線から3～4km離れた山王遺跡に分布する可能性を指摘、それにもとづく推定浸水域が図示される。

2012年（平成24）9月：◇仙台平野の調査で、平安時代より古い津波堆積物を、平安時代と誤認していた調査事例のあることが指摘される。

2013年（平成25）：◇津波堆積物が当時の海岸線から3～4km分布することを前提に、震源域や浸水域のシミュレーションが行われる。

2014年（平成26）12月：◇当時の海岸線から3～4km離れた山王遺跡で津波堆積物の可能性が指摘されていた層は、河川堆積物であると指摘される。

（2016年3月まで）

研究は、平野全域に及ぶが、主に平野中部の名取川下流域と平野北部の七北田川下流域で行われ、津波災害痕跡は1例だけ確認されている。検討されてきた事項は、以下の3点である。

- 津波堆積物の識別と年代推定
- 津波災害痕跡確認事例による津波堆積物到達範囲の把握
- 東日本大震災等の津波痕跡調査にもとづいた津波堆積物の確認および津波遡上距離の推定

これらに共通する課題は、津波堆積物の面的な分布に関する異なる二つの理解であり、それらを、便宜的にA説、B説として示しておこう。

〔A説〕津波堆積物（砂層）は、当時の海岸線から1.5～1.7km、現海岸線から2.5～2.7km分布。図143のように、考古学的な発掘調査が行われた沼向遺跡、下増田飯塚古墳群で確認されている。

図143 仙台平野における津波災害痕跡研究の現状（図45に一部加筆）

堆積学の調査（SD-2地点・trench 2）の指摘と整合する。

〔B説〕津波堆積物（砂層）は、当時の海岸線から3～4km、現海岸線から4～5km分布。図143のように、発掘調査が行われた山王遺跡では津波堆積物の可能性が指摘され、坪掘り調査が行われたTrench 3とボーリング調査が行われたB10地点で、津波堆積物の存在が指摘されている。

　両説のうち、A説には、津波堆積物の面的な分布が地点的にやや陸側に広がる可能性はあるが、傾向としては変わらない。B説は東日本大震災以前から指摘されていたが、山王遺跡の事例は堆積学の解釈で、9世紀における可能性の一つであること、Trench 3の事例は同じ地点（SD-3地点）の他の調査研究で津波堆積物の年代が2000年前であること、B10地点の事例は津波堆積物の上下層

の年代測定値が2000年前であることから、いずれも貞観11年(869)の津波堆積物とするには問題を抱えていた。加えて、弥生時代の津波災害痕跡研究が進展すると、図143でわかるように、現海岸線から4～5kmの位置は、2000年前の弥生時代の津波堆積物の分布域に重なるところがあり、そこには貞観11年(869)の津波堆積物は存在していないことが判明してくる。つまり、Trench 3とB10地点の津波堆積物の時期は、年代測定値からしても、弥生時代の可能性が高いのである[(2)]。この点について、Trench 3のやや東方に広がる沓形遺跡の調査では、貞観11年(869)の津波堆積物：砂層は存在していないことが明らかにされている。

これらの調査研究から、A説・B説に関しては、B説に確実な根拠がないことが知られ、A説に妥当性を認めることができる。それにもとづくと、平安時代貞観11年(869)の津波は、平野中北部において、沿岸部の集落に一定の被害を及ぼしたが、地域社会の生業基盤に大きな被害を与えていないことが考えられる。名取川下流域では、9世紀中葉から積極的に始まる沿岸部における水田稲作適地とその周辺における集落形成が10世紀初頭にかけて進展しており、律令制の土地所有形態の変化に伴う新たな方向性を示している可能性がある。この津波を前後する集落動態からは、社会の大きな変化を読み取れず、古墳時代前期以降の自然観、資源観に変更がないことが知られる。また、こうしたA説による被害の推定は、『日本三代実録』の記事とは、人畜・建物被害の程度において整合しないところが多く、文献史料が限られている場合には、その評価を慎重にすべきである。なお、B説の根拠となったボーリング調査データに関しては再検討すべきであり、B説にもとづく津波の推定浸水域（柳澤 2012c）は見直しが求められる。

（3）江戸時代　慶長16年(1611)10月28日

この時期の津波災害痕跡研究は、2000年代にもボーリング調査によって、同様の指摘はあったが、これまでに慶長16年(1611)の津波堆積物、津波災害痕跡は検出されていない。近年では、岩沼市高大瀬遺跡の発掘調査で津波堆積物の可能性を示す堆積層が検出されているが、まだ正式な報告書は刊行されていない。

現状では、複数の文献史料から、江戸時代の仙台藩沿岸部には、慶長16年(1611)10月28日の津波被害のほかに、寛政5年(1793)1月7日に発生した三陸から銚子にかけての津波被害が知られる。今後は、慶長16年(1611)と寛政5年(1793)の津波を文献史料にもとづいて再検討し、議論の範囲を明確にすることが求められ、江戸時代の海浜起源の堆積物が検出された場合、高潮堆積物なのか津波堆積物なのか、検討が行われ、津波堆積物と識別されることによって、津波災害痕跡の研究が始まるのである。

2．東日本大震災の津波との関係

仙台平野の遺跡でこれまでに検出された津波痕跡を表10に示した。ここから過去の震災の程度を数値化することはむずかしいが、仙台平野では、東日本大震災の地震記録と津波痕跡調査成果から、それとの比較で、津波災害の実態を推定しておきたい。対象となる弥生時代、平安時代、江戸時代

表10　仙台平野地震津波痕跡一覧表

地区	時代	遺跡	地震痕跡	津波痕跡	
北部	平安時代（貞観11年）	仙台市沼向遺跡		津波堆積物	
中部	弥生時代（中期中葉）	仙台市沓形遺跡		津波堆積物	被災遺構（水田跡）
		仙台市荒井南遺跡		津波堆積物	被災遺構（水田跡）
		仙台市荒井広瀬遺跡	地割れ跡	津波堆積物	被災遺構（溝跡）
		仙台市中在家南遺跡	地割れ跡	（海生珪藻）	
		仙台市高田B遺跡		津波堆積物？	被災遺構（水田跡）？
		仙台市富沢遺跡	水田土壌の変形		
	平安時代（貞観11年）	仙台市下増田飯塚古墳群		津波堆積物	被災遺構（水田跡）
南部	弥生時代（中期中葉）	山元町中筋遺跡		津波堆積物	被災遺構（水田跡）
	平安時代（貞観11年）？	岩沼市高大瀬遺跡		津波堆積物？	
	江戸時代？	岩沼市高大瀬遺跡		津波堆積物？	
	現代（平成23年）	岩沼市高大瀬遺跡		津波堆積物	被災遺構（水田）

表11　仙台平野における東日本大震災と平安時代・弥生時代の地震・津波

	地震	津波	津波遡上距離
東日本大震災 平成23年3月11日 （西暦2011年）	仙台平野：震度6強〜6弱 京都：震度3	砂質堆積物：海岸線から2.3km分布 泥質堆積物：海岸線から2.3km〜4.0kmに分布	約4km
平安時代の震災 貞観11年5月26日 （西暦869年）	三代実録「陸奥国地大震動」 三代実録：平安京有感地震なし	三代実録「驚濤涌湖 浜廻張長」 三代実録「海水海暴溢而為患」 砂質堆積物：当時の海岸線から1.5〜1.7km分布（沼向遺跡・下増田飯塚古墳群） 下増田飯塚古墳群で被災遺構（水田跡）	三代実録「忽至城下去海数十」 1.5km強〜1.7km強：砂質堆積物の分布から推定
弥生時代の震災 中期中葉中段階 （約2000年前）	荒井広瀬遺跡：地割れ跡 中在家南遺跡：地割れ跡 富沢遺跡：水田土壌の変形	砂質堆積物：当時の海岸線から2.5km分布（沓形遺跡・荒井南遺跡） 沓形遺跡で被災遺構（水田跡） 荒井南遺跡で被災遺構（水田跡） 荒井広瀬遺跡で被災遺構（溝跡） 中筋遺跡で被災遺構（水田跡） 中在家南遺跡で海生珪藻	約4kmあるいはそれ以上：砂質堆積物の分布から推定

の震災は、残された痕跡に違いがあり、同列に比較できないため、表11のように、弥生時代と平安時代について、いくつかの項目にもとづいて、それぞれを東日本大震災の津波痕跡と比較することで相対的な被害の実態を考える。

（1）弥生時代　中期中葉中段階

〔文献史料〕ない。

〔津波堆積物の面的な分布〕砂質の津波堆積物の到達限界は、沓形遺跡等、複数遺跡の発掘調査で当時の海岸線から2.5kmと確認されている。荒井南遺跡では、調査対象地区17ヘクタールの海側東半分に、平面的に分布することが明らかにされた。東日本大震災では、周辺地区の痕跡調査で、砂質の津波堆積物の到達限界は、現海岸線から2.3kmである。

〔年代〕被災遺構の時期は出土土器の編年的位置づけから中期中葉であり、放射性炭素年代測定結果と整合する。

〔津波の推定遡上距離〕東日本大震災では、砂質の津波堆積物の到達限界は、遡上距離の60％と報告されている。そのため、推定される遡上距離は、津波堆積物が2.5kmなので、4.2kmとなる。東日本大震災の遡上距離は3.8kmである。

〔地震との連動性〕底面に地割れが生じた直後に砂質の津波堆積物の堆積によって埋まった溝跡が荒井広瀬遺跡で検出され、地震の後に津波が発生していることから、両者の連動性が確認され、日本海溝周辺を震源・波源とする震災であった。東日本大震災も同じように、震源・波源は日本海溝周辺にある。

〔地震痕跡〕地割れ跡は複数遺跡で認められており、他に水田面の変形が認められている。東日本大震災では、地割れとともに液状化現象も見られた。地割れは、通常、震度6以上で生じることから、弥生時代の地震は、それに相当する強い地震であったと推定される。

〔被害〕沿岸部の農耕集落が廃絶した。

〔復興〕やや内陸を中心として農耕集落が形成されるようになる。

（2）平安時代　貞観11年（869）5月26日

〔文献史料〕1点ある。日本三代実録。

〔津波堆積物の面的な分布〕砂質の津波堆積物の到達限界は、沼向遺跡等、複数遺跡の発掘調査で当時の海岸線から1.5km～1.7kmと確認されている。

〔年代〕被災遺構の時期は出土土器の編年的位置づけから9世紀後葉であり、『日本三代実録』に記された貞観11年（869）と整合する。

〔津波の推定遡上距離〕先述のように東日本大震災では、砂質の津波堆積物の到達限界は遡上距離の60％と報告されているが、他の津波堆積物の痕跡調査では、2km以下の場合には、到達限界をやや上回る距離であることから、1.5km強～1.7km強で、最大でも2.5km～2.8kmである。

〔地震との連動性〕文献史料の記事で連動が確認される。

〔地震痕跡〕認められていない。文献史料では、その日に地震がなかったことが知られる平安京：京都は、東日本大震災で震度3であったことから、貞観11年（869）の地震はそれほど大きくはない。[3]

〔被害〕文献史料にある地震被害・津波被害の内容は、遺跡に残されていた痕跡よりも大きく記されており、実態としては、震災を前後して集落動態にはそれほど影響はなく、官衙・寺院の大きな被害は限定的で、復興事業の計画的、組織的な遂行が推定された。

〔復興〕官衙・寺院の主要な堂塔の修理が行われた。

（3）江戸時代　慶長16年（1611）10月28日

〔文献史料〕複数ある。駿府記、駿府政事録、伊達治家記録等。

〔津波堆積物の面的な分布〕不明。

〔津波の推定遡上距離〕不明。

〔地震との連動性〕文献史料から確認される。地震の規模が小さく、津波地震とする理解もある。

〔地震痕跡〕不明。仙台城の石垣に被害があったという記録はない。

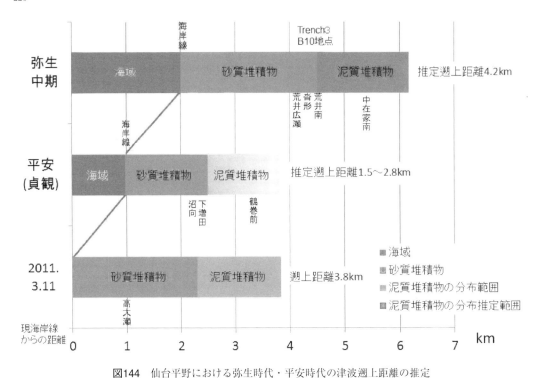

図144　仙台平野における弥生時代・平安時代の津波遡上距離の推定

〔被害〕三陸沿岸部において津波被害があった。記録には沿岸部で数千名の死者があった。
〔復興〕不明。

　慶長16年(1611)の津波災害痕跡は確認されておらず、東日本大震災の津波との比較はできない。また、寛政5年(1793)の津波痕跡との識別も課題とされる。

（4）検討結果と今後の研究

　仙台平野では過去に地震とそれに伴う津波が、弥生時代、平安時代、江戸時代に認められる。その規模を痕跡から東日本大震災と比較すると、図144のように、弥生時代は同規模かそれ以上、平安時代はやや規模が小さいと推定される。江戸時代は津波痕跡が検出されておらず、比較はできない。平安時代では、津波痕跡と文献史料に記された災害との比較がなされ、『日本三代実録』の記事は実態よりも過大視されていることが知られており、文献史料が限られている場合には、慎重な取扱いが求められる。江戸時代には、複数の文献史料があり、三陸の津波災害が大きかったことはわかるが、仙台平野の実態はよくわかっていない。

　これらのことから、弥生時代と平安時代の津波痕跡研究は、より確かな仮説は調査研究事例が増えることで実態が明確になること、より不確かな仮説は調査研究事例が増えることで実態が不明確になることが知られ、継続的な調査研究の必要性が再確認される。

第2節　今後の津波災害痕跡研究

　東日本大震災以降、それまでの個別分野的な研究から、多分野連携によって総合化した研究へ、方針の転換がなされる。

1．新たな指針と多分野連携による総合化

（1）津波防災の新たな方向性
　東日本大震災では、津波による被害が大きかったことから、津波防災を重視した防災科学分野の法律、報告、指針が示された。その主な部分を以下に示したが、これらは震災後1年以内という短い期間になされていることからも知られるように、日本列島の喫緊の課題と認識された。

- 内閣府「津波対策の推進に関する法律」（2011年6月24日）
  この法律は、津波による被害から国民の生命、身体および財産を保護するために制定された。そこでは、国民の間に広く津波対策についての理解と関心を深めるようにするために、11月5日を「津波防災の日」とした。この日は、安政元年11月5日、夜に起った安政南海地震に伴う津波からの避難に際して、稲わらに火をつけて海辺の人びとを安全なところへ誘導したという逸話「稲わらの火」にもとづいている。その後、この日は、国連が2015年12月に「世界津波の日」としている。

- 中央防災会議「東北地方太平洋沖地震を教訓とした地震・津波対策に関する専門調査会報告」（2011年9月28日）
  この報告では、東日本大震災をふまえて、「地震・津波の発生メカニズムの解明等の調査分析が一層必要となってくる。中でも、数千年単位での巨大な津波の発生を確認するためには、陸上及び海底の津波堆積物調査や海岸段丘等の地質調査、生物化石の調査など、地震学だけでなく地質学、考古学、歴史学等の統合的研究の充実が重要である」という考え方が示されている。震災以前に、個別分野別に、自然現象としての津波や、津波災害の研究が行われており、相互の連関がなかった反省にもとづいており、重要な指針が示された。

- 国土交通省「津波防災地域づくりの推進に関する基本的な指針」（2011年12月27日）
  この指針では、「最大クラスの津波を想定するためには、被害をもたらした過去の津波の履歴を可能な限り把握することが重要であることから、都道府県において、津波高に関する文献調査、痕跡調査、津波堆積物調査等を実施する」とある。津波防災の施設的な整備にとって、津波高の把握は喫緊の課題であることが知られるが、現状では、過去の津波高にはむずかしく、残された文献史料にもとづいて現地を確認できる場合に限られている。しかし、それを想定するうえで、総合的に津波そのものの調査研究の必要性が示されており、津波堆積物の研究の中から、新たな方法が模索されてきている。

こうした震災直後に進められた施策とともに、日本列島の太平洋沿岸では、自然科学分野の津波堆積物研究が行われてきたことを評価すべきであろう。それらの成果は、さまざまな分野で公表されてきており、なかでも、惑星地球科学連合の大会では、「津波堆積物」のセッションが2011年以降、毎年組まれていて、これまでに数多くの発表がなされている。それらは、過去から現代に起った自然現象としての津波の痕跡を研究対象としている。そのため、津波による災害への言及はないが、津波災害痕跡研究の基盤となる研究分野であり、遺跡における層序と時間軸にもとづいて、津波痕跡、なかでも被災遺構との関連性を追求することで、具体的な災害の実態を明らかにすることができる。

両者の研究は、個別的に行われるのではなく、それらの研究が進行するなかで、津波痕跡研究が信頼性の高い成果を得るには、津波堆積物の識別と年代推定を実証的に行っていく必要があり、「認定間違いや解釈の飛躍はこれまで以上に許されない状況にある」（後藤・箕浦 2012）。そのためには、地質学や堆積学等との連携において、人類の生活との関わりが想定される場合は、積極的に発掘調査を方法として用いるべきであろう。それによって、災害を認識できる被災遺構の検出が可能となり、津波堆積物の年代や分布の推定もより正確になる。

津波防災に関して、2013年には自然科学分野が列島規模で近い将来に起こりうる津波災害の最大の想定を発表しており、各地域において、予測を超える数値に驚きの声が多かった。そこには、被災地で進む防潮堤の建設促進という防災施設の建設を重視する考え方がある。しかし、一方では、沿岸域において、津波を知り、津波に備えるために、地域の津波災害史に関心が高まっている。そこには、津波の被害と地形との関連性を個別的に理解し、それぞれの地域の防災・減災に結びつく津波痕跡・経験として言い伝え、後世に継承していく社会の責務がある。現代の津波防災には、過去の災害を含めた考え方が必要である。

（2）津波災害の痕跡研究の針路

津波は、列島あるいは世界各地の沿岸域で観察されるが、過去の津波痕跡が、津波堆積物として現代に残されている例は少なく、その識別とともに、広域的に分布する同じ津波堆積物の同定にもむずかしい面がある。しかし、今回、仙台平野の新たな発掘調査成果、過去の発掘調査報告の再評価をもとに、関連分野と連携して集落動態を考える調査研究方法に有効性が確認された。こうした成果は、先行して研究が行われてきた地球科学諸分野と共有していく必要があり、人類の大きな課題に対して、協力関係を築いていくなかで、新たな方法の開拓への貢献が期待される。ここでは、今後の針路を、以下のように提起しておきたい。

- 地球科学の多分野連携による津波痕跡の調査
- 人類史における津波痕跡と被害・復興の位置づけ
- 防災・減災技術に関係する機関への研究成果の提供と協力関係の構築

過去の津波痕跡と被害・復興の実態解明に向けて、地震学、火山学、地質学、堆積学、土木工学、津波工学、地形学、考古学、文献史学、書誌学、民俗学など、さまざまな分野の連携をもとに総合化し、歴史的事実関係を人類史に位置づけ、それを現代社会の防災・減災計画に活用することが急

務といえる。津波による被害と復旧・復興は人類の生活に大きく関わっており、それを具体的に復元することができる考古学、文献史学、民俗学が地球科学の一分野として連携することが求められている。なかでも、考古学は、遺跡における人類の活動痕跡を究明するための関連科学との連携とともに、遺跡に認められる被災遺構や周辺を含めた地形変形の検出など、自然災害の痕跡研究に関わり地球科学の一分野として連携していく必要がある。

2．自然災害痕跡研究と考古学

（1）災害痕跡の検出

　自然災害痕跡研究は、現代に残されている痕跡の識別を行うことから議論を始めるのが基本であり、その進展によって、より正確な地域の災害史を共有することが、これからの防災・減災の実効性を高める力になると考える。津波災害もその対象の一つであり、ここでは、さまざまな自然災害の中に位置づけておきたい。

　遺跡に認められる地形変化の痕跡研究は、1970年代から多くなり、対象は、噴砂、地震による建物倒壊、活断層による遺構の切断・変位、地すべりによる埋没、火山噴出物による埋没、洪水による埋没などに分けられ（阿子島 1999・2000a,b）、遺構との時間的な関係には、後世の地形変化と、地形変化による被災とを含んでいる。1980年代後半には、これらの種類はほぼ出揃っており、成果の一端は「地震考古学」（寒川 1992）、「火山灰考古学」（新井 1993）などの提唱に表れている。

（2）自然災害痕跡

　人間の生活に関わる主な自然災害には、「気象災害」と、「地震・火山災害」がある。具体的な被害はさまざまで、火山灰の堆積で集落が埋もれて景観が変わったり、地点的な洪水・鉄砲水などによって生産域の一部が廃絶されたり、個別的には、竪穴住居や掘立柱建物、築地塀などが、埋積あるいは倒壊した痕跡として残される（斎野 2012b）。

1）気象災害

　低気圧や台風、前線による集中豪雨などによって生じる災害である。河川流域の平野部や、丘陵縁辺の斜面部から周辺の平野部にかけての地形面など、地形的には、ある程度予測される場合もある。なお、沿岸部においては、台風等による高潮被害があるが、堆積物の痕跡としては津波との区別はむずかしい。

〔洪水被害痕跡〕河川の氾濫によって生じる被害痕跡である。この被害は、平野では広く認められ、水田や畑の廃絶につながることもあるが、同時に、耕作土の更新によって、可耕地に肥沃化をもたらす効果があり、循環的な土地利用の持続性を保障している。また、大規模な洪水では、新たな自然堤防の形成を伴うことがある。

〔土砂被害痕跡〕丘陵などの斜面部から平坦面にかけて、鉄砲水・土石流などで生じる被害痕跡である。被害は地点的にみられ、微高地が形成されるなど、微地形の変化をもたらす。

２）地震・火山災害

　地震や火山活動に伴って突発的に起こる広域的な災害である。

〔地震被害痕跡〕地震の震動によって生じる被害痕跡である。地震痕跡として、噴砂や地割れが確認されている。震動が、構造物の倒壊などの直接的な要因と判断できる事例は少なく、東北では秋田県払田柵跡の築地塀の崩壊が知られている。また、遺跡の基本層序において地震動によって生じた変形構造を識別できることがあり、注意を要する。

〔降灰被害痕跡〕降下火山灰の堆積によって生じる被害痕跡である。火山灰は、火山ガラスや斑晶鉱物の屈折率の測定あるいは蛍光Ｘ線分析などの同定法によって列島と周辺の火山灰編年が確立されており、離れた地域においても同時性が確認できる。この痕跡は、列島の広い範囲で通時的に確認されており、東北では９世紀の十和田ａ火山灰や白頭山‐苫小牧火山灰の降灰被害と集落動態との研究が進められている。

〔津波被害痕跡〕津波およびその堆積物によって生じる被害痕跡である。波源域はわからないことが多い。津波堆積物の理解は、対象とする地域ごとに、地形形成過程の復元や、津波堆積物の識別とその給源を明らかにする基礎的な研究が必要である。本書で述べてきたように、仙台平野において弥生時代と平安時代の津波被害と集落動態の研究が進められている。

（３）多分野連携のフィールド

　これらの災害の痕跡研究では、それぞれの連動性を含めて考えていく必要があり、連携する研究分野は多岐にわたる。災害痕跡の検出は、唯一、考古学的な発掘調査によって行われることから、連携のフィールドが遺跡の場合、その調査においては、遺構の廃絶、更新・建替え等の要因の検討が重要となる（斎野 2012a）。そこでは、数多くの検討事項と連携する分野の選択によって研究の底辺を広げるとともに、明らかになった事実関係の整合性にもとづいて災害の実態を明らかにしていく作業が求められる。また、広域にわたる災害は、地上や地中に痕跡を残しており、その規模を知るため、連携のフィールドが遺跡外の場合、自然科学分野の調査方法の検討と有効な指標の設定の検討が重要となる。遺跡外では、火山灰のように年代と識別方法が確立されている対象は別にして、噴砂・地割れ・堆積物等の年代および地点間の同時性は慎重に行う必要がある。面的な調査を行う遺跡においても、これらの年代推定はむずかしいことがあり、線的・点的調査を行う遺跡外では、安易な想定は避けるべきである。

　これまでの研究では、災害に結び付く自然現象の痕跡調査は、文献史料にもとづいて自然科学分野が行ってきたが、貞観震災のように、史料が『日本三代実録』の一つしかない場合[4]、史料批判がむずかしく、発掘調査によって明らかにされる事実もあり（鷹野他 2013）、実証性に課題があった。本書で提起した方法は、遺跡において検出された災害痕跡にもとづいて、遺跡外への広がりを追跡して災害規模を推定する多分野連携である。関係する文献史料は、その実証的な成果から批判が加えられ、実態解明につながる。

　自然災害痕跡研究は、多分野連携による地球科学の今日的課題であり、総合化された成果にもとづいて地域の自然災害史を構築し、市民への発信を継続していく必要がある。

註

（1）　6冊の報告がある（文部科学省 2006・2007・2008・2009・2010a,b）。

（2）　B10地点の調査成果（澤井他 2007）は、当時の海岸線から4kmまで津波堆積物：砂層が分布することを示しており、この結果をもとに震源域や浸水域のシミュレーションを行う研究もなされている（宍倉他 2010、菅原他 2011）。

（3）　この指摘は、東日本大震災直後に石橋（2011）が行っている。

（4）　貞観11年(869)の地震と津波による災害の記事は、『類聚国史』にも「災異」として記されているが、記事の内容は『日本三代実録』と同じであることから、ここでは、後に成立した『類聚国史』の記事を別の史料としては扱わない。

終　章　より正確な災害史構築に向けて

　1995年（平成7）1月17日の「阪神淡路大震災」以降、自然災害痕跡研究において、地震痕跡への認識がより深まり、1995年7月18日、地震防災対策特別措置法が施行され、それに伴い、地震調査研究の成果を地震災害の軽減に生かそうと、総理府に地震調査研究推進本部が発足した。後にこの推進本部は文部科学省に移るが、ここでは、2002年（平成14）7月に三陸沖から房総沖にかけて起きる大地震の長期評価結果を公表した。対象域は8ブロックに分けられ、そこで起こる将来の地震発生確率が示されていた。仙台平野もその一つに含まれており、1978年に起こった「宮城県沖地震」が対象となっていた。この地震は、江戸時代以降の文献に残されている地震記録から平均37年間隔で発生すると推定されたことから、警戒が続けられることになる。それを示すように、『自然災害科学』誌上では、2006年（平成18）に、特集記事として「オープンフォーラム：宮城県沖地震対策の現状と課題～いま、宮城県沖地震を迎え撃てるか～」、2008年（平成20）には、論説として「1978年宮城県沖地震30周年を契機に―過去に学び、現況を知り、次に備える―」（源栄正人）が掲載されている。そして、2010年（平成22）1月1日時点の宮城県沖地震発生確率は、10年以内70%、20年以内90%、30年以内99%であった（表12）。

　当時を振り返ると、宮城県沖地震への警戒は、建物の耐震工事がなされるなど、2000年代を通じて徐々に高まりを見せて、テレビやラジオから、地震が起こったときに心がけるべき行動等、大学の研究者らから直接アナウンスされることもあった。しかし、実際に起ったのは、宮城県沖地震を遥かに超えた規模の東日本大震災であった。直後にラジオを通じて伝えられたのは、「想定していたのはマグニチュード8、津波の高さ3m」という津波工学研究者の言葉であった。表13を見てもわかるように、想定の250倍のエネルギーが放出されたのである。2000年代後半に、5年をかけて文部科学省が行った「宮城県沖地震における重点的調査観測」は、まったくこの震災を予測できなかった。

　東日本大震災の被災地では、未だ復興の過程にある（図145）が、日本列島沿岸の各地域では津波防災の施策が進められている。そうしたなかで、2016年（平成28）4月14日、熊本県域を中心とする大地震が起こり、その後の活発な地震活動によって大きな被害が生じている。この地震は、活断層の活動による内陸地震で、地震調査研究推進本部もその存在を把握していたが、発生確率が示されることはなく、想定外として報道されている。これは、東日本大震災と同様、地震の予知がきわめてむずかしいことを示している。

　いつ起こるかわからない震災への備えは、最大可能事象としての災害を想定して行われ、防災施設の整備が進められてはいるが、日常的にその緊張感を維持するのは社会にとって大きなストレス

表12　過去の宮城県沖地震

地震発生年月日・時期	前回からの年数	地震の規模	備考
寛政5年(1793)1月7日		M8.2程度（連動の場合）	
天保6年(1835)6月25日	42.4年	M7.3程度（単独の場合）	仙台城被害記録
文久元年(1861)8月14日	26.3年	M7.4程度（単独の場合）	仙台城被害記録
明治30年(1897)2月20日	35.3年	M7.4（単独の場合）	
昭和11年(1936)11月3日	39.7年	M7.4（単独の場合）	
昭和53年(1978)6月12日	41.6年	M7.4（単独の場合）	仙台城被害記録
(1978 + 37 = 2015)	平均37.1年	文部科学省地震調査研究推進本部による（2010.1.1時点）	

表13　1978宮城県沖地震と2011東日本大震災

	1978宮城県沖地震	2011東日本大震災
発生年月日	昭和53年6月12日17時14分	平成23年3月11日14時46分
震源	仙台東方沖100km　深度30km	仙台東方沖70km　深度24km
マグニチュード	7.4（M9.0の1/256）	9.0（M7.4の256倍）
深度	5：仙台市、福島市、大船渡市 4：盛岡市、山形市、白河市、 　　水戸市、帯広市、銚子市、 　　千代田区、横浜市	7：栗原市（宮城県北部） 6強：仙台市宮城野区、石巻市、 　　　白河市、宇都宮市、日立市 6弱：仙台市（他区）、大船渡市、 　　　福島市、いわき市、成田市
余震（5以上）		6強：2回　6弱：2回　5：64回
津波（国内）	八戸44cm、大船渡38cm、宮古27cm、仙台21cm	相馬9.3m以上、鮎川8.6m以上、 宮古8.5m以上、大船渡8.0m以上、 八戸4.0m以上、釜石4.2m以上 観測施設が津波被害を受けたため、それ以上
津波（国外）		ハワイ島3.7m、千島列島3.3m、 チリ0.9m、ニュージーランド0.3m、 インドネシア1.5m

となる。そうしたときに、それぞれの地域において、過去にどんな大きな災害が起こり、人びとがどのように対応したのか、事態を想定することによって、過去の事例に学び、心構えとして備えることが、社会のリスク負担を軽減するのではないだろうか。より正確な自然災害事象の履歴を知ることが、防災の基盤となって、震災時の冷静な意識と適切な行動に結び付くと考える。

記憶に新しいスマトラやニュージーランドの地震・津波被害等、世界各地で大きな自然災害が起こるごとに、人類が地球の活動とともにあることを認識する。しかし、それが被災地の災害の履歴においてどのように位置づけられるのか、特に、津波災害に関してはむずかしい状況がある。過去

図145 福島県浜通り地域（2015年斎野撮影）

に遡れる津波記録は、古くてもエーゲ海地域の約2400年前の災害で、地球上には、古い記録のない地域も多く、まだまだ発見されていない津波痕跡も数多くあるだろう。本書では、研究が始まって間もない津波災害研究の進展のために、多分野連携による痕跡調査研究法を提示した。この方法が、世界中の沿岸地域の津波災害史の構築に貢献し、津波防災の一助となることを願ってやまない。

　本書では、災害からの復旧・復興に関して特に触れてはいない。今後、それぞれの地域の災害の実態が明らかになれば、復旧・復興の実態も明らかになる。本書は、その最初の一歩である。

引用・参考文献

【あ】

青森県　2001『青森県史 資料編 古代Ⅰ 文献史料』

赤石和幸・光谷拓実・板橋範芳　2000「十和田火山最新噴火に伴う泥流災害―埋没家屋の発見とその樹木年輪年代」『地球惑星科学関連学会2000年合同大会予稿集』Qa-009

秋田県教育委員会　2003『横山遺跡』秋田県文化財調査報告書第363集

秋元和實・内田淳一　2007「有孔虫の分類と変遷」『タクサ』第22号、日本動物分類学会、44-54頁

秋元和實・長谷川四郎　1989「日本近海における現生底生有孔虫の深度分布―古水深尺度の確立に向けて」『地質学論集』第32号、229-240頁

阿子島功　1999「地すべり・土石流の考古学（1）」『国立歴史民俗博物館研究報告』第81集、399-411頁

阿子島功　2000a「地すべり・土石流の考古学（2）」『山形応用地質』第20号、1-10頁

阿子島功　2000b「山形県の災害考古学」『山形県地域史研究』第25号、1-19頁

麻生　優　1985「層位論」『岩波講座日本考古学1 研究の方法』79-113頁、岩波書店

吾妻俊典　2004「多賀城とその周辺におけるロクロ土師器の普及年代」『宮城考古学』第6号、187-196頁

阿部　壽・菅野喜貞・千釜　章　1990「仙台平野における貞観11年（869年）三陸津波の痕跡高の推定」『地震』第2輯第43巻、515-525頁、日本地震学会

新井房夫　1993『火山灰考古学』古今書院

飯沼勇義　1995『仙台平野の歴史津波』宝文堂

伊木常誠　1897「三陸地方津浪実況取調報告」『震災予防報告』第11号、5-34頁

石井正敏　2012「貞観十一年の震災と外寇」『震災・核災害の時代と歴史学』歴史学研究会、282-302頁

石橋克彦　2011「首都直下地震、東海・東南海・南海巨大地震の促進も否定できない」『中央公論』2011年5月号

泉　治典・村松能就訳　1969『アリストテレス全集第5巻』92-93頁、岩波書店

伊藤一允　1996「貞観十一年「陸奥國地大震動」と十和田火山についてのノート」『弘前大学国史研究』100、89-104頁

今村明恒　1949『地震の国』文芸春秋新社

今村文彦・箕浦幸治・高橋智章・首藤伸夫　1997「エーゲ海における歴史津波堆積物に関する現地調査」『津波工学研究報告』第14号、33-49頁、東北大学

岩沼市教育委員会　2013『高大瀬遺跡発掘調査 遺跡見学会資料』

岩本由輝　2013「400年目の烈震・大津波と東京電力福島第一原発の事故」『歴史としての東日本大震災―口碑伝承をおろそかにするなかれ』刀水書房、1-97頁

ウェランド, M.（林裕美子訳）　2011（原著は2009）『砂―文明と自然』築地書館

ウォーターズ, M. R.（松田順一郎他訳）　2012（原著は1992）『ジオアーケオロジー』朝倉書店

氏家和典　1967「陸奥国分寺跡出土の丸底坏をめぐって」『山形県の考古と歴史』山教史学会、77-88頁

内田泉之助　1968『白氏文集』明徳出版社

内田淳一・阿部恒平・長谷川四郎・藤原　治　2007「有孔虫殻にもとづく遡上型津波堆積物の供給源の推定とその流体力学的検証」『第四紀研究』第46巻第6号、533-540頁

榎本祐嗣　1999「史料にみる地震津波発光」『地学雑誌』第108巻第4号

榎本祐嗣・安田英典　2009「発光現象を伴った津波の巨大化メカニズムの一考察—1946年南海地震津波の事例から」『歴史地震』第24号

蝦名裕一　2013「慶長奥州地震津波の歴史学的分析」『宮城考古学』第15号、27-43頁

蝦名裕一・高橋裕史　2014「『ビスカイノ報告』における1611年慶長奥州津波の記述について」『歴史地震』第29号、195-207頁

遠藤慶太　2005「『三代実録』の写本集成」皇學館大學史料編纂所報告『史料』199、1 - 9 頁

大久保雅弘　2005『地球の歴史を読みとく—ライエル「地質学原理」抄訳』古今書院

大場磐雄　1971「山内さんの思い出」『人類学雑誌』第79巻第 2 号、101-104頁

大船渡市立博物館　1997『津波を見た男—100年後へのメッセージ』

岡崎勝世　2013『化学 VS. キリスト教—世界史の転換』講談社現代新書2241

岡田茂弘　2004「多賀城廃寺跡の再検討」『東北歴史博物館研究紀要』第 5 号、1 -15頁

岡田茂弘・桑原滋郎　1974「多賀城周辺における古代坏形土器の変遷」『研究紀要Ⅰ』宮城県多賀城跡調査研究所、65-92頁

岡田博有　2002『堆積学—新しい地球科学の成立』古今書院

小口雅史　2003「古代北東北の広域テフラをめぐる諸問題—十和田 a と白頭山（長白山）を中心に」『日本律令制の展開』吉川弘文館、421-456頁

【か】

金原正子　2010a「沓形遺跡の花粉分析（平成20年度調査)」『沓形遺跡発掘調査報告書』仙台市文化財調査報告書第363集、222-252頁

金原正子　2010b「沼向遺跡遺跡平成15・16年度（第26次・32次調査）花粉分析」『沼向遺跡遺跡第 4 ～34次調査第 9 分冊』仙台市文化財調査報告書第360集、205-216頁

川内眷三　2011「和気清麻呂の河内川導水開削経路の復原とその検証」『四天王寺大学紀要』第52号、135-165頁

川口久雄校注　1966『菅家文草 菅家後集』日本古典文学大系72、岩波書店

川又隆央　2015「高大瀬遺跡」『岩沼市史 4 資料編Ⅰ考古』岩沼市史編纂委員会、205-209頁

川又隆央他　2014「仙台平野南部における東日本大震災の津波痕跡の発掘調査—宮城県岩沼市高大瀬遺跡の調査事例を通して」『日本考古学協会第80回総会研究発表要旨』32-33頁

菅野正道　2013「研究時評 慶長地震の評価をめぐって」『市史せんだい』23、22-28頁

菅野正道　2014『イグネのある村へ—仙台平野における近世村落の成立』蕃山房

北里　洋・土屋正史　1999「有孔虫はなぜ環境や古環境の指標として使えるのか？—内湾の指標種 Ammonia beccarii（Linne）を例として」『南太平洋海域調査研究報告』No.32、3 -17頁、鹿児島大学

北原糸子　2014『津波災害と近代日本』吉川弘文館

木村　学　2013『地質学の自然観』東京大学出版会

工藤雅樹　1965「陸奥国分寺出土の宝相華文鐙瓦の製作年代について」『歴史考古』第13号、1 -12頁

熊谷公男　2000「律令社会の変貌」『仙台市史通史編 2 古代中世』139-174頁、仙台市史編さん委員会

熊谷公男　2011「秋田城の停廃問題と九世紀初頭の城柵再編」『アジア文化史研究』第11号、1 -16頁

桑原滋郎　1969「ロクロ土師器坏について」『歴史』第39輯、1 -13頁、東北史学会

古環境研究所　1990「テフラ組成分析」『赤生津遺跡発掘調査報告書』仙台市文化財調査報告書第139集、130-131頁

古環境研究所　1996「中在家南遺跡の珪藻分析」『中在家南遺跡他』仙台市文化財調査報告書第213集第Ⅲ分冊、39-45頁

国土交通省　2011『津波防災地域づくりの推進に関する基本的な指針』
国立歴史民俗博物館　2014『企画展示 歴史にみる震災』
小島憲之・直木孝次郎・西宮一民・蔵中　進・毛利正守　1998『日本書紀 3―巻第二十三舒明天皇～巻第三十持統天皇』新編日本古典文学全集 4、小学館
小杉正人　1993「珪藻」『第四紀試料分析法 2（第四紀学会編）』245-262頁、東京大学出版会
後藤和久　2011『決着！恐竜絶滅論争』岩波科学ライブラリー186
後藤和久　2014『巨大津波―地層からの警告』日経プレミアシリーズ230
後藤和久・西村裕一・宍倉正展　2012「地質記録を津波防災に活かす―津波堆積物研究の現状と課題」『科学』第82巻第 2 号、215-219頁、岩波書店
後藤和久・箕浦幸治　2012「2011年東北地方太平洋沖地震津波の反省に立った津波堆積学の今後のあり方」『堆積学研究』第71巻第 2 号、105-117頁、日本堆積学会
小松原純子他　2006「南海・駿河および相模トラフ沿岸域における津波堆積物」『歴史地震』第21号、93-109頁
古窯跡研究会　2009「陸奥国官窯跡群Ⅶ 仙台市安養寺下瓦窯跡調査報告書」『仙台育英学園高等学校研究紀要』第24号、47-244頁
近藤義郎・佐原　眞編訳　1983（モース, E 著）『大森貝塚―付関連史料』岩波文庫
今野円蔵他　1961「チリ地震津波による三陸沿岸被災地の地質学的調査報告」『東北大学地質学古生物学教室研究邦文報告』第52号、1 -67頁

【さ】

斎藤鋭雄　2001「村の確定と新田開発」『仙台市史通史編 3 近世 1 』234-252頁
斎野裕彦　1999「富沢遺跡」『仙台市史特別篇 2 考古資料』226-233頁
斎野裕彦　2002「農具―石庖丁・石鎌・大型直縁刃石器」『考古資料大観第 9 巻―弥生・古墳時代石器・石製品・骨角器』98-133・184-189頁、小学館
斎野裕彦　2005a「水田跡の調査方法及び構造の理解について」『シンポジウム山形県の水田遺構―資料集』15-28頁、山形県考古学会
斎野裕彦　2005b「水田跡の構造と理解」『古代文化』第57巻第 5 号、43-61頁
斎野裕彦　2008a「弥生時代」『宮城考古学』第10号、37-52頁
斎野裕彦　2008b「仙台平野」『弥生時代の考古学 8 ―集落から読む弥生社会』131-147頁、同成社
斎野裕彦　2010「仙台平野の弥生文化」『第 5 回年代測定と日本文化研究シンポジウム予稿集』60-74頁、加速器分析研究所
斎野裕彦　2011「東北地域」『講座日本の考古学第 5 巻弥生時代（上）』430-484頁、青木書店
斎野裕彦　2012a「仙台平野中北部における弥生時代・平安時代の津波痕跡と集落動態」『東北地方における環境・生業・技術に関する歴史動態の総合研究』東北芸術工科大学（科研報告）、225-257頁
斎野裕彦　2012b「仙台平野の農耕災害痕跡―弥生から近世へ」『講座 東北の歴史 第 4 巻 交流と環境』185-215頁、清文堂
斎野裕彦　2013a「仙台平野の弥生時代・平安時代の津波痕跡」『宮城考古学』第15号、61-79頁
斎野裕彦　2013b「貞観十一年陸奥国震災記事と自然災害痕跡研究」『市史せんだい』vol.23、 4 -21頁
斎野裕彦　2015a「仙台平野の遺跡に残された津波痕跡」『岩沼市史第 4 巻―資料編Ⅰ考古』240-254頁、岩沼市史編纂委員会
斎野裕彦　2015b「農耕社会の変容」『東北の古代史 2 倭国の形成と東北』46-77頁、吉川弘文館
斎野裕彦　2016「津波災害痕跡研究の現状と課題―考古学と関連分野の連携」『日本考古学協会第82回総会研

究発表資料』84-85頁

斎野裕彦・鈴木隆・小泉博明・黒田智章・庄子裕美・松本秀明　2014「仙台平野中部における弥生時代の地震・津波痕跡調査とその方法—考古学と地形学の連携による沓形遺跡・荒井広瀬遺跡の調査事例を通して」『日本考古学協会第82回総会研究発表資料』30-31頁

佐川正敏　2001「平安時代前期陸奥国・出羽国の宝相華文軒丸瓦の研究」『東北文化研究所紀要』第33号、39-59頁、東北学院大学東北文化研究所

桜井万里子　2013「『戦史』の拓く地平」『トゥキュディデス 戦史（久保正彰訳）』1-20頁、中央公論社

佐々久監修　1978『仙台藩家臣録第四巻』

佐藤昭典　2007『利水・水運の都—仙台』大崎八幡宮

佐藤伝蔵　1896「陸奥亀ヶ岡発掘報告」『東京人類学雑誌』第118号、125-149頁

佐藤伝蔵　1898『地質学』博文館

佐藤伝蔵・若林勝邦　1894「常陸国浮島村貝塚探求報告」『東京人類学雑誌』第105号、106-115頁

澤井祐紀　2012「地層中に存在する古津波堆積物の調査」『地質学雑誌』第118巻第9号、535-558頁

澤井祐紀・岡村行信・宍倉正展・松浦旅人・Than Tin Aung・小松原純子・藤井雄士郎　2006「仙台平野の堆積物に記録された歴史時代の巨大津波・1611年慶長津波と869年貞観津波の浸水域」『地質ニュース』624、36-41頁

澤井祐紀・宍倉正展・岡村行信・高田圭太・松浦旅人・Than Tin Aung・小松原純子・藤井雄士郎・藤原治・佐竹健治・鎌滝孝信・佐藤伸枝　2007「ハンディジオスライサーを用いた宮城県仙台平野（仙台市・名取市・岩沼市・亘理町・山元町）における古津波痕跡調査」『活断層・古地震研究報告』No.7、47-80頁、産業技術総合研究所

寒川　旭　1992『地震考古学—遺跡が語る地震の歴史』中公新書

寒川　旭　2011『地震の日本史—大地は何を語るのか—増補版』中公新書1922、中央公論新社

志岐常正　2012「津波起源堆積物の諸相とその検証」（日本地球惑星科学連合2012年大会予稿集より）

宍倉正展・澤井祐紀・行谷祐一・岡村行信　2010「平安時代の人々が見た巨大津波を再現する・西暦869年貞観津波」『AFERC NEWS』16、1-10頁、産業技術総合研究所

首藤伸夫他　2007『津波の事典』朝倉書店

白鳥良一　1980「多賀城跡出土土器の変遷」『研究紀要Ⅶ』1-38頁、宮城県多賀城跡調査研究所

進藤秋輝　2010『古代東北統治の拠点・多賀城』シリーズ「遺跡を学ぶ」066、新泉社

菅原大助・箕浦幸治・今村文彦　2001「西暦869年貞観津波による堆積作用とその数値復元」『津波工学研究報告』第18号、1-10頁、東北大学大学院工学研究科災害制御研究センター

菅原大助・箕浦幸治・今村文彦　2002「西暦869年貞観津波による堆積物に関する現地調査」『月刊海洋／号外』第28号、110-117頁

菅原大助・今村文彦・松本秀明・後藤和久・箕浦幸治　2011「地質学データを用いた西暦869年貞観地震津波の復元について」『自然災害科学』第29巻第4号、501-516頁

菅原弘樹　2005「東北地方における弥生時代貝塚と生業」『古代文化』第57巻第5号、31-42頁

杉山真二・松田隆二　2010a「沓形遺跡のプラントオパール分析（平成19年度調査）」『沓形遺跡発掘調査報告書』仙台市文化財調査報告書第363集、181-186頁

杉山真二・松田隆二　2010b「沓形遺跡のプラントオパール分析（平成20年度調査）」『沓形遺跡発掘調査報告書』仙台市文化財調査報告書第363集、211-221頁

杉山博久　2003「考古学への寄り道—地質学者佐藤傳蔵の青年期」『新世紀の考古学』817-830頁、大塚初重先生喜寿記念論文集刊行会

杉山博久　2013a「童子の時、モースの公演を聴いて（上）—山崎直方小伝」『考古学雑誌』第98巻第1号、

50-67頁、日本考古学会
杉山博久　2013b「童子の時、モースの公演を聴いて（下）―山崎直方小伝」『考古学雑誌』第98巻第2号、39-53頁、日本考古学会
鈴木孝行　2010「多賀城方格地割の調査」『考古学ジャーナル』第604号、14-18頁
ストラボン（飯尾都人訳）　1994『ストラボン ギリシア・ローマ世界地誌Ⅰ』龍渓書舎
瀬尾菜々美・大串健一　2014「東北地方太平洋沖地震津波により岩手県久慈市に形成された津波堆積物」『神戸大学大学院人間発達環境学研究科研究紀要』第8巻第1号、97-102頁
仙台市　2015『環太平洋地域の津波災害痕跡・経験と知恵の継承』第3回国連防災世界会議パブリック・フォーラム（仙台）シンポジウム資料
仙台市教育委員会　1987『富沢遺跡第15次発掘調査報告書』仙台市文化財調査報告書第98集
仙台市教育委員会　1994『南小泉遺跡第22・23次発掘調査報告書』仙台市文化財調査報告書第192集
仙台市教育委員会　1996『中在家南遺跡他』仙台市文化財調査報告書第213集
仙台市教育委員会　2000a『沼向遺跡第1～3次調査』仙台市文化財調査報告書第241集
仙台市教育委員会　2000b『高田B遺跡』仙台市文化財調査報告書第242集
仙台市教育委員会　2010a『沼向遺跡第4～34次調査』仙台市文化財調査報告書第360集
仙台市教育委員会　2010b『杏形遺跡発掘調査報告書』仙台市文化財調査報告書第363集
仙台市教育委員会　2010c『与兵衛沼窯跡』仙台市文化財調査報告書第366集
仙台市教育委員会　2011『杏形遺跡第3次調査遺跡見学会資料』
仙台市教育委員会　2012『杏形遺跡第2次・3次調査』仙台市文化財調査報告書第397集
仙台市教育委員会　2014a『荒井南遺跡第1次調査』仙台市文化財報告書第425集
仙台市教育委員会　2014b「荒井広瀬遺跡」『川内C遺跡他』仙台市文化財調査報告書第427集、41-57頁
仙台市教育委員会　2014c「荒井南遺跡第2次調査」『川内C遺跡ほか』仙台市文化財報告書第427集、58-65頁
仙台市教育委員会　2014d『国史跡陸奥国分寺跡』仙台市文化財調査報告書第430集
仙台市教育委員会　2015a『中在家南遺跡第6次調査ほか』仙台市文化財調査報告書第434集
仙台市教育委員会　2015b『杏形遺跡第4次調査』仙台市文化財調査報告書第435集
仙台市教育委員会　2015c「杏形遺跡第5次調査」『山の寺廃寺ほか』仙台市文化財報告書第436集、19-32頁
仙台市教育委員会　2015d「杏形遺跡第6次調査」『山の寺廃寺ほか』仙台市文化財報告書第436集、33-37頁
仙台市教育委員会　2015e『和田織部館跡』仙台市文化財調査報告書第439集
仙台市教育委員会　2016a「荒井南遺跡第3次調査」『荒井南遺跡ほか』仙台市文化財報告書第446集、1-13頁
仙台市教育委員会　2016b『薬師堂東遺跡Ⅱ』仙台市文化財調査報告書第443集
仙台市博物館　2014『土と文字が語る仙台平野の災害の記憶―仙台平野の歴史地震と津波』（増補改訂版）
仙台叢書刊行会　1937『伊達世臣家譜　巻之四』
早田　勉　2000「沼向遺跡、中野高柳遺跡におけるテフラ分析」『沼向遺跡第1～3次調査』仙台市文化財調査報告書第241集、108-111頁
早田　勉　2009「日本列島各地の考古遺跡でみつかった地震と津波の痕跡について」『嘉良嶽東貝塚・嘉良嶽東方古墓群』沖縄県立埋蔵文化財センター調査報告書第50集、93-106頁
十川陽一　2007「八世紀の木工寮と木工支配」『日本歴史』第714集、1-15頁
続群書類従完成会　2005『當代記　駿府記』

【た】
大韓民国文化部文化財管理局（西谷　正他訳）　1993『雁鴨池発掘調査報告書』

平　重道　1972『仙台藩史料大成 伊達治家記録一』宝文堂

平　重道　1973a『仙台藩史料大成 伊達治家記録二』宝文堂

平　重道　1973b『仙台藩史料大成 伊達治家記録三』宝文堂

平　重道　1974『仙台藩史料大成 伊達治家記録四』宝文堂

平　重道編　1975『復刻版　仙台叢書　封内風土記　第1巻』宝文堂

ダーウィン，C.　1859（八杉龍一訳1990改版）『種の起源』岩波文庫

多賀城市教育委員会　2004a『市川橋遺跡第34・35・37・38次調査報告書』多賀城市文化財調査報告書第74集

多賀城市教育委員会　2004b『市川橋遺跡』多賀城市文化財報告書第75集

多賀城市教育委員会　2005『市川橋遺跡第45次調査報告書』多賀城市文化財調査報告書第76集

多賀城市教育委員会　2006『山王遺跡第51・54・57次調査報告書』多賀城市文化財調査報告書第81集

鷹野光行他　2013「開聞岳噴火の災害と復旧」『日本考古学協会第79回総会研究発表資料』

武吉眞裕　2000「考察—調査結果と水害史料の検討」『里改田遺跡 室ノ内・岩路地区』高知県埋蔵文化財センター発掘調査報告書第45集、139-147頁

ダンヴァース（佐藤伝蔵抄訳）　1894「考古初歩原人物語（第四章）」『東京人類学雑誌』第99号、364-371頁

中央防災会議　2011『東北地方太平洋沖地震を教訓とした地震・津波対策に関する専門調査会報告』

柄　浩司　1995「三条西家による『日本三代実録』の書写について」『中央史学』第18号、86-103頁、中央史学会

佃　為成　1995「発光現象—宏観異常現象の検証」『地震ジャーナル』第20号、24-32頁、地震予知総合研究振興会

寺内　浩　1982「律令制支配と賑給」『日本史研究』第241号、1 -38頁

トゥキュディデス（久保正彰訳）　1966『戦史（中）』岩波文庫6865-6808a、107-108頁

都司嘉宣・上田和枝・佐竹健治　1998「日本で記録された1700年1月（元禄十二年十二月）北米巨大地震による津波」『地震』第2輯第51巻、1 -17頁、日本地震学会

泊　次郎　2012「未熟な科学と科学者の責任」（日本地球惑星科学連合2012年大会予稿集より）

泊　次郎　2015『日本の地震予知研究130年史—明治期から東日本大震災まで』東京大学出版会

【な】

内閣府　2011『津波対策の推進に関する法律』

名取市教育委員会　1991『平成2年度仙台東道路遺跡調査概報Ⅰ』名取市文化財調査報告書第27集

名取市教育委員会　1992『平成3年度仙台東道路遺跡調査概報Ⅱ』名取市文化財調査報告書第29集

名取市教育委員会　1993『平成4年度仙台東道路遺跡調査概報Ⅲ』名取市文化財調査報告書第31集

名取市教育委員会　2012『町裏遺跡・鶴巻前遺跡・下増田飯塚古墳群他』名取市文化財調査報告書第60集

七山太・重野聖之　2004「遡上津波堆積物概論—沿岸低地の津波堆積物に関する研究レビューから得られた堆積学的認定基準」『地質学論集』第58集、19-33頁

西村裕一・宮地直道　1996「台風24号（1994年9月）に伴う高潮の堆積物に関する調査」『北海道地区自然災害科学資料センター』第10号、15-26頁

【は】

長谷川史朗・高橋智幸　2001「津波堆積物に関する水理実験」『津波工学研究報告』第18号、15-22頁、東北大学

長谷川史朗・高橋智幸・上畑善行　2001「津波遡上に伴う陸域での堆積物形成に関する水理実験」『海岸工学論文集』第48巻、311-315頁、土木学会

浜田青陵（角田文衛編）　1984（原著は1922）『通論考古学』雄山閣
林　謙作　1973「層序区分」『物質文化』21、1-17頁
平川　南　1982「古代における東北の城柵について」『日本史研究』第236号、2-20頁、日本史研究会
廣瀬真理子　2005「市川橋遺跡第四五次調査出土の木簡について」『市川橋遺跡第45次調査報告書』多賀城市文化財調査報告書第76号、1-5頁
廣谷和也　2010「多賀城跡の調査成果」『考古学ジャーナル』No.604、8-13頁
フェイガン，B.（小泉龍人訳）　2010（原著は2005）『考古学のあゆみ―古典期から未来に向けて』朝倉書店
藤本　潔　1988「福島県南東部に位置する海岸平野の浜堤列とその形成時期」『東北地理』第40巻第2号、139-149頁
藤原　治　2007「地震津波堆積物：最近20年間のおもな進展と残された課題」『第四紀研究』第46巻第6号、451-462頁
藤原　治　2015『津波堆積物の科学』東京大学出版会
藤原　治・鎌滝孝信・田村　亨　2003「内湾における津波堆積物の粒度分布と津波波形との関連―房総半島南端の完新統の例」『第四紀研究』第42巻第2号、67-81頁
藤原　治・澤井祐紀・宍倉正展・行谷佑一　2012「2011年東北地方太平洋沖地震に伴う津波により九十九里海岸中部に形成された堆積物」『第四紀研究』第51巻第2号、117-126頁
藤原　治・佐藤善輝・小野映介・海津正倫　2013「陸上掘削試料による津波堆積物の解析―浜名湖東岸六間川低地にみられる3400年前の津波堆積物を例にして」『地学雑誌』第122巻第2号、308-322頁
フリッツ，W. J.・ムーア，J. N.（原田憲一訳）　1998（原著は1988）『層序学と堆積学の基礎』愛智出版
ヘロドトス（松平千秋訳）　1972『歴史（下）』岩波文庫33-405-3、259頁
細井浩志　2007『古代の天文異変と史書』吉川弘文館
保立道久　2011「貞観津波と大地動乱の九世紀」『季刊東北学』第28号、74-94頁

【ま】

前田育徳会尊経閣文庫編　2001『類聚国史一 古本 附模写本』尊経閣善本影印集成32、八木書店
町田　貞他　1981『地形学辞典』二宮書店
町田　洋・新井房夫　1992『火山灰アトラス―日本列島とその周辺』東京大学出版会
町田　洋・新井房夫　2003『新編火山灰アトラス―日本列島とその周辺』東京大学出版会
松井一明　2001「静岡県の地震と遺跡」『古代学研究』第152号、38-45頁、古代学研究会
松島義章　1993「貝化石」『第四紀試料分析法2（第四紀学会編）』294-301頁、東京大学出版会
松田隆二　2010「沼向遺跡におけるプラント・オパール分析」『沼向遺跡第4～34次調査第9分冊』仙台市文化財調査報告書第360集、127-170頁
松本彦七郎　1919a「陸前国宝ケ峰遺跡の分層小発掘報告成績」『人類学雑誌』第34巻第5号、161-166頁
松本彦七郎　1919b「宮戸島里浜介塚の分層的発掘成績」『人類学雑誌』第34巻第9号、285-315頁
松本彦七郎　1919c「宮戸島里浜介塚の分層的発掘成績完」『人類学雑誌』第34巻第10号、331-344頁
松本秀明　1977「仙台付近の海岸平野における微地形分類と地形発達―粒度分析法を用いて」『東北地理』第29巻第4号、229-237頁
松本秀明　1983「海浜における風成・海成堆積物の粒度組成」『東北地理』第35巻第1号、1-10頁
松本秀明　1984「海岸平野にみられる浜堤列と完新世後期の海水準変動」『地理学評論』第57巻第10号、720-738頁
松本秀明　2010「仙台平野に残された大洪水および大津波による堆積物とその年代」『第5回年代測定と日本文化研究シンポジウム予稿集』加速器分析研究所、33-40頁

松本秀明　2011「仙台平野に来襲した三回の巨大津波」『季刊東北学』第28号、114-126頁

松本秀明　2014「山王遺跡多賀前地区におけるイベント堆積物の粒度分析結果」『山王遺跡Ⅵ―多賀前地区第4次発掘調査報告書』宮城県文化財報告書第235集、182-186頁

松本秀明　2015「荒井西地区の津波堆積物と河川跡埋積堆積物」『中在家南遺跡第6次調査ほか』仙台市文化財調査報告書第434集、70-74頁

松本秀明・遠藤大希　2015「山元町中筋遺跡の土層断面と大型イベント堆積物」『中筋遺跡』山元町文化財調査報告書第10集、167-179頁

松本秀明・野中奈津子　2006「七北田川下流沖積低地における完新世後期の潟湖埋積と自然堤防の形成」『中野高柳遺跡Ⅳ』宮城県文化財調査報告書第204集、2-9頁

松本秀明・吉田真幸　2010「仙台市東部杏形遺跡にみられる津波堆積物の分布と年代」『杏形遺跡発掘調査報告書』仙台市文化財調査報告書第363集、4-12頁

箕浦幸治・中谷周・佐藤裕　1987「湖沼底質堆積物中に記録された地震津波の痕跡―青森県市浦村十三付近の湖沼系の例」『地震』第2輯第40巻、183-196頁

箕浦幸治・山田努・平野信一　2014「山王遺跡多賀前地区、市川橋遺跡八幡地区にみられるイベント堆積物の堆積学的・古生物的検討」『山王遺跡Ⅵ―多賀前地区第4次発掘調査報告書』宮城県文化財報告書第235集、171-181頁

宮城県教育委員会　1994a『高田B遺跡第2次・3次調査』宮城県文化財調査報告書第164集

宮城県教育委員会　1994b『藤田新田遺跡』宮城県文化財調査報告書第163集

宮城県教育委員会　1995『山王遺跡Ⅱ―多賀前地区遺構編―』宮城県文化財調査報告書第167集

宮城県教育委員会　2003『市川橋遺跡』宮城県文化財調査報告書第193集

宮城県教育委員会　2006『中野高柳遺跡Ⅳ』宮城県文化財調査報告書第204集

宮城県教育委員会　2009『市川橋遺跡の調査 伏石・八幡地区』宮城県文化財調査報告書第218集

宮城県教育委員会　2014『山王遺跡Ⅵ―多賀前地区第4次発掘調査報告書』宮城県文化財報告書第235集

宮城県教育委員会・多賀城町　1970『多賀城跡調査報告Ⅰ―多賀城廃寺跡―』

宮城県史編纂委員会　1946『風土記御用書出』

宮城県多賀城跡調査研究所　1980『多賀城跡 政庁跡 図版編』

宮城県多賀城跡調査研究所　1982『多賀城跡 政庁跡 本文編』

宮城県多賀城跡調査研究所　1995『宮城県多賀城跡調査研究所年報1994多賀城跡』

宮城県多賀城跡調査研究所　1998『宮城県多賀城跡調査研究所年報1997多賀城跡』

宮城県多賀城跡調査研究所　2007『宮城県多賀城跡調査研究所年報2006多賀城跡』

宮城県多賀城跡調査研究所　2010『多賀城跡 政庁跡 補遺編』

宮崎正衛　2003『高潮の研究―その実例とメカニズム』成山堂

三好秀樹　2013「多賀城跡と貞観11年陸奥国大震災」『第39回古代城柵官衙遺跡検討会資料集』55-60頁

武者金吉　1932『地震に伴ふ発光現象の研究及び資料』岩波書店

村上直次郎訳註　1941『ビスカイノ金銀島探検報告』奥川書房

森哲也　1995「律令制下の情報伝達について」『日本歴史』第571号、1-18頁

森博達　1999『日本書紀の謎を解く―述作者は誰か』中公新書1502

文部科学省他　2006『宮城県沖地震における重点的調査観測（平成17年度）成果報告書』

文部科学省他　2007『宮城県沖地震における重点的調査観測（平成18年度）成果報告書』

文部科学省他　2008『宮城県沖地震における重点的調査観測（平成19年度）成果報告書』

文部科学省他　2009『宮城県沖地震における重点的調査観測（平成20年度）成果報告書』

文部科学省他　2010a『宮城県沖地震における重点的調査観測（平成21年度）成果報告書』

文部科学省他　2010b『宮城県沖地震における重点的調査観測平成17〜21年度総括成果報告書』

【や】

八木奘三郎　1907「中間土器の貝塚調査報告」『東京人類学雑誌』第250号、134-142頁

安田容子　2014「1793寛政三陸地震津波と1856安政三陸（八戸沖）地震津波の仙台藩を中心とした地域における被害」『歴史地震』第29号、153-162頁

柳澤和明　2012a「『日本三代実録』より知られる貞観十一年（869）陸奥国巨大地震・津波の被害とその復興」『歴史』第119輯、27-58頁

柳澤和明　2012b「多賀城の墓制—集団墓地と単独墓」『考古学研究』第58巻第4号、67-86頁

柳澤和明　2012c「869貞観11年陸奥国地震・津波（貞観11年5月26日）」『日本歴史災害事典』吉川弘文館、172-174頁

山口　覚・村上英記・大志万直人　2001「1995年兵庫県南部地震に伴う発光現象についてのアンケート調査」『地震』第2輯第54巻、17-31頁

山崎直方　1893「下総貝塚遺物図解」『東京人類学雑誌』第85号、269-274頁

山崎直方　1898『地文学教科書』金港堂書籍

山崎直方　1925「上総国守谷洞窟に於ける史前時代の遺跡に就きて」『人類学雑誌』第40巻第3号、97-103頁

山田一郎・庄子貞雄　1980「宮城県に分布する灰白色火山灰」『宮城県多賀城跡調査研究所年報1979』97-102頁

山田隆博　2015「山元町中筋遺跡の津波痕跡」『宮城考古学』第17号、33-38頁

山中千博　2015「地震に伴う発光現象」『発光の事典』朝倉書店

山内清男　1930「所謂亀ヶ岡式土器の分布と縄文式土器の終末」『考古学』第1巻第3号、1-19頁

山内清男　1925「石器時代にも稲あり」『人類学雑誌』第40巻第5号、181-184頁

山元町教育委員会　2015『中筋遺跡』山元町文化財調査報告書第10集

吉川純子　2010「沼向遺跡出土種実から見た古環境と植物利用」『沼向遺跡第4〜34次調査第9分冊』仙台市文化財調査報告書第360集、171-191頁

吉川昌伸　2010a「杏形遺跡周辺の弥生時代以降の植生史（平成19年度調査）」『杏形遺跡発掘調査報告書』仙台市文化財調査報告書第363集、187-193頁

吉川昌伸　2010b「沼向遺跡平成14年度（第19次調査）花粉分析」『沼向遺跡第4〜34次調査第9分冊』仙台市文化財調査報告書第360集、197-216頁

吉田東伍　1906「貞観十一年陸奥府城の震動洪溢」『歴史地理』第8巻第12号、1033-1040頁

【ら】

ライエル（河内洋祐訳）　2006（原著は1830〜1833）『ライエル地質学原理（シコード編）』朝倉書店

【わ】

渡辺直経　1977「生物学者モースと考古学」『考古学研究』第24巻第3・4号、10-18頁

【英文】

Abe, T., Goto, K., Sugawara, D. and Suppasri, A. 2015 Geological traces of the 2013 Typhoon Haiyan in the southeast coast of Leyte Island. *Second Report of IRIDeS Fact-finding mission to Philippines*, pp169-174, International Research Institute of Disaster Science, Tohoku University.

Atwater, B. F. 1987 Evidence for great Holocene earthquakes along the outer coast of Wasington State. *Science* 236, pp942-944.

Atwater, B. F., Musumi-Rokkaku, S., Satake, K. and Tsuji, Y., Ueda, K. and Ymaguchi, D. K. 2005 *The Orphan Tsunami of 1700 - Japanese clues to a parent earthquake in North America*, University of Washinton Press.

Bruins, H. J., MacGillivray,J.A., Synolakis,C.E., Benjamini,C., Keller,J., Kisch, H.J., Klugel,A. and Plicht,van der J. 2008 Geological tsunami deposits at Palaikastro(Crete) and the Late Minoan IA eruption of Santorini. *Journal of Archaeological Science*, 35, pp191-212.

Bruins, H. J., Plicht,van der J. and MacGillivray,J.A. 2009 The Minoan Santorini eruption and tsunami deposits in Palaikastro(Crete): Dating by Geology, Archaeology, 14C, and Egyptian chronology. *Radiocarbon*, 51-2, pp397-411.

Dominy-Howes, D. 2004 A re-analysis of the Late Bronze Age eruption and tsunami of Santorini, Greece, and the implications for the volcano-tsunami hazard. *Journal of Volcanology and Geothermal Research*, 130, pp107-132.

Dominey-Howes, D., Humphreys, G. S. and Hesse, P. P. 2006 Tsunami and palaeotsunami depositional signatures and their potential value in understanding the late-Holocene tsunami record. *The Holocene* 16-8, pp1095-1107.

Donato, S. V., Reinhardt, E. G., Boyce, J. I., Pilarczyk, J. E. and Jupp, B. P. 2008 Particle-size distribution of inferred tsunami deposits in Sur Lagoon, Sultanate of Oman. *Marine geology* 257, pp54-64.

Engel, M. and Bruckner, H. 2011 The identification of Palaeo-tsunami deposits a major challenge in coastal sedimentary research. *Coastline Reports* 17, pp65-80.

Georgios, D. and Theodoros, S. 2014 Tsunami-Waves in the Hellenic Area – The Malian Gulf Situation. *International Journal of Social & Human Behavior Study* 1-3, pp96-99.

Kortekaas, S. and Dawson, A. G. 2007 Disitingushing tsunami and storm deposits: An example from Martinhal, SW Portugal. *Sedimentary geology* 200, pp208-221.

Lyeli, C. 1830 *Principles of Geology : being an attempt to explain the former changes of the earth's surface, by reference to causes in operation* vol.1, London.

Lyeli, C. 1832 *Principles of Geology : being an attempt to explain the former changes of the earth's surface, by reference to causes in operation* vol.2, London.

Lyeli, C. 1833 *Principles of Geology : being an attempt to explain the former changes of the earth's surface, by reference to causes in operation* vol.3, London.

Lyeli, C. 1875 *Principles of Geology : being an attempt to explain the former changes of the earth's surface, by reference to causes in operation*, twelfth edition vol.2, London.

MacInnes, B. T., Bourgeois, J., Pinegina, T. K. and Kravchunovskaya, E. K. 2009 Tsunami geomorphology:Erosion and deposition from the 15 November 2006 Kuril Island tsunami : *Geology* 37-11, pp995-998

Mamo, B., Strotz, L. and Dominey-Howes D. 2009 Tsunami sediments and foraminiferal assemblages. *Earth-Science Reviews* 96, pp263-278.

Minoura, K. and Nakaya, S. 1991 Trace of tsunami preserved in inter-tidal lacustrine and marsh deposits : some examples from Northeast Japan. *Journal of Geology* 99, pp265-287.

Minoura,K., Imamura,F., Kuran,U., Nakamura,T., Papadopoulos,G.A., Takahasi,T. and Yalciner,A.C. 2000 Discovery of Minoan tsunami deposits. *Geology* 28-1, pp59-62.

Morton, R. A., Gelfenbaum, G. and Jaffe, B. E. 2007 Physical criteria for distinguishing sandy tsunami and storm deposits using modern examples. *Sedimentary Geology* 200, pp184-207.

Nanayama, F., Shigeno, K., Shimokawa, K., Koitabashi, S., Miyasaka, S. and Ishii, M. 2000 Sedimentary differences between the 1993 Hokkaido-nansei-oki tsunami and the 1959 Miyakojima typhoon at Taisei, southwestern Hokkaido, northern Japan. *Sedimentary Geology* 135, pp255-264.

Nott, J. 2006 *Extreme event : a physical reconstruction and risk assessment* Cambridge university press

Papadopoulos, G.A. and Imamura, F. 2001 A proposal for a tsunami intensity scale. *ITS 2001 proceeding session5, number 5-1*, pp569-577.

Papadopoulos,G.A., Gracia,E., Urgeles,R., Sallares,V., Martini,De P.M., Pantosti,D., Gonzalez,M., Yalciner,A.C., Mascle,J., Sakellariou,D., Salamon,A., Tinti,S., Karastathis,V., Fokaefs,A., Camerlenghi,A., Novikova,T. and Papageorgiou,A. 2014 Historical and pre-historical tsunamis in the Mediterranean and its connected seras:Geological signatures,generation mechanisms and coastal impacts. *Marine Geology*, 354, pp81-109.

Papaioannou, I., Papadopoulus, G.A. and Pavlides, S. 2004 The earthquake of 426BC in N. Evoikos Gulf revisited ; amalgamation of two different strong earthquake event?. *Bulletin of the Geological Society of Greece* 36, pp1477-1481.

Satake, K., Shimazaki, K., Tsuji, Y. and Ueda, K. 1996 Time and size of a giant earthquake in Cascadia inferred from Japanese tsunami records of January 1700. *Nature* 379, pp246-249.

Switzer, A. D. and Jones, B. J. 2008 Large-scale washover sedimentation in a freshwater lagoon from the southeast Australian coarst:sea-level change, tsunami or exceptionally large storm?. *The Horocene* 18-5, pp787-803.

Tuttle, M. P. 2004 Distinguishing tsunami from storm deposits in Eastern North America : the 1929 Grand Banks tsunami versus the 1991 Halloween storm. *Seismological Research Letters* 75-1, pp117-131.

Williams, H. 2009 Stratigraphy, Sedimentology, and Microfossil Content of Hurricane Rita Storm Surge Deposits in Southwest Louijiana. *Journal of Coastal Reserch* 25-4, pp1041-1051.

Summary

Investigate Method of Tsunami Disaster Traces ; Cooperation with Concerned Many Fields

Hirohiko Saino

The purpose of this thesis is to propose a method and practice it in order to make a tsunami disaster history more accurately along each shore society, and to make a base for the future tsunami prevention, as a lesson from 2011.3.11 Grate East Japan earthquake and tsunami.

The study subject is the near-field three tsunami disaster traces in the Sendai plain.

Chapter 1 Recognition of Tsunami Disaster and Present of Study

In the Aegean region, two studies were examined. One is the oldest tsunami disaster in the world (second millennium B.C.), another one is the oldest tsunami disaster account (426B.C.). In the Japan island, two studies were ascertained. One is the oldest tsunami disaster trace (Yayoi period) and another one is the oldest tsunami disaster account (A.D.684), and the tsunami disaster study was reviewed from late in the 1980th to the 2011 tsunami. It was recognized that the synthetic discussion was necessary by many fields : archaeology, history, geology, morphology and sedimentology.

Chapter 2 Understanding Layers and Investigate Method

On the assumption to hold layers of the remains in common among archaeology and concerned fields, definite five search points were showed to synthesize and understand suffered features excavated in the archaeological remains.

> Investigate Method of Tsunami Disaster Traces
> 1. the identification of the tsunami deposit
> 2. the age of the tsunami
> 3. the past coastline position
> 4. the tsunami scale
> 5. the tsunami source area

The fundamental rule is to consider the past tsunami disaster according to the present tsunami disaster. The important search is identifying the tsunami deposit and the storm surge deposit, and one standard is the sandy deposit range from the shoreline ; over 1km is the tsunami deposit, 1km-0.5km is the tsunami deposit high-possibility, under 0.5km is undistinguishable, tsunami or storm surge.

> Identification Process of Tsunami Deposit
> **natural layer** or artificial layer or changed layer
> ↓   particle size analysis, microfossil
> **beach origin** or river origin
> ↓   sedimentation, run-up distance
> **tsunami deposit** or storm surge deposit
> ↓   link with earthquake
> **near-field tsunami** or far-field tsunami

Chapter 3   Tsunami Disaster of Yayoi Period (about 100 B.C.)

There is no historical record concerned this tsunami disaster, but the tsunami disaster traces were investigated in the Kutsukata remains, the Araihirose remains and the Araiminami remains. As the result, it was cleared that the tsunami disaster covered wide range and the distribution of settlements were changed. The tsunami had hard effect upon society.

Chapter 4   Tsunami Disaster of Heian Period (A.D.869)

There is one historical record ; "Nihon Sandai Jitsuroku", and the tsunami disaster traces were investigated in the Shimomasudaiizuka remains and the Numamukai remains. As the result, it was cleared that the tsunami disaster covered limited range and the distribution of settlements were little changed. The tsunami did not have so large effect upon society and it showed that the account of this tsunami with the earthquake made too much of the fact.

Chapter 5   Tsunami Disaster of Edo Period (A.D.1611)

There are several historical records of this tsunami disaster, and several remains were investigated, but the tsunami disaster trace was not found, and only in the Takaose remains there was the possibility. As the result, from the account of historical records, the tsunami disaster of Sanriku shore area was little known, but another shore areas were indefiniteness.

Chapter 6   Synthetic Investigate Method

As compared the tsunami scale of Yayoi, Heian, and Edo period with that of 2011 Grate East Japan tsunami, Yayoi tsunami scale was similar or larger than 2011 tsunami, Heian Tsunami was smaller than 2011 tsunami, and Edo tsunami was indistinctness. As the result, the effectuality of this proposal method was ascertained.

The significance of this thesis was to formulate a system of the investigate method of tsunami disaster traces firstly, according to the practical results in three periods in the Sendai plain. The method will make a contribution to the study on the area along shore in the world.

あとがき

　この研究は、2011年3月11日の東日本大震災から数ヵ月経った頃、過去の仙台平野の津波災害を地中に残された痕跡から考えようとして現状を把握してみると、その方法が確立されていないと知ったことに始まる。しかし、研究は、個人的な活動なので休日のなかで行うことからなかなか進まず、成果の一端として、本書の論文によって博士（考古学）の学位を授与されるまでに5年の歳月を要してしまった。その間、訪ね歩いたところは、北海道東部、青森県、岩手県、宮城県、福島県、静岡県、和歌山県、高知県等、太平洋沿岸部で、震災の被災地、自然科学分野のフィールド、関係する遺跡、自治体の津波対策施設等を巡ることで、過去の津波災害から現代の津波防災まで、数多くの分野の多様な視点を学ぶことができた。

　なかでも印象深かったのは、旧友松井一明氏に案内してもらった静岡県袋井市の沿岸部（海岸線から1.2〜1.3km）にある江戸時代の「大野命山」・「中新田命山」（写真左下）と、震災後に造られた平成の「湊命山」（写真右下）である。江戸時代の二つの命山は、発掘調査によって大きさや築造方法が解明されており、静岡県指定文化財に登録されている。それらは、江戸時代最大といわれる延宝8年（1680）の台風による被害を受けて、村ごとに高潮から身を守るために造られた高台（築山）で、「命山（いのちやま）」と呼ばれて伝承されてきた。大きさは、「大野命山」が、底辺32×24mの長方形、高さ3.5m、頂上平坦面136㎡、「中新田命山」が、底辺30.5×27mの長方形、高さ5m、頂上平坦面68㎡であり、それに比べて平成の「湊命山」は津波対策ということもあって遙かに大きく、敷地面積6433㎡、高さ7.2m（標高10m）、頂上平坦面1300㎡（24×55m）である。

　日本列島では、東日本大震災以前から、東海・東南海・南海地震への対策を各地の自治体が進めてきている。静岡県にあって、袋井市もその一つであるが、東北における東日本大震災の甚大な津波被害を認識し、新たな津波対策として、地域に残された先人の知恵を受け継いで、平成の命山の建設を4カ所計画し、そのほかに津波避難タワーも建設している。

中新田命山

湊命山

仙台平野でも、震災後、数年が経過してから沿岸部の津波対策が進められ、高台と避難タワーが建設されている。こうした防災計画において、袋井市の取り組みなどを共有することで、現代の津波防災を、より正確な列島の災害史のなかに位置づけることが望まれる。

　最後に、本研究に対して、出穂雅実氏をはじめとして種々のご教示をいただいた方々、小倉徹也氏をはじめとしてさまざまな文献を提供していただいた方々など、数多くの支援がありました。また、学位論文の提出に際しては、妻・眞由美の心強い協力がありました。ここに記して感謝の意を表します。

　なお、本書の出版にあたっては、同成社の佐藤涼子さんに色々な希望を聴いていただき、また編集にあたっては工藤龍平さんに大変お世話になりました。記して感謝いたします。

　　　　　　　2017年初秋　震災から6年半が経った仙台平野の緑庵において　著者記す

著者略歴

斎野裕彦（さいの　ひろひこ）　　博士（考古学）

1956年8月	宮城県岩沼市生まれ
1975年3月	宮城県立仙台第二等高等学校卒
1980年3月	東北学院大学文学部史学科卒
1980年4月	仙台市に文化財主事として採用され、教育委員会で埋蔵文化財行政を担当　この間、富沢遺跡の調査（旧石器〜近世）、仙台市富沢遺跡保存館（地底の森ミュージアム1996年4月〜2000年3月：学芸員）、沼向遺跡の調査、杏形遺跡の調査、第3回国連防災世界会議（2015年3月仙台市開催）で津波災害痕跡のシンポジウム開催などを経て
2015年5月	仙台平野の津波災害痕跡の論文（下記2012年科研報告）で第4回日本考古学協会奨励賞受賞
2016年9月	津波災害痕跡調査研究法の論文で首都大学東京から博士（考古学）の学位を授与される
2017年3月	仙台市を定年退職
2017年4月	仙台市教育委員会文化財課に再任用される　埋蔵文化財行政を担当（専門員）

【主な著作】

『富沢遺跡第15次発掘調査報告書』仙台市教育委員会（共著）、1987年

『富沢遺跡第30次発掘調査報告書第2分冊旧石器時代編』仙台市教育委員会（共著）、1992年

「弥生時代の大型直縁刃石器（上）（下）」『大阪府立弥生文化博物館研究報告』第2・3集、1993・94年

「片刃磨製石斧の実験使用痕分析」『仙台市富沢遺跡保存館研究報告1』1998年

「水田跡の構造と理解」『古代文化』第57巻第5号、2005年

「狩猟文土器と人体文」『原始絵画の研究 論考編』六一書房、2006年

『沼向遺跡第4〜34次調査』仙台市教育委員会（共著）、2010年

『杏形遺跡発掘調査報告書』仙台市教育委員会（共著）、2010年

「東北地域」『講座日本の考古学5弥生時代（上）』青木書店、2011年

「仙台平野中北部における弥生時代・平安時代の津波痕跡と集落動態」『東北地方における環境・生業・技術に関する歴史動態的総合研究』（科研報告）東北芸術工科大学、2012年

「岩手県足沢遺跡出土「遠賀川式土器」の評価」『稷』第8号、弥生時代研究会、2012年

『富沢遺跡—東北の旧石器野営跡と湿地林環境』日本の遺跡50、同成社、2015年

「貞観地震からの復興」『日本人は大災害をどう乗り越えたのか』朝日選書959、文化庁編、2017年

「津波災害痕跡研究の実践」『理論考古学の実践』同成社、2017年

津波災害痕跡の考古学的研究
（つなみさいがいこんせき こうこがくてきけんきゅう）

2017年9月29日発行

著　者　斎野裕彦
発行者　山脇由紀子
印　刷　㈱ディグ
製　本　協栄製本㈱

発行所　東京都千代田区飯田橋4-4-8
　　　　（〒102-0072）東京中央ビル　　㈱同成社
　　　　TEL 03-3239-1467　振替 00140-0-20618

©Saino Hirohiko 2017. Printed in Japan
ISBN978-4-88621-762-2 C3021